简明河南抗战史

JIANMING HENAN KANGZHANSHI

中共河南省委党史和地方史志研究室　编著

河南人民出版社

·郑州·

图书在版编目(CIP)数据

简明河南抗战史 / 中共河南省委党史和地方史志研究室编著. -- 郑州 : 河南人民出版社, 2025. 6
ISBN 978-7-215-13856-8
I. K265
中国国家版本馆 CIP 数据核字第 2025YB4445 号

河南人民出版社出版发行
(地址:郑州市郑东新区祥盛街 27 号 邮政编码:450016 电话:0371-65788053)
新华书店经销　　河南灏博印刷有限公司印刷
开本　890 mm×1240 mm　1/32　印张　8
字数　181 千
2025 年 6 月第 1 版　　2025 年 6 月第 1 次印刷

定价：38.00 元

前　言

党的十八大以来，习近平总书记多次在纪念中国人民抗日战争暨世界反法西斯战争胜利活动中发表重要讲话，强调“伟大的中国人民抗日战争，是中国人民近代以来争取独立自由史册上可歌可泣的一页，是中华民族历史发展进程中饱经沧桑的一章”，要求弘扬伟大抗战精神，为实现中华民族伟大复兴凝聚起磅礴伟力。

河南抗战是中国人民抗日战争的重要组成部分。河南地处中原，北邻平津冀，西依伏牛、太行山，东扼苏皖鲁，南下可取鄂湘，中部有黄河天险，又有平汉、陇海两大铁路纵横其间，具有重要的战略地位。全民族抗战爆发后，河南很快成为华北抗战的后方、华中抗战的前线、保卫西北的屏障和南北战场的枢纽。中共中央非常重视河南的战略地位，派遣刘少奇、李先念、彭雪枫等一大批干部到河南，加强对中原抗战的领导。在党的领导下，河南与邻省人民一起，配合八路军、新四军主力，建立晋冀豫（太行）、晋豫边（太岳）、冀鲁豫、豫皖苏、豫鄂边 5 块抗日根据地，1944 年河南战役后，又开辟了河南（豫西）抗日根据地。河南各敌后抗日根据地军民先后抗击和牵制了 20 余万日伪军，对日伪军作战 1 万余次，攻克县城 40 余座，收复国土 10 多万平方公里，解放人口 2000 余万。

抗日战争中，河南人民始终坚持以民族大义为重。面对家园被日军烧杀抢掠、黄河决堤泛滥、自然灾害频仍的恶劣处境，以吉鸿昌、杨靖宇、彭雪枫等为代表的中原优秀儿女，用鲜血和生命谱写了反抗日本侵略者气壮山河的英雄史诗，为夺取全国抗战胜利作出了巨大牺牲和重要贡献。

前事不忘，后事之师。为纪念中国人民抗日战争暨世界反法西斯战争胜利80周年，中共河南省委党史和地方史志研究室编写了《简明河南抗战史》一书，充分展现抗日战争时期河南人民在党的领导下，执戈御侮的壮志和情怀、血战到底的决心和勇气、坚守河山的牺牲和悲壮、收复失地的英勇和豪情。希望本书的出版，能够激励亿万中原儿女，在新时代继承和弘扬伟大抗战精神，为奋力谱写中国式现代化河南篇章贡献力量。

本书编写组

2024年8月

目　录

第一章　局部抗战时期的河南

一、日本对华侵略和九一八事变…………3
二、中国共产党率先倡导建立以国共合作为基础的
　　抗日民族统一战线…………10
三、中国共产党率先高举武装抗日旗帜…………13
四、中国工农红军北上抗日第二先遣队北上…………17
五、全国抗日救亡运动的兴起和一二·九运动…………23
六、国民党对日不抵抗政策的转变…………27
七、中共河南党组织恢复…………40
八、河南抗日救亡运动的开展…………43
九、抗日民族统一战线政策在鄂豫边区的贯彻…………49

第二章　全民族抗战在河南展开

一、全面抗战路线的制定及中共中央对中原抗战的部署…………55
二、日军对河南的进攻与正面战场…………66
三、花园口决堤…………75
四、统战工作在河南的开展和全省抗日救亡高潮的形成…………80
五、中原抗战战略支点建立…………91
六、豫北、豫东抗日武装的建立和游击战争的开展…………97

第三章　敌后抗日根据地的开辟

一、战略相持阶段的到来……107
二、中共中央中原局在竹沟……114
三、晋冀豫抗日根据地的创建……118
四、晋豫边抗日根据地的创建……122
五、冀鲁豫抗日根据地的创建……124
六、豫皖苏抗日根据地的创建……127
七、豫鄂边抗日根据地的创建……131
八、正面战场的持续抵抗和敌后抗日根据地反“扫荡”……134
九、打退国民党顽固派的进攻……144

第四章　河南敌后抗日根据地的坚持与巩固

一、日伪顽的进攻和封锁……155
二、粉碎日伪顽的军事进攻……161
三、1941 年至 1943 年的严重困难……169
四、抗日民主根据地的建设……174
五、沦陷区的抗日斗争……188
六、国统区紧急撤干与根据地整风运动……195

第五章　夺取抗日战争的最后胜利

一、豫北军民的局部反攻……203
二、国民党军在河南战役中的溃败……210
三、敌后抗日根据地的发展……217
四、豫西抗日根据地的开辟……228

五、八路军豫北攻势作战……233
六、敌后战场的全面反攻……237
七、抗日战争的伟大胜利……241

后　记……245

第一章

局部抗战时期的河南

1931 年 9 月 18 日，日本侵略者为实现征服中国、进而称霸亚洲和世界的战略目标，悍然发动九一八事变，挑起局部侵华战争。九一八事变是历时 14 年的中国人民抗日战争的起点，同时揭开了世界反法西斯战争的序幕。九一八事变后，中国共产党发出抗日救国号召，组织抗日先遣队北上抗日，在东北创建抗日游击队，开展抗日游击战争。中共河南省委和各地党组织发动和领导广大人民群众，声援一二·九运动。瓦窑堡会议后，河南党组织贯彻抗日民族统一战线，积极开展统一战线工作。抗日救亡运动的兴起和抗日民族统一战线的初步建立，为推动全国抗战和全民族抗战后的中原抗战做了准备。

一、日本对华侵略和九一八事变

九一八事变前日本对华侵略

日本侵略中国的野心由来已久，灭亡中国是日本军国主义的既定国策。日本明治维新后建立了以明治天皇为中心、由下级武士掌权的地主资产阶级维新政府。由于明治维新是不彻底的资产阶级改革，资本主义的掠夺性和封建主义的专制性相结合的军国主义得以在日本国内滋生繁衍，其显著特征是对内实行法西斯独裁，对外推行穷兵黩武的侵略扩张政策。自明治维新至九一八事变前，在所谓

"大陆政策"[①]的指导下，日本多次发动侵华战争参加侵华行动。1894年挑起甲午战争，1900年伙同其他帝国主义列强侵入北京，1904年发动日俄战争，1914年侵占青岛，1915年提出"二十一条"。通过这些侵略行动，日本吞并了朝鲜，侵占了中国的台湾和澎湖列岛，把福建省划为势力范围，取得在北京、天津等心脏地区的驻兵权，从沙皇俄国手中夺得对中国旅顺、大连以及东北南部的控制权，获得在中国东北的支配地位；通过《马关条约》向清政府勒索白银2.315亿两（含0.3亿两"赎辽费"），通过《辛丑条约》从中国4.5亿两白银总赔款中分得3479万两。这些侵略活动为日本经济发展积累了原始资本，扩充了日本陆军、海军的军费开支，充实了日本发展军事工业基础，壮大了日本对外侵略扩张实力，刺激了日本对外侵略扩张的欲望。

在中国东北，日本自甲午战争后获得了巨大的政治、经济和军事利益，已然把中国东北视为生命线。20世纪20年代，日本军部[②]法西斯正式形成，这是近代天皇制的核心和军国主义的大本营。日本军部法西斯上台后极力煽动侵华战争狂热。1927年4月，日本田

① 大陆政策：日本明治维新后形成的对外扩张政策，其核心是作为岛国的日本通过战争手段向中国、朝鲜等周边大陆国家武力扩张。1927年7月，日本内阁首相田中义一起草《田中奏折》，宣称"惟欲征服支那，必先征服满蒙，如欲征服世界，必先征服支那。倘支那完全可被我国征服，其他如小中亚细亚及印度、南洋等异服之民族，必畏我敬我而降于我。使世界知东亚为我国之东亚，永不敢向我侵犯，此乃明治大帝之遗策，是亦我日本帝国之存立上必要之事也"。表明了日本先攫取"满蒙"，再占领整个中国，进而称霸亚洲、征服全世界的狂妄野心。这一政策成为20世纪三四十年代日本帝国主义对外侵略战争的总纲领。

② 军部：指日本最高军事当局，包括陆军省、海军省和陆军参谋本部、海军军令部等；独立于政府和议会之外，直接对天皇负责。

中义一内阁上台后，加紧攫取中国东北权益的步伐。此时，国民党蒋介石集团和汪精卫集团先后相继叛变革命，国共合作破裂，国共两党合作发动的大革命宣告失败。1928年4月，国民党军队继续北伐，夺取奉系军阀张作霖占据的地盘。5月3日，日本为阻止北伐军进入东北威胁其利益，在山东制造了震惊中外的“济南惨案”。6月，日本关东军密谋制造皇姑屯事件，将不愿俯首听命的张作霖炸死。1928年12月29日，东三省保安司令张学良在东北易帜，宣布服从国民政府，并得到英美列强的支持，国民政府实现了名义上的统一。东北易帜引起了日本军部的不满和恐慌。

九一八事变后日本侵华加剧

1930年，世界经济危机波及日本，日本国内阶级矛盾加剧，社会动荡。日本法西斯认为，英、法、美等西方大国忙于应付经济危机，中国忙于内乱，苏联和国际联盟均没有实力干涉“满洲事态”，武力攻占东北的条件已经成熟。随即，日本关东军加紧军事部署，制造种种借口，狂热煽动侵华战争。

1931年9月18日，日军关东军密谋炸毁了沈阳北郊柳条湖附近南满铁路的一段路轨，反诬是中国军队所为，继而以此为借口，进攻东北军驻地北大营，九一八事变爆发。随后，日军大举进攻东三省，至1932年2月5日占领哈尔滨，继而占领了3倍于日本领土的东北广大地区。

1931年9月19日，日本军队在沈阳小西门城墙上向城内射击

为达到长期占领中国东北的目的，九一八事变后的第4天，日本就决定炮制伪满洲国，并派奉

天特务机关长土肥原贤二，诓骗和引诱隐居在天津的清废帝爱新觉罗·溥仪到东北复辟帝制。1932 年 3 月 1 日，伪满洲国成立，溥仪为所谓的“执政”。9 月，日本和伪满洲国以所谓的“条约形式”确认了日本在东北的军事、政治、经济上的控制权。1934 年 3 月，“满洲国”改为“满洲帝国”，改年号为“康德”，溥仪以出卖主权为代价当上了“儿皇帝”。

1932 年 1 月 28 日，日本在炮制伪满洲国的同时，为转移欧美各国对其侵占东北的注意力，并夺取侵略中国东部沿海地区富庶区域的新基地，又向上海发起进攻，迫使国民党政府签订《淞沪停战协定》，规定中国不得在交战区驻兵，日军可以留驻上海，为其日后发动全面侵华战争提供了条件。伪满洲国成立后，日本帝国主义按照先占领“满蒙”再占领整个中国、进而称霸亚洲征服全世界既定国策，把侵略魔爪伸向了华北地区。当时的华北包括河北、山东、山西、察哈尔、绥远五省和北平、天津两市。1933 年 7 月 6 日，日本陆军省和陆军参谋本部制定《对华政策大纲》，提出“必须使华北政权压制国民党在华北的抗日活动，并使国民党逐渐减少其力量，最后迫使其解体”[①] 的方针。1934 年 4 月 17 日，日本外务省情报部部长天羽英二在记者招待会上公开宣布，中国为日本的势力范围。“天羽声明”赤裸裸地道出了日本独霸中国的野心。12 月 7 日，日本陆军省、海军省和外务省联合制定了《有关对华政策的文件》，规定日本在华北的基本宗旨是“形成南京政权的政令不能达及的情势”，并提出在政治、经济上应努力达到的目标。[②]

① 《远东国际军事法庭战犯审讯记录》(IMTFE)文件三，第 147 页。

② [日]《现代史资料 8·日中战争 1》，美铃书房 1964 年版，第 22—24 页。

为实现上述图谋，到七七事变前，日本军队策划了“察东事件[①]”“河北事件[②]”“张北事件[③]”“华北五省自治运动[④]”等一系列事件，因这些事件都发生在华北地区，史称华北事变。国民党政府面对日

① 察东事件：1935 年 1 月中旬，日军唆使伪满洲国自卫军进攻察东沽源一带长梁、乌泥河等村庄，被国民革命军第二十九军击退。2 月 2 日，在日军逼迫下，中日达成解决办法。通过这一事件，日军削弱了中国地方政府对沽源长城以东地区的控制，强夺了长梁、乌泥河一带。

② 河北事件：1935 年 5 月初，亲日分子《国权报》社长胡某和《振报》社长白某在天津日租界被暗杀。日本华北驻屯军声称此案“系中国排外之举动，若中国政府不加以注意改善，则日方将采取自卫行动”，借此向国民政府提出无理要求。5 月 29 日，日本关东军借口中国当局破坏《塘沽协定》，向国民党军事委员会北平分会代理委员长何应钦提出对华北的统治权。6 月，国民党军委会华北分会代理委员长何应钦与日本华北驻屯军司令官梅津美治郎谈判，达成了所谓的《何梅协定》。按协议规定，中国军队从河北撤退，取消河北省内的国民党部，撤换河北省主席和平、津两市市长，禁止河北省内的一切反日活动。《何梅协定》的签订，使日本帝国主义实际取得了对华北的控制权。

③ 张北事件：1935 年 5 月 30 日，4 名日本特务机关人员潜入察哈尔省境内绘制地图，行至张北县，被当地驻军扣留，察哈尔省主席宋哲元为避免引起事端，即令释放。6 月 27 日，察哈尔省民政厅厅长秦德纯和日军特务头子土肥原贤二达成《秦土协定》。其主要内容为：向日军道歉，撤换与该事件有关的军官，担保日本人今后在察哈尔省可以自由行动；取消在察哈尔省的国民党机构，成立冀东非武装区，第二十九军从该地区全部撤退；中国方面停止向察哈尔省移民，察哈尔省主席宋哲元撤职。至此，中国在冀、察二省主权大部丧失。

④ 华北五省自治运动：1935 年 10 月 22 日，日本侵略者煽动河北东部香河、三河、昌平、武清等县所谓“饥民”（汉奸）举行暴动，攻占香河县城，并由少数汉奸组织临时维持会。11 月 25 日，日军唆使国民党政府特派冀东行政督署专员汉奸殷汝耕（当时兼任滦榆、蓟密两区的行政督察专员）在通县组织所谓“冀东防共自治委员会”（后改称“冀东防共自治政府”），使冀东 22 县脱离了中国政府的管辖。这就是“冀东事变”。与此同时，日本帝国主义策动阎锡山、韩复榘进行“自治”。11 月 26 日，国民党政府在日军的压力下取消军事委员会北平分会和行政院北平政务整理委员会。12 月 18 日，在北平成立以宋哲元为委员长，由日方推荐的汉奸王揖唐、王克敏等为委员的“冀察政务委员会”。这一机构是国民党政府对日妥协的产物，名义上隶属南京国民政府，实际上是变相的“自治”，使冀、察两省实际上置于中国行政区域之外。

本的步步紧逼，屡屡妥协退让，使中国丧失了在华北的大部分主权，加深了民族危机。

日本占领东北后，从政治、经济等方面加强对伪满洲国的严格控制和操纵，大肆掠夺东北资源。为增强殖民力量，日本向东北大量移民。据不完全统计，到 1945 年，日本向中国东北移民 8.8 万户、21 万人，侵占土地约 329 万公顷。大量被剥夺土地的中国农民沦为佃户，遭受奴役和剥削；日本向伪满各级机构派遣日本官吏或顾问，直接或间接控制伪满各部权力，向伪满“皇帝”身边派出常驻代表，由关东军司令官兼任驻伪满洲国大使，关东军司令官成为事实上的伪满洲国“太上皇”；伪满政权在日本关东军控制下，颁布了“治安维持法”“思想矫正法”等一系列伪法令，组织庞大的军警宪特系统和汉奸组织“协和会”，配合关东军“讨伐”抗日游击队、迫害抗日志士，镇压抗日群众，对青壮年进行法西斯训练，控制各种群众团体的活动，并推行反共的“国民运动”；为把东北纳入日本经济轨道，日本在中国东北实行“日满经济一体化”方针，由关东军和南满洲铁道株式会社（简称“满铁”）掌握伪满洲国的经济支配权，全面控制东北的铁路、采矿、通信、金融、贸易和海关等经济命脉。

日本在东北实行殖民统治，犯下了累累罪行。日本关东军违反国际公法，秘密在中国东北建立大规模的细菌战基地，惨无人道地利用中国平民进行人体活体实验，制造和使用细菌武器，屠杀中国人民；在东北广大农村推行所谓的“集团部落制”，将大批农民集中到“部落”居住，在“部落”外制造“无人区”，以防止抗日武装活动；在工矿和施工单位实行野蛮的劳工政策，成千上万的劳工被迫害致死，或惨遭杀害；在东北地区实行文化专制，摧残中华民族思想文化，推行奴化教育，宣传宗教迷信，企图将东北民众变成日本天皇的顺民。

为麻痹和摧毁中国人民的斗争意志及牟取暴利，日本诱骗东北百姓种植鸦片，日伪法定的鸦片种植面积，由1933年的94.1万公顷上升到1937年的103万公顷。鸦片产量，仅热河在1936年即达815万两。吸大烟成瘾者的登记人数，1937年比1933年增加了14倍，达81.1万人。侵华日军在东北的残暴统治给中国人民带来了极为深重的灾难。

日本驻郑州领事馆旧址

河南地处内陆，日本侵略者在侵占东北的同时，也加强了对河南的侵略活动。为加强向中国内陆的渗透，1922年日本在郑州设立领事馆，1928年被时任河南省主席的冯玉祥取缔。自1929年起，日本与中国政府反复交涉，要求恢复在郑州设立领事馆。1931年2月，日本驻郑州领事馆正式开馆，隶属于日本驻汉口总领事馆。九一八事变后，在郑州人民抗日浪潮的冲击下，日本驻郑州领事馆停止活动。1936年1月1日，日本驻郑州领事馆再次开馆，并改名为日本驻郑县领事馆，直到七七事变爆发后，领事馆于1937年8月9日下旗闭馆，撤离郑州。日本驻郑州领事馆是侵略活动的重要领导机关。它设立文化研究会，以文化研究名义进行特务活动，在豫、陕、甘三省收集政治、经济、军事情况，绘制地图。日本特务还在郑州开设“福原商店”“大众药店”等,贩卖海洛因、吗啡等毒品，毒害河南人民；收买和培养汉奸，收集政治、军事情报。省会开封更是日本侵略者重视的一个地方，他们投入更多的人力物力，派特务分子四处活动，收集情报，为其侵略服务。

二、中国共产党率先倡导建立以国共合作为基础的抗日民族统一战线

九一八事变后，中国共产党代表全国人民抗日意愿，坚决反对日本军国主义的侵略。至1932年4月15日中华苏维埃共和国临时中央政府发表《对日战争宣言》，中共中央和临时中央政府连续发表10多份宣言、决议、告全国同胞书等，深刻揭露日本占领中国东北进而侵占全中国、称霸亚洲太平洋地区的阴谋；严厉谴责国民党政府“攘外必先安内”的对日不抵抗政策；正式宣布对日战争，号召工农红军和全国广大被压迫民众，以民族革命战争驱逐日本侵略者出中国。[①]要求各革命根据地广泛进行对日宣战政治动员，准备与日本侵略者直接作战，“特别在满洲更应该加紧的组织群众的反帝运动……来反抗日本帝国主义的侵略，加紧在北满军队中的工作，组织他的兵变与游击战争”[②]。中国共产党所发表的这些抗日宣言、决议和号召，表明了坚决反对日本侵略的鲜明立场，对唤醒全国民众的爱国热情、掀起抗日救亡热潮产生了重大影响。

但是，九一八事变后，以博古为首的临时中央政治局未能适应形势发展的需要，继续推行冒险主义和关门主义的方针。主要是：一是照搬共产国际的指示提出“保卫苏联”的口号，脱离了中国革命实际。二是无视日本侵华、民族危机加重形势下，中间派和国民党

---

① 中央档案馆编:《中共中央文件选集》第8册，中共中央党校出版社1985年版，第178页。

② 中央档案馆编:《中共中央文件选集》第7册，中共中央党校出版社1991年版，第423页。

内部发生的分化和破裂，仍然认为中间势力是帮助国民党来维持统治的，是最危险的敌人，应该以主要力量加以打击。三是强调国民党政权同苏维埃政权的对立，强调实行“进攻路线”，作出“目前中国政治形势的中心的中心，是反革命与革命的决死斗争”的错误判断。四是采用冒险主义的方针，要求上海等地“尽量用全力来准备各个企业的总罢工”，要求山西、河南、河北、山东等地的党组织，通过发动兵变和工农运动，立刻“创造北方苏维埃区域”。临时中央的“左”倾冒险主义和关门主义方针，不符合民族矛盾上升后的革命形势，在革命根据地和国民党统治区，受到以毛泽东、刘少奇等有实际斗争经验的领导人的反对和抵制。

1933 年以后，尽管党内“左”倾关门主义的方针没有根本改变，国民党当局仍然坚持反共内战和对日妥协的政策，但在日军进一步扩大侵华战争、中华民族危机日益严重的形势下，中国共产党逐渐开始进行政策调整。1 月 17 日，毛泽东、朱德等发表宣言，首次提出中国工农红军准备在立即停止进攻苏维埃区域、立即保证民众民主权利、立即武装民众创立武装的义勇军三个条件下同任何武装部队订立共同对日作战的协定。1 月 26 日，中共驻共产国际代表团又以中共中央的名义发出《中央给满洲各级党部及全体党员的信——论满洲的状况和我们党的任务》(即“一·二六指示信”)，首次提出在东北要尽可能地造成全民族的反帝统一战线，聚集和联合一切可能的力量，与日本帝国主义及其走狗斗争。1934 年 4 月 20 日，中国共产党在中华苏维埃临时中央政府对日宣战后，又发表《中国人民对日作战的基本纲领》，提出“尽最大可能团结一切反日的力量来建立真正广大的民众的反日统一战线”[1]。中国共产党的抗日主张，对于推进全国的抗日救亡运动，促进部分国民党爱国军队和爱国人士同共产党人合作抗日，产生了重要影响。1934 年 10 月中央革命根据地第五次反“围剿”失利后，中央红军被迫开始了举世闻名的二万五千里长征。1935 年 1 月，中共中央政治局在遵义召开扩大会议，结束了“左”倾教条主义错误在中共中央的统治，事实上确立了毛泽东在中共中央和红军的领导地位，开始确立了以毛泽东为主要代表的马克思主义正确路线在党中央的领导地位，开始形成以毛泽东同志为核心的第一代中央领导集体，开启了党独立自主解决中国革命实际问题的新阶段。

此时，随着日本加紧对中国华北的争夺，中国政治形势急剧变动，共同抗日、共御外侮的呼声日渐高涨。1935 年 8 月 1 日，中共驻共产国际代表团根据民族危机加深的形势和共产国际第七次代表大会关于建立反法西斯统一战线的精神，草拟了《中国苏维埃政府、中国共产党中央为抗日救国告全体同胞书》（即“八一宣言”），不久公开发表。宣言提出抗日救国口号，强调建立和扩大抗日民族统一战线，主张停止内战，建立统一的国防政府和抗日联军，对日作战。12 月 17 日至 25 日，中共中央政治局在陕西省安定县（今子长县）瓦窑堡召开扩大会议，通过了《中央关于目前政治形势与党的任务决议》。12 月 27 日，毛泽东在党的活动分子会议上作《论反对日本帝国主义的策略》的报告。瓦窑堡会议决议和毛泽东的报告，分析了日本侵略者打进中国之后社会各阶级之间相互关系的变化，明确提出了党的

① 中央档案馆编:《中共中央文件选集》第 10 册，中共中央党校出版社 1991 年版，第 256 页。

基本策略任务是建立抗日民族统一战线，为中国共产党顺利地完成工作重心由国内革命战争向抗日民族战争的转变，促进抗日民族统一战线的形成，迎接抗日新高潮的到来做了政治上和理论上的准备。

瓦窑堡会议后，由于蒋介石依然顽固坚持“攘外必先安内”的错误方针，还在继续调集重兵企图歼灭在陕北立足未稳的中国共产党和工农红军，中共中央虽然仍旧将“抗日”与“反蒋”并列，但已开始着手做国民党上层和军队将领的统战工作。1936 年上半年，中共中央与以张学良为首的东北军和以杨虎城为首的第十七路军达成停止内战、合作抗日秘密协议，红军和东北军、第十七路军之间，实际上已停止敌对行动，西北地区统战工作取得突破性进展。与此同时，中共中央和中共中央北方局还通过各方面的关系，与山西、新疆、四川、云南、广东、广西等地的国民党地方实力派，直接或间接地建立了统战联系。由于日本在华北的侵略已超越了南京政府的容忍程度，蒋介石和国民党中央的对日政策也在发生变化。国共双方开始通过多种渠道进行秘密接触。1936 年 5 月 5 日，原已渡过黄河开入山西的中国人民红军抗日先锋军在全部回师河西时，毛泽东、朱德发出《停战议和一致抗日通电》，公开放弃反蒋口号。9 月 1 日，中共中央发出党内指示，明确提出党的总方针是逼蒋抗日，实现了从抗日反蒋到逼蒋抗日的政策转变。所有这些，都为广泛的抗日民族统一战线的建立、为全民族团结抗战局面的形成做了重要的准备。

三、中国共产党率先高举武装抗日旗帜

九一八事变后，部分东北军和东北民众不甘家园被日军侵占，奋起反抗，白山黑水间相继兴起为数众多的抗日义勇军。据不完全统计，到 1932 年 4 月，东三省抗日义勇军总数已达 30 万人，有力

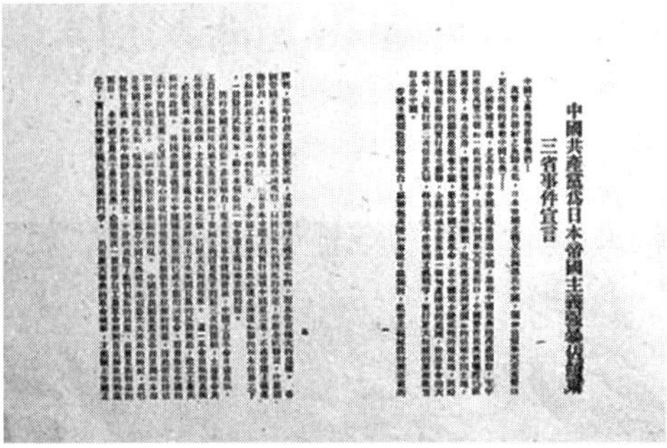
中國共產黨為日本帝國主義強暴占領東三省事件宣言

1931 年 9 月 20 日中共中央发布的《中国共产党为日本帝国主义强暴占领东三省事件宣言》

打击了日本侵略者。但是，东北抗日义勇军实力有限，成分复杂，力量分散，加上没有明确的政治纲领和严格的组织纪律，因而在日军重兵进攻下遭受严重挫折。到 1933 年春，东北抗日义勇军伤亡惨重，仅剩 4 万余人分散在东北各地坚持抗日斗争。

在民族危机的严重关头，中国共产党率先高举武装抗日旗帜。九一八事变后，中共中央于 9 月 20 日就发表了《中国共产党为日本帝国主义强暴占领东三省事件宣言》，提出："反对日本帝国主义强占东三省！" 9 月 22 日，中共临时中央在《中央关于日本帝国主义强占满洲事变的决议》中指出："特别在满洲更应该加紧的组织群众的反帝运动"，"加紧在北满军队中的工作，组织他的兵变与游击战争，直接给日本帝国主义以严重的打击"。1931 年 10 月 12 日，中共中央发出关于建立游击队、开辟游击区的指示。11 月中旬，中共中央领导人周恩来以伍豪笔名在中共中央机关报《红旗周报》上发表文章指出："现在救国义勇军的组织已成为工农劳苦群众的普遍要求，我们要领导工农及一切被压迫民族自己组织武装的救国义勇军。"[①] 其后，中共满洲省委提出："用目前各地的反日战争，来动员广大群众

① 《日本帝国主义占领满洲与我们党当前任务》，《红旗周报》1931 年第 20 期。

建立起义勇军组织，党应积极领导去参加这一战争。”① 为落实中共中央关于创建游击队的方针，除原在义勇军中工作的周保中、李延禄、张寿篯（李兆麟）等人外，中共满洲省委先后派省委军委书记杨林、省委军委代理书记杨靖宇，省委军委书记赵尚志，大连市委书记童长荣，省委秘书长冯仲云等 200 多名党、团员，到各地直接领导和创建了 10 多支抗日游击队。其中到南满开展工作的杨靖宇（原名马尚德），是河南确山李湾村（今属驻马店市驿城区）人，早年参与领导确山农民暴动。八七会议后，参与领导确山刘店起义。1928 年后杨靖宇受党派遣到东北开展工人运动。1932 年 11 月，杨靖宇以南满省委代表身份到南满整顿各县党组织、抗日游击队和义勇队。他和李红光组建了南满游击队（即原磐石游击队）、海龙游击队。其他还有童长荣、王德泰等人领导的汪清、珲春、和龙、延吉与安图等多支抗日游击队，周保中、李延禄、李荆璞和崔石泉（即崔庸健）等人分别领导的抗日救国游击军、宁安工农反日义务队和饶河农工义勇军，赵尚志、冯仲云、张甲洲等人分别领导的珠河东北反日游击队、汤原反日游击队和巴彦游击队等。中国共产党直接创建的东北抗日游击队，尽管人数少、装备差，又处于日军频繁“讨伐”状态，但由于有集中统一的组织领导，有明确的政治纲领和严明的军事纪律，有同人民群众的血肉联系及英勇无畏的牺牲精神，因而自成立之日起，就表现出一般群众

杨靖宇（1926 年的马尚德）

① 《满洲省委接受中央关于上海事件致各级党部信的决议》（1932 年 3 月 31 日）。

武装所不具备的战斗力和战斗精神。在东北军和义勇军相继失败后，中共直接领导的抗日游击队逐渐成为东北抗战的主体。

1933 年中共中央发出“一·二六指示信”后，中共满洲省委执行在东北组织反日民族统一战线的策略方针，决定扩大党独立领导的抗日游击队，主动争取团结各种抗日力量，收编和改造各地义勇军，组建东北人民革命军。从 1934 年冬到 1936 年年初，组建了东北人民革命军第一军（军长兼政治委员杨靖宇）、第二军（军长王德泰、政治委员魏拯民）、第三军（军长赵尚志）、第六军（军长夏云杰），东北抗日同盟军第四军（军长李延禄），东北反日联合军第五军（军长周保中），共 6 个军 6000 余人。1936 年 2 月 10 日，中共驻共产国际代表团决定将东北人民革命军建立为统一的东北抗日联军。2 月 20 日，以杨靖宇、王德泰、赵尚志、周保中等人及汤原游击队、海伦游击队的名义发表了《东北抗日联军统一军队建制宣言》。此后，东北各地抗日武装力量陆续改编为东北抗日联军。经过团结争取，一些与中共有统战关系的抗日部队，也先后加入抗日联军行列。到 1937 年 7 月，东北抗日联军已编成 10 个军、1 个独立师，共 3 万余人。这是中国共产党实行抗日民族统一战线政策的重要成果。各部队在连以上各级普遍建立了共产党和共青团组织，部队的组织纪律性和战斗力不断提高。

东北抗日联军实行游击战争的战略战术，依托山区，化整为零，大力开展抗日游击战争，开辟了包括东南满、吉东、北满三大抗日游击区在内的广阔东北敌后战场。杨靖宇率东北抗日联军第一军约 3000 人，活动于以金川老游击区为中心的南满地区。1936 年 3 月至 5 月，东北抗日联军第一军打破了日伪军的春季大“讨伐”，使游击区得以扩大，全军发展到 6000 余人。7 月初，中共东满、南满特委组成南满省委，由魏拯民任书记；同时，将杨靖宇率领的东北抗日联军第一军与王德泰、魏拯民率领的第二军（2000 人）合编为东北抗日联军第一路军并成立总司令部，杨靖宇任总司令兼总政治委员，王德泰任副总司令。1936 年夏季与冬季，第一路军先后两次派部队向辽西、热河地区西征，试图打通与中共中央及关内抗日军队的联系，但没有成功。这一时期，第一路军除据有抚松、濛江（今靖宇县）、通化等老游击区外，还在长白县境内和宁安南湖头新建或重建了游击根据地，打开了东南满地区的抗日斗争局面。在北满地区活动的东北抗日联军第三军、第六军，在吉东地区活动的东北抗日联军第四军、第五军、第七军都在战斗中建立了游击区。

东北抗日联军在南起长白山麓、鸭绿江畔，北抵小兴安岭，东起乌苏里江，西至辽河东岸的辽阔地域，广泛开展游击战争，同日伪军作战数千次，歼敌 1 万余人，挫败和打破了日伪军上百次“讨伐”，将东北抗日游击战争推向高潮。东北抗日联军的英勇斗争，牵制了大量日伪军，支援、鼓舞和推动了全国的抗日斗争。

四、中国工农红军北上抗日第二先遣队北上

九一八事变后，蒋介石政府顽固坚持“攘外必先安内”方针，对日妥协，对内调集兵力“围剿”革命根据地。而此前于 1931 年 1 月 7 日在上海召开的中共扩大的六届四中全会上，由于共产国际代表米夫的直接干预，不是中共中央委员、缺乏实际斗争经验的 26 岁的王明，不仅被补选为中共中央委员，而且成为中央政治局委员。以王明为代表的“左”倾教条主义由此在党内开始了长达 4 年的错误领导。扩大的六届四中全会后，由于国民党特务加紧搜捕和党内叛徒出卖，在上海的中共中央机构屡遭破坏。到 9 月下旬，在上海的中央委员

和政治局委员都已不到半数，根据共产国际执行委员会远东局的提议，成立临时中央政治局（即临时中央），由博古（即秦邦宪）负总责。

1933年下半年，蒋介石调集100万兵力向中央革命根据地发动第五次“围剿”。此时已由上海迁到中央革命根据地的临时中央负责人博古不懂军事，把红军指挥大权交给共产国际派来的军事顾问李德。李德不了解中国实际情况，只是搬用正规的阵地战经验，放弃积极防御方针，实行军事冒险主义方针，主张“御敌于国门之外”“短促出击”，结果红军不得不与优势敌军打阵地战、堡垒战，在战场上陷于被动。1934年5月，中共中央、中央革命军事委员会（简称中革军委）提出了红军不能打破敌人“围剿”情况下的两个方案：（1）留在苏区坚持进行游击战争；（2）将主力撤到另一个战场。并着手进行前期筹谋。

1934年7月，为调动和牵制敌军，减轻国民党军队对中央革命根据地的压力，由寻淮洲、乐少华、粟裕领导的红七军团改称中国工农红军北上抗日先遣队，经福建北上到闽浙皖赣边区，与方志敏领导的红十军会合，组成红十军团，并成立以方志敏为主席的军政委员会。11月下旬，红十军团分两路向浙皖边和皖南行动。1935年1月底，由于国民党重兵堵追，红十军团损失严重。寻淮洲牺牲，方志敏被俘后英勇就义。红十军团先头部队1000余人在参谋长粟裕、政治部主任刘英等率领下，突破封锁线，转战闽浙赣边苏区，整编为红军挺进师。

1934年6月，中共中央和中革军委派程子华到鄂豫皖革命根据地组建北上抗日先遣队。9月，绕道千里的程子华带着党中央的文件和中革军委副主席周恩来的口头指示来到鄂东北，找到中共鄂东北道委书记郑位三，在此等候中共鄂豫皖省委和红二十五军从皖西北回来。红二十五军得到消息后立即返回，一路英勇作战，打破敌人的围追堵截，胜利到达豫南光山县花山寨。11月11日，中共鄂豫皖省委在光山县花山寨召开第十四次常委会，传达了带来的中共中央文件和中革军委副主席周恩来的口头指示。同时，会议还收到中共中央7月26日、7月29日分别发出的《关于组织抗日先遣队的通知》《致鄂豫皖省委训令》等文件。会议深入分析了战局形势，总结了反“围剿”的经验，明确了发展方向。与会人员一致认识到，中央决定红军主力要作战略转移、去建立新根据地的意见是正确的，这样可以使部队得到发展，同时也能把敌人主力引走，减轻根据地的压力。省委认识到当前的任务是保全活力，保全队伍，创造新苏区、新根据地，整顿、巩固力量，创造新的红军主力。这是扩大革命，救中华民族危亡的需要，遂决定实行战略转移。花山寨会议后，红二十五军又西移罗山县殷家湾、何家冲一带，紧张地进行战略转移前的准备。中共鄂豫皖省委在何家冲又召开了会议，具体讨论红二十五军的战略转移和转移后根据地的建设问题。会议决定：（1）部队进行整编。军长程子华，政委吴焕先，副军长徐海东，政治部主任戴季英。为宣传党的抗日主张，扩大共产党和红军的政治影响，行动中部队对外称为“中国工农红军北上抗日第二先遣队”。军长程子华为先遣队司令员，副军长徐海东为先遣队副司令员，撤销师一级建制，军部直辖第二二三团、第二二四团、第二二五团和一个手枪团，以及军部直属队，全军2900多人。（2）重新组建红军第二十八军，留在苏区继续斗争，由高敬亭任政委，军长暂缺。（3）省委率红二十五军转移的路线是西征，目标是到伏牛山创立新的苏区。

为扩大红军北上抗日的影响，中国工农红军北上抗日第二先遣队发表了宣言。根据中共中央1934年7月26日“关于组织抗日先遣

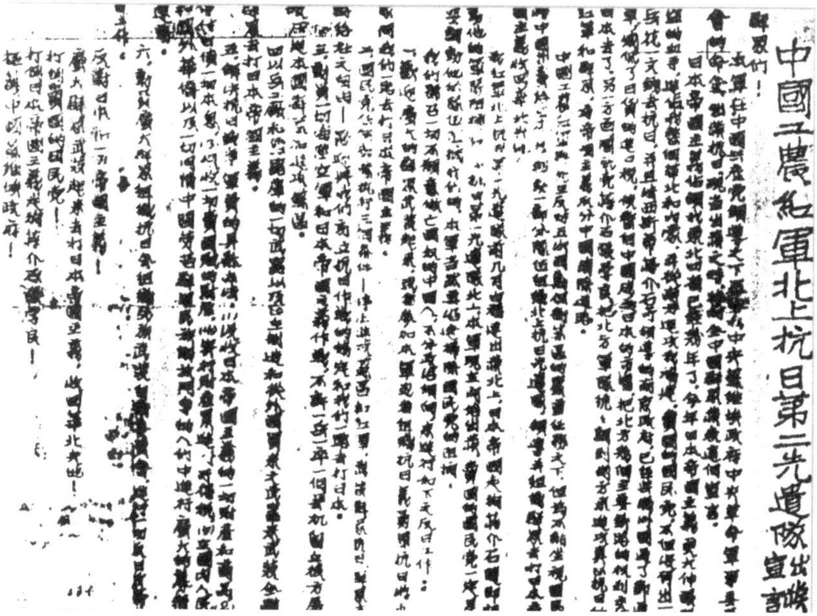
中國工農紅軍北上抗日第二先遣隊出發宣言

中国工农红军北上抗日第二先遣队出发宣言

队”的通知精神，宣言首先声明，中国工农红军北上抗日第二先遣队是在中国共产党领导下，是奉中央苏维埃政府中央革命军事委员会的命令出师北上抗日的。只有中国共产党始终把民族利益放在第一位，“中国工农红军虽然在反对五次‘围剿’保卫苏区的严重任务之下，但不能坐视国民党将中国出卖给日本，特调动一部分队伍组织先遣队抗日北上，领导并组织群众去打日本帝国主义，收回华北失地”。宣言揭露说：“我红军北上抗日第一先遣队前几日由福建出发北上，日本帝国主义走狗蒋介石随即调动他的军队阻拦红军抗日第一先遣队北上，本军现在开始出发，卖国的国民党一定要调动他的军队阻拦我们的，本军当然要沿途扫除国民党的阻拦。”宣言号召一切不愿意做亡国奴的中国人，要团结御侮，一致对外，反对日本帝国主义的侵略。要不分政治倾向地进行六项工作:(1)把广大群众武装起来，去打日本帝国主义;(2)国民党部队停止进攻苏区和红军，和红军共同抗日，武装群众抗日，开放言论结社自由;(3)动员一切海陆空军同日本帝国主义作战;(4)以一切武器来武装全体群众，去打日本帝国主义;(5)没收日本帝国主义在华的商品和财产，没收一切卖国贼的财产，停付日债的本息，以解决抗日战争军费;(6)动员广大群众组织抗日救亡团体。宣言是对日本帝国主义侵略中国和对蒋介石国民党卖国投降罪行的揭露，是中国共产党抗日救国主张的宣传，向群众昭示了共产党领导的工农红军是爱国的，是抗日救国的希望。

1934年11月16日,红二十五军高举北上抗日第二先遣队的大旗，冲破国民党军队的围追堵截,穿过平汉铁路,直插桐柏山,转而北上。红二十五军沿途宣传党的抗日救国主张。每到一地，省委秘书长郑位三都要亲自写信,让群众把信送到寨主头目手里,或者由寨子传递，向他们宣传抗日救国的道理，说明红军是借道抗日，决不伤害其利益,请勿阻拦。在释放俘虏前,进行“中国人不打中国人”“团结抗日”等思想的教育。同时，红军调整政策，不打土豪，不进围寨，沿途所需粮草，一律购买。沿途中共地下党组织积极配合，鄂豫边工委书记张星江等一路随军行动，介绍情况，带路联络，给红二十五军以很大支持帮助。

11月26日，红二十五军先头部队抵达方城县独树镇附近，遭到了国民党军队重兵堵截。当天恰遇寒流，北风刺骨，雨雪交加。红二十五军指战员衣服单薄，饥寒交迫，战士们手指冻僵，一时拉不开枪栓,以致被迫后撤。危急时刻,军政委吴焕先赶到,高声呼喊:“共产党员跟我来！”他挥舞大刀，带领部队与敌人展开白刃搏斗。经过一番恶战，终于打退敌人的进攻。当晚，红二十五军不顾极度劳累，由地下党的同志带路，穿过敌人空隙，绕道叶县保安寨以北的沈庄附近穿过许南公路，于 27 日拂晓进入伏牛山区。省委发现伏牛山区粮食和物资缺乏，反动统治严密，创建根据地比较困难，因此决定继续向西进入陕西省南部。12 月 5 日，红二十五军在货郎小贩陈廷贤的带路下，直奔豫陕交界的铁锁关（即箭杆岭）。12 月 8 日，进入陕南境内。12 月 10 日，红二十五军到达陕南庾家河，决定创建鄂豫陕革命根据地。此后，红二十五军先后取得了奔袭荆紫关、袁家沟口等一系列战斗的胜利，初步建成了人口近 50 万的革命根据地。

1935 年 7 月 15 日，中共鄂豫陕省委收到交通员送来的中共中央数月前发出的文件，并带来了中央红军与红四方面军会师川西、准备北上的消息。当晚，省委在长安县沣峪口召开紧急会议，决定率

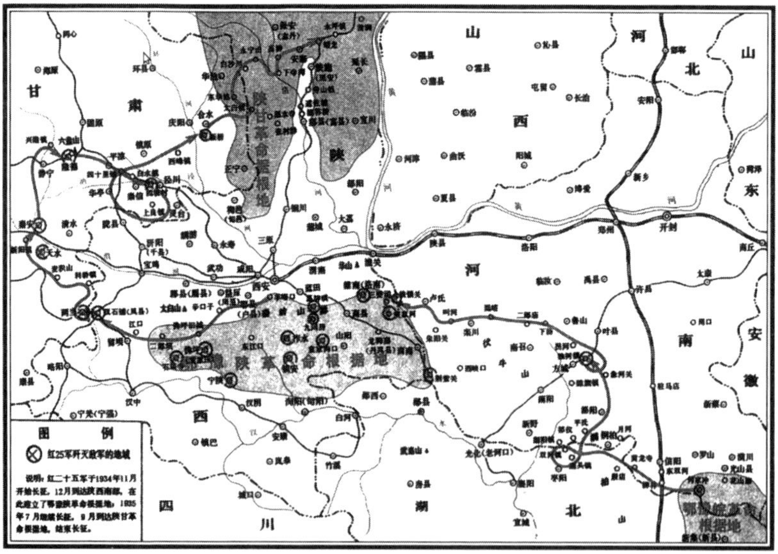

中国工农红军第二十五军长征路线图

红二十五军到陕甘苏区，与陕北红军会合，巩固陕甘苏区，迎接中央红军北上，并决定留鄂陕、豫陕两特委及其领导的武装力量继续坚持鄂豫陕根据地的斗争。16日，红二十五军主力从沣峪口出发。一路攻两当、天水、秦安、隆德，给国民党以沉重打击。8月21日，军政委吴焕先在甘肃平凉泾川县寺坡战斗中不幸中弹牺牲。9月9日，红二十五军进入陕西保安县（今志丹县）永宁山，与前来迎接的陕甘边苏维埃政府主席习仲勋、陕甘边区革命军事委员会主席刘景范等会合。9月15日，红二十五军到达西北苏区延川县永坪镇。9月16日，刘志丹率领西北红军主力回到永坪，与红二十五军胜利会师。9月18日，红二十五军、红二十六军、红二十七军合编为中国工农红军第十五军团。徐海东任军团长，程子华任政委，刘志丹任副军团长兼参谋长。

红二十五军孤军北上，历时10个月，转战近万里，成为长征到达陕北的第一支红军。红二十五军一路艰苦卓绝的战斗，不仅锻炼了队伍，而且宣传了中国共产党抗日救国的主张，播下了革命的火种。红二十五军长征胜利后，同当地的红二十六、红二十七军会师，合编为红十五军团，并打破了敌人的重兵“围剿”，为党中央把中国革命的大本营安置在西北创造了条件。

五、全国抗日救亡运动的兴起和一二·九运动

蓬勃兴起的抗日救亡运动

国民党政府对日本侵略东北的行动采取妥协退让的方针。为了集中力量“围剿”红军，蒋介石在7月间就提出“攘外必先安内”的方针。九一八事变发生时，国民党政府告东北军，日军此举不过是寻常寻衅性质，为免除事件扩大起见，绝对抱不抵抗主义。但部分

东北军的爱国官兵出于民族义愤，拒绝执行不抵抗命令，奋起武装反抗。1931 年 9 月 18 日当夜，驻沈阳北大营的东北军独立第七旅部分官兵忍无可忍，冲破“不准抵抗”的命令，被迫进行自卫还击，打死打伤日军 24 人，成为九一八抗战的先声。11 月上旬，日军指使伪军张海鹏部向齐齐哈尔江桥地区发起进攻，黑龙江省代主席兼代军事总指挥马占山指挥所部在江桥一带顽强抵抗。江桥抗战，是九一八事变后东北军爱国官兵所进行的大规模抵抗日军侵略的壮举，受到全国人民的颂扬和支持。长春、锦州、哈尔滨的东北军都进行了抵抗。

东三省全部沦陷后，在中国共产党的推动下，在其他爱国党派团体和爱国人士的呼吁下，抗日救亡运动在全国城乡开始兴起。全国各地的青年学生，纷纷举行示威游行，到南京向国民党中央请愿，要求停止内战、出兵抗日。1931 年 12 月 17 日，汇集南京的各地学生 3 万多人举行联合大示威，行至珍珠桥一带时，遭到国民党政府宪警的残酷镇压，死伤学生 130 多人。国民党的暴行激起全国人民的愤慨，处在抗日斗争最前线的沈阳兵工厂 3 万多名工人先后离厂，拒绝为日军生产武器；长春中东铁路工人自发组织起来，将机车转移，阻碍日军运输。上海 3.5 万名码头工人举行反日大罢工，100 多个工会团体和各界群众数万人举行抗日示威大游行。北平、天津、南京、青岛、太原、长沙、芜湖、桂林、重庆、广州和武汉等地工人，以各种不同形式开展抗日救亡运动。与此同时，全国大中城市纷纷成立抗日救亡团体，积极开展抗日活动。东北民众抗日救国会、哈尔滨各界联合会、北平工界抗日救国会、南京农界抗日救国会、上海妇女救国大同盟等抗日救亡团体相继成立，并动员领导各界群众投入抗日救国的洪流。国民党左派领袖宋庆龄、何香凝和冯玉祥等人，坚决反对蒋介石“攘外必先安内”的方针。全国商会联合会发表《告世界各国书》，呼吁世界各国人民支持中国人民的抗日斗争。海外爱国华侨不仅积极捐赠资金和物资，而且组织华侨义勇军直接参加对日作战。

此后，随着日军的侵略深入，全国抗日救亡运动逐渐高涨。1932 年淞沪抗战爆发后，中共上海地下组织响应中共中央号召，动员全市人民组织义勇军、救护队、担架队、通信队和运输队等，参加和支援前线作战。据不完全统计，仅在第十九路军担任各种战勤工作的义勇军就有 2 万多人。在天通庵战斗中，复旦大学就有 200 多名义勇军战士血洒疆场。全国人民、海外侨胞，也从人力、物力、财力等各方面支援淞沪抗战。1933 年察哈尔民众抗日同盟军北征期间，各地抗日组织、爱国团体和爱国人士纷纷致电祝贺，并组织慰问团，捐款捐物，支援前线。绥远抗战是中国局部抗战时期取得胜利的战役，极大地振奋了全国人民的民族精神。社会各界掀起了一场轰轰烈烈的援绥抗战热潮，向绥远前方抗日将士祝贺与慰问的电信如雪片般飞来。北平、上海、天津、西安、武汉等大城市的人民团体代表，携带慰问品和捐款，到前方慰劳军队。国民党政府中的一些上层人士及地方实力派，也积极支持和声援绥远抗战。绥远抗战期间，毛泽东、朱德于 1936 年 11 月 21 日致电傅作义，称其“为中华民族争一口气，为中国军人争一口气”，并派代表团赴绥慰问。12 月 1 日，中共中央和中华苏维埃共和国临时中央政府发表通电，要求国民党政府调集军队增援晋绥前线，并号召全国各界不分党派、阶级和职业，更亲密地联合起来，组织各种救国团体与武装力量，援助绥远抗日将士。

一二·九运动

1935年12月，正当日本向华北发动新的侵略，企图直接控制华北之际，北平爆发了一二·九运动，中国人民被压抑的抗日爱国热情猛烈地迸发出来。北平学生悲愤地喊出：“华北之大，已经安放不得一张平静的书桌了！”在中共北平临时工作委员会的领导下，12月9日，北平学生高喊“反对日本帝国主义”“停止内战，一致对外”等口号，到新华门向北平当局请愿。由于请愿没有结果，他们把请愿改为示威游行。当游行队伍走到王府井大街时，人数增加到3000人。军警突然用水龙向学生喷射，并挥舞皮鞭、枪柄、棍棒从两侧袭击学生。当天，有30多名学生被捕，数百人受伤。爱国学生并没有被吓倒，北平市大中学生联合会（简称北平学联）决定在冀察政务委员会预定成立的12月16日举行更大规模的游行示威，在天桥举行了3万余人的市民大会，通过了“不承认冀察政务委员会”“反对华北任何傀儡组织”“收复东北失地”等决议案。慑于人民爱国运动的压力，冀察政务委员会不得不宣布“延期成立”。

在一二·九运动的影响下，许多城市爆发了学生的爱国集会和示威游行，并得到社会各界的广泛响应和支持，抗日救亡斗争发展成为全国规模的群众运动。12月18日，中华全国总工会致书全国工人，号召工人组织起来，声援北平学生的救国运动。接着，许多地方的工厂举行罢工。各地爱国人士、爱国团体纷纷发表宣言和通电，要求停止内战、出兵抗日。12月20日，中国共产党通过共青团中央发表宣言，号召青年学生走与工农相结合的道路，“把反日救国运动扩大起来！到工人中去，到农民中去，到商民中去，到军队中去”。12月26日，北平、天津学生成立了平津学生联合会，随后组织南下扩大宣传团，到河北农村进行抗日宣传。

随着一二·九运动的爆发，各地的抗日救亡运动风起云涌，参加抗日救亡的各界、各派迅速走向全国规模的联合。1936年2月1日，抗日救国先进青年的群众性组织——中华民族解放先锋队成立，并很快发展到2万余人，这对团结广大青年、促进抗日救亡运动起了重要作用。5月29日，全国学生救国联合会在上海成立。5月31日，来自全国20多个省、市60多个救亡团体的代表，在上海成立了全国各界救国联合会，通过了《全国各界救国联合会成立大会宣言》《抗日救国初步政治纲领》等文件，提出了建立“人民救国阵线”的主张，呼吁各党各派立刻停止军事冲突、释放政治犯，立刻派遣正式代表进行谈判，以便制定共同抗敌纲领，建立一个统一的抗敌政权。全国各界救国联合会的政治主张，引起社会各界的强烈反响。它的成立，使原来比较分散的爱国民众运动，很快汇合成一股持续的、团结统一的、更为壮观的抗日救亡洪流。

一二·九运动揭露了日本吞并华北进而独占中国的阴谋，打击了国民党的妥协退让政策，极大地促进了中华民族的觉醒，标志着中国人民抗日救亡民主运动新高潮的到来。一二·九运动中，先进知识青年走上了与工农相结合的道路，为抗日战争和中国革命事业准备了一批骨干力量。

六、国民党对日不抵抗政策的转变

国民党政府面对日本侵略节节退让

在日本实施大陆政策、加紧侵占“满蒙”之际，以蒋介石为首的国民党政府对日本却采取了不抵抗政策。1927年11月，蒋介石在访问日本时，与日本首相田中义一达成协议，承认日本在满洲的特殊权益，并表示坚决反共到底，以换取对方的支持和援助。1928年5月，当日本侵入山东制造济南惨案时，蒋介石提出“决取不抵抗主义”[①]。1931年7月，蒋介石置国家民族利益于不顾，提出了“攘外必先安内”的方针，宣称“惟攘外应先安内……不先消灭赤匪……则不能御侮”[②]，并连续致电张学良，要求对日军挑衅采取不抵抗政策，在8月16日的电报中更是指明：“无论日本军队此后如何在东北寻衅，我方应不予抵抗，力避冲突，吾兄万勿逞一时之愤，置国家民族于不顾。”[③]九一八事变发生后，蒋介石仍顽固坚持把中国共产党作为主要敌人，把日本作为次要敌人，认定“外寇不足虑，内匪实为心腹之患”，故应“先清内匪”再言抗日。[④]9月22日，当日军占领辽宁、吉林两省大部地区后，蒋介石还在南京发表演说，要“国民此刻必须上下一致，先以公理对强权，以和平对野蛮，忍痛含愤，暂取逆来顺受的态度，静待国际公理之判断”[⑤]。并亲自坐镇江西指挥“围剿”中央红军，而坐视东北大好河山沦入敌手。由于张学良忠实贯彻蒋介石的不抵抗政策，误判日本蓄意扩大事端、借机侵占东北的战略意图，事变发生后东北军又缺乏有力指挥，导致东北军大多不战自溃。日军在短短的4个月零18天内就占领了东三省全境，世界为之震惊。

蒋介石政府对日不抵抗政策，体现在外交上就是幻想通过英、美以及国际联盟的干涉制止日本侵略。1931年9月21日，国民党政

---

① 蒋介石日记，1928年5月10日。

② 〔日〕古屋奎二：《蒋总统秘录》第7册，（台湾）“中央日报社”1976年译印，第185页。

③ 王芸生：《六十年来中国与日本》第8卷，生活·读书·新知三联书店1982年版，第236页。

④ 秦孝仪主编：《中华民国重要史料初编——对日抗战时期》绪编（3），中国国民党中央委员会党史委员会1981年版，第35页。

⑤ 李云汉编：《九一八史料》，（台湾）正中书局1977年版，第322页。

府向国联提出申诉，并要求国人镇静忍耐，“信赖国联公理处断”[1]。但美国政府虽对日本独占东北不满，却没有任何反对日本侵略扩张的实际行动。英、法立场是只要日本不危及其在华利益就不愿得罪日本。1932 年 1 月，在中国代表的一再要求下，英、法等国操纵下的国联派出以英国人、前代理印度总督李顿为首的五国代表组成的调查团，前往东北进行实地调查，并于 10 月 2 日公布了倾向牺牲中国的《国联调查团报告书》。1933 年 2 月 24 日，国联大会通过决议，声明对伪满洲国不给予事实上或法律上的承认。但日本宣布退出国联，国联决议成为一张废纸。国民党政府依赖欧美列强和国际联盟遏制日本侵略的期望彻底落空。

蒋介石政府实施对日不抵抗政策，国民党政府在日本的步步紧逼下屡屡签署屈辱的协定、协议。日本侵占中国东北后，又在上海发动进攻，企图转移欧美各国对其侵占东北、炮制伪满洲国的注意力，并夺取侵略中国东部沿海富庶区域的新基地。1932 年 1 月 18 日，日方密谋由日本僧人挑衅并借口日本僧人被中国工人击伤，指使暴徒前往三友实业社纵火和破坏，煽动日本侨民集会、闹事，向上海市政府提出道歉、惩凶、赔偿、解散抗日团体四项无理要求，限定在 1 月 28 日 18 时以前给予答复。此时，国民党政府继续执行“攘外必先安内”的方针，忙于在江西“剿共”，遂急电上海全盘接受日方的无理要求。但蓄意挑起事端的日方进而要求中国军队撤出闸北。1 月 28 日午夜，日本海军陆战队不待中方答复即分三路突袭闸北，中国驻防淞沪地区的国民革命军第十九路军奋起抵抗，一·二八淞沪抗

① 秦孝仪主编:《中华民国重要史料初编——对日抗战时期》绪编（1），中国国民党中央委员会党史委员会 1981 年版，第 281 页。

十九路军将领蔡廷锴、蒋光鼐、戴戟

战由此爆发。从1月底到3月2日日军占领上海，第十九路军在总指挥蒋光鼐、军长蔡廷锴率领下顽强抵抗，浴血奋战，打退日军三次总攻，迫使日军三易主将、数次增兵、死伤逾万，使其遭到九一八事变以来最沉重的打击。中国守军也付出了伤亡约1.4万人的代价，在中国抗日战争史上写下了光辉的一页。5月5日，在英、美、法、意等国调停下，中日双方签订了《淞沪停战协定》。规定中国不得在交战区驻兵，这是对中国主权的出卖；规定日军可以留驻上海，这为其日后发动全面侵华战争提供了条件。这个协定是国民党政府对日妥协退让政策的产物。

淞沪抗战爆发第二天，国民政府决定“先迁移政府于洛阳，免受炮舰之威胁，与之决战，并为长期抗战之策”。时任国民政府主席林森带领1000多人由南京出发，于次日抵达洛阳。1932年3月，国民党在洛阳召开四届二中全会，通过了“以洛阳为行都，以长安为西京”的提议案，正式明定洛阳为行都。鉴于日本对华侵略步步紧逼以及南京在对外战争中所处的不利地位，会议推举蒋介石为军事委员会委员长兼军事参谋部参谋长。4月7日至12日，南京国民政府在洛阳召开“国难会议”。会议通过了《国难会议宣言》，围绕“救灾、绥靖、御侮”三项方针，对抗战时期中国的军事、政治、民生、外交等方面制订了详细的“国难计划”。国难会议还通过了要求国民党结束训政、实施宪政、成立民意机关、保障人民各种政治自由等决议。

但是，会议的结果却令人失望，会议提出的计划并未得到落实，反而进一步暴露了国民党顽固坚持一党专政和“攘外必先安内”政策的立场。《淞沪停战协定》签订后，在洛阳办公的国民政府各部门开始陆续迁回南京。12 月 1 日，国民政府主席林森在南京举行了简单的还都仪式。至此，洛阳结束了 10 个月的陪都历史。

中国局部抗战的开展

1932 年年底，日本在完全占领中国东北三省后又开始窥伺热河、冀东。日本侵略者在炮制伪满洲国时就公然宣称热河在其版图之内，认为占据热河就可以巩固对东北三省的统治，并为全面入侵华北乃至全中国打开方便之门。1933 年 1 月初，日军攻占素有“天下第一关”之称的山海关，控制了关内外的交通要道。2 月 23 日，日军向热河省会承德发起攻击。任热河省主席达 5 年之久的地方军阀汤玉麟，横征暴敛，鱼肉百姓，军队中官长腐败、士气低落。战事开始后，热河守军除少数部队顽强抵抗外，一触即溃，各地城镇相继陷落。3 月 4 日，汤玉麟惊慌失措，把搜刮来的大批民脂民膏运往天津租界，逃离了承德。日军占领承德后，随即分头向长城各口推进。3 月上旬驻守长城的中国军队，包括原属冯玉祥的西北军、原属张学良的东北军及蒋介石嫡系的中央军共 13 个军约 25 万人，在全国抗日浪潮的推动下，奋起抵抗，展开了长城抗战。中国军队在冷口、界岭口、喜峰口、罗文峪、古北口等长城主要关口与日军展开激烈争夺，阻止了日军攻势。特别是在喜峰口、罗文峪战斗中，第二十九军官兵以有我无敌的气概，手持大刀拼死肉搏，予日军以大量杀伤，打出了中国军队的威风，振奋了全国的人心。后来风靡华夏的歌曲《大刀进行曲》虽然是在全国抗战爆发后创作的，但其题材源于此。4 月 11 日，冷口防线终被突破，中国守军被迫后撤。5 月上旬，日军越

二十九军大刀队

过长城各口，向长城南的冀东地区发动了侵华战争以来规模最大的进攻。此时，国民党政府已对长城抗战失去了信心，不再增兵，并成立以黄郛为委员长的北平政务整理委员会，负责对日交涉停战问题。5月31日，中日双方签订《塘沽协定》，规定中国军队一律迅速撤至延庆、昌平、顺义、通县、香河、宝坻、宁河、芦台所连之线以西、以南地区；尔后不得越过该线，不得有“挑战扰乱之行为”。这实际上承认了日本侵占中国东北三省和热河省的“合法性”，并使整个华北地区门户洞开，为日军进一步扩大侵略提供了条件。长城抗战是九一八事变后国民党军在华北进行的第一次较大规模的抗击日本侵略的战役。这次战役中，广大爱国官兵奋勇苦战80余日，以牺牲近2万人的代价，给骄横一时的日军以沉重打击，鼓舞了全国民众的抗日热情和信心。但是，长城抗战的失败、《塘沽协定》的签订，也使国人更加看清了国民党政府对日妥协退让的面目，激起了全国各阶层爱国人士更强烈的愤慨。

1933年4、5月份，日军在进犯长城地区的同时，纠集伪军先后侵占察东重镇多伦、沽源。5月26日，爱国将领冯玉祥、方振武、吉鸿昌[①]等在中国共产党的影响和帮助下，于张家口成立了察哈尔民众抗日同盟军，冯玉祥任总司令。短时间内，部队发展到10万余人。6月下旬至7月初，冯玉祥任命吉鸿昌为北路前敌总指挥、方振武为北路前敌总司令，率军北上。察哈尔民众抗日同盟军先后克复康保、宝昌和沽源，血战五昼夜，光复多伦，收复察哈尔省全部失地。这是九一八事变以来中国军队首次从日伪军手中收复失地的壮举。但察哈尔民众抗日同盟军的成立及其抗日斗争，违背了蒋介石“攘外必先安内”的方针。国民党对察哈尔民众抗日同盟军采取软硬兼施的破坏政策，先后调集16个整师共15万兵力进行“围剿”，并对冯玉祥的部下进行政治拉拢和分化瓦解。日军也乘机向察哈尔边界移动，进攻多伦。冯玉祥在内外交困、腹背受敌的情况下，被迫于8月5日通电宣布将察哈尔军政大权交给国民党政府任命的察哈尔省主席宋哲元，随后撤销察哈尔民众抗日同盟军总部，离开张家口。方振武、吉鸿昌等人在中共河北前线委员会的支持下，率余部转战于热河、长城一带，到10月中旬，该部在北平近郊遭受日军和国民党军的联合进攻，

吉鸿昌

---

① 吉鸿昌（1895—1934）：原名吉恒立，字世五，河南扶沟人。早年到冯玉祥部参军。1926年9月率部参加北伐，后任师长。1930年中原大战后被蒋介石收编，率部进攻鄂豫皖苏区，1931年被蒋介石解除兵权，强令到国外“考察实业”，1932年上海一·二八事变后回国。同年秋加入中国共产党。1933年5月，与冯玉祥、方振武等组织察哈尔民众抗日同盟军，收复察哈尔省全部失地。后同盟军被日军和蒋介石部队围攻解散。1934年5月，吉鸿昌回到天津，组织成立了中国人民反法西斯大同盟，开展抗日反蒋活动。11月9日，吉鸿昌在天津法租界被捕，后被引渡到北平军分会。11月24日，吉鸿昌就义于北平陆军监狱。

损失殆尽。方振武流亡香港；吉鸿昌于11月9日被国民党政府逮捕，11月24日在北平英勇就义。临刑前，他捡起一截树枝，在地上愤然写下了正气浩然的就义诗："恨不抗日死，留作今日羞。国破尚如此，我何惜此头。"一同牺牲的还有任应岐[①]。察哈尔民众抗日同盟军的崛起，是冯玉祥等爱国官兵响应中国共产党团结抗日号召、举起武装抗日旗帜、实施联合抗日的一次有益尝试，对于推动全国的抗日运动、促进国共两党后来的合作抗日，产生了积极影响。

1935年夏，日军制订了以政治谋略和军事进攻两手并用夺取绥远的计划。一方面派人到归绥（绥远省省会，今呼和浩特）向绥远当局进行威逼利诱。另一方面，策动德穆楚克栋鲁普（德王）傀儡政权和汉奸武装向察、绥边界要地多次发动试探性进攻。1936年11月15日，日本关东军纠集日伪军5000余人，分三路向绥东门户红格尔图镇的中国守军阵地发动猛烈攻击，红格尔图镇守军顽强抵抗。绥远省主席兼第三十五军军长傅作义亲赴集宁前线指挥作战，经七天七夜激战，打退了日伪军的进犯。到12月中旬，傅作义指挥所部主动出击，三战三捷，一举收复百灵庙、锡拉木楞庙（即大庙）等战略

① 任应岐：字瑞周，河南鲁山人，著名抗日爱国将领。淮阳师范毕业后，投笔从戎。1924年随樊钟秀参加北伐，1927年接受国民政府改编，任国民革命军第十二军军长。1930年中原大战中参加阎锡山、冯玉祥联军与蒋系军队作战。失败后迁居天津租界。1933年9月，参与策划吉鸿昌、方振武抗日讨贼军在北平近郊的武装行动。1934年5月，与吉鸿昌等人在天津发起成立中国人民反法西斯大同盟。商定"在河南组织大规模军事活动，计划把在江西参加剿共的吉鸿昌旧部两师人拉回河南，再和地方民团组织联合，由任应岐负责，组织十几万人的中原暴动。暴动成功后，全部人马转移西北，与杨虎城联合，在大西北开辟革命局面"。这引起国民党当局忌恨。11月9日，与吉鸿昌在天津被法租界工部局逮捕引渡给国民党北平军分会。11月24日，在北平陆军监狱与吉鸿昌一起英勇就义。2021年7月，任应岐被追认为烈士。2022年9月，党和国家功勋荣誉表彰工作委员会为任应岐颁发烈士光荣证。

要地，肃清了绥远境内的伪军，挫败了日军西侵绥远、建立“蒙古国”的图谋。从长城抗战到绥远抗战，虽然作战大都以失利而告终，但反映了中国爱国将士抗击日本侵略者的勇气和斗志，打击了日军的侵略气焰，延缓了日本军国主义对华北的大举进犯，是中国抗日战争的重要组成部分。

华北事变与民族危机的加深

1935 年 5 月 29 日，日军中国驻屯军借口所谓河北事件向北平军分会代理委员长何应钦提出关于中国军政机构退出平津地区的无理要求。6 月 9 日，天津驻屯军司令官梅津美治郎向何应钦提交“备忘录”，要求罢免河北省、天津市军政长官，撤退国民党在河北省内的党部、驻军，禁止中国国内的排外、排日行为等，并限期实行。7 月 6 日，何应钦复函梅津美治郎，答应要求，即《何梅协定》。与此同时，6 月 11 日，日本关东军又在察哈尔省挑起了“张北事件”。日方借口其人员在张北受到中国军队盘查，于是向察哈尔省代主席、民政厅厅长兼第二十九军副军长秦德纯提出蛮横要求。6 月 27 日，国民党政府指派秦德纯与日军代表、奉天特务机关长土肥原贤二以换文形式订立了《秦土协定》。国民党当局答应从长城防线和张家口以北地区撤退中国驻军，解散抗日组织，发展与日本和伪满洲国的经济、交通，“招聘”日本人为军事和政治顾问，协助日军建立军事设施等。《何梅协定》和《秦土协定》的签订，实际上使中国丧失了包括北平、天津在内的河北、察哈尔两省的大部分主权，标志着日本侵略河北、察哈尔新局势的形成。

为了控制华北五省二市，日本侵略者大肆收买汉奸，鼓动“防共自治运动”。11 月 25 日，日本扶植汉奸殷汝耕在河北省通县宣布成立“冀东防共自治委员会”（后改组为“冀东防共自治政府”），控制冀东22县。此后，南京政府改变华北行政传统和行政机构，同意在北平成立拥有一定自治权的冀察政务委员会，管辖河北、察哈尔及北平、天津，以迁就日本关于“华北自治”的要求。冀、察两省实际上已变相“自治”。日本还拉拢、操纵部分内蒙古上层的叛乱分子，策划“内蒙古独立”。1936年2月12日，德王成立“蒙古军总司令部”，自任“总司令”。5月12日，伪蒙古军政府成立，其一切重要部门均由日本顾问通过“内部指导”掌握实权。这是继伪满洲国之后，日本在中国扶植起来的又一个地区性傀儡政权。

在蚕食华北期间，日本还以“经济提携”为幌子，加紧对华北进行经济掠夺。日本垄断资本渗透到华北铁、煤、盐等资源开采和棉纺织、交通运输、电力设备、贸易金融等行业，逐步控制了华北的经济命脉和重要战略物资。华北部分农村也逐渐变成日本的植棉区。在天津、青岛等大城市，日本单独经营的公司迅速增加，不少工厂、矿山变成中日“联营”的企业。日本商人还大规模地武装走私，从私运白银出口到私运日货进口，白银源源流入日本国内，日货泛滥于中国市场，本来就很脆弱的中国民族工商业遭到严重削弱甚至被挤垮。通过华北事变，日本轻而易举地控制了华北大部分地区。日本咄咄逼人、猖狂至极的侵略行径，使中华民族陷入空前严重的民族危机。

国民党对日政策的调整与西安事变

随着日本侵略中国步伐的加快、全国抗日救亡运动的日益高涨和国民党内部抗日要求的加强，以及英、美等国同日本矛盾的显现，国民党政府不得不考虑调整对日政策。

1935年11月，国民党召开第五次全国代表大会。蒋介石在外交报告中声称“和平未到完全绝望之时，决不放弃和平；牺牲未到最后关头，亦不轻言牺牲”；并提出“一切枝节问题当为最大之忍耐，复以不侵犯主权为限度”，否则“即当听命党国，下最后之决心”。[①] 大会宣言接受了这个方针。1936 年 6 月，广东的实力派陈济棠和广西的实力派李宗仁、白崇禧等人在广州召开会议，发表通电，并成立军事委员会和抗日救国军，宣布北上抗日、反蒋等主张。两广事变表明，中日民族矛盾的发展已经进一步影响到国民党内部的关系，如果蒋介石不在对日政策上改弦更张，国民党营垒内部将发生更大的分化。在随后召开的国民党五届二中全会上，蒋介石明确表示决不签订承认伪满洲国的协定，并对牺牲的“最后关头”作了“最低限度”的解释。会议通过的宣言也声称：“对外则决不容忍任何侵害领土主权之事实，亦决不签订任何侵害领土主权之协定。”[②] 不仅如此，1935 年 12 月至 1937 年 2 月，国民党政府在同日本进行的长达一年多的外交谈判中，也坚持了比较强硬的立场。

为了遏制日本在华势力，从 1935 年年底开始，国民党政府一方面有意改善同苏联的关系，另一方面也打算利用抗日的旗号，通过多种渠道秘密与共产党接触，以极其苛刻的条件同中国共产党谈判，以达到“溶共”和收编红军的目的。

但是，蒋介石虽然进行了一些政策上的调整，但仍企图孤注一掷“剿灭”红军。1936 年冬，蒋介石调集约 30 个师的兵力准备进攻陕甘地区。12 月 4 日，蒋介石飞抵西安，迫令张学良、杨虎城率部进攻红军。张学良、杨虎城既不愿与红军开战，也不愿离开西北，

① 《国闻周报》1935 年第 12 卷第 46 期。

② 荣孟源主编：《中国国民党历次代表大会及中央全会资料》（下册），光明日报出版社 1985 年版，第 412 页。

张学良

杨虎城

在反复劝说蒋介石接受抗日主张无效后，决心实行“兵谏”。12月12日凌晨，震惊中外的西安事变爆发。东北军扣留蒋介石，第十七路军控制了西安城。张学良、杨虎城及东北军和第十七路军高级将领通电全国，提出改组南京政府、容纳各党各派、共同负责救国，停止一切内战等八项主张。西安事变在国内外引起强烈反响。事变发生后第二天，中共中央召开政治局常委扩大会议，提出争取南京政府、把局部的抗日统一战线转到全国性的抗日统一战线等方针政策，并派周恩来等人作为中共中央代表飞抵西安斡旋。12月19日，中共中央再次召开政治局扩大会议，确定了和平解决西安事变的基本方针。12月22日，南京政府正式派出谈判代表宋子文、宋美龄到西安。经过商谈，达成改组国民党与国民政府、释放上海爱国领袖和一切政治犯、停止“剿共”政策等六项协议。12月24日晚，周恩来当面向蒋介石说明中国共产党抗日救国的政策，蒋介石表示“停止剿共，联红抗日”。①12月25日，张学良亲自陪同蒋介石飞离西安回南京。西安事变的和平解决，挫败了日本侵略者和亲日派的阴谋，促进了国内和平的初步实现，对国共两党的再度合作起了重大的推动作用，为全民族抗战的实现准备了必要前提，因而成为时局转换的枢纽。

1937年2月10日，为促成国共两党合作抗日，防止蒋介石倒退，

① 《周恩来选集》上卷，人民出版社1980年版，第73页。

中共中央致电即将召开的国民党五届三中全会，提出停止内战、集中国力、一致对外等五项要求，同时指出，如果国民党能毅然确定此为国策，中国共产党愿意作出在全国范围内实行停止推翻国民党政府的武装暴动方针、停止没收地主土地的政策、坚决执行抗日民族统一战线的共同纲领等四项保证。五项要求和四项保证，是中共中央公开向国民党提出的两党合作的基本条件，也是对国民党的一个重大让步，体现了强烈的爱国热忱和真诚团结抗日的决心，赢得了各界爱国人士的广泛称赞。2 月 15 日至 22 日，国民党五届三中全会在南京召开。国民党左派宋庆龄、何香凝、冯玉祥等人拥护中国共产党关于建立抗日民族统一战线的主张，在会上提出《恢复中山先生手订联俄、联共、扶助农工三大政策案》。亲英美派的蒋介石集团从自身利益出发，且迫于大势，不得不同意对联共抗日有所表示。这次会议虽没有制定出明确的抗日方针，没有检讨国民党过去的错误政策，没有根本放弃反共立场，但通过的宣言和决议案确定了和平统一、修改选举法、扩大民主、开放言论自由、释放政治犯等原则，重申了保卫领土主权的立场，反映出国民党在内外政策上的明显转变，表明国民党在实际上接受了中国共产党关于两党合作抗日的正确主张。国民党五届三中全会标志着“国民党不能不开始转变它过去十年的错误政策，这即是由内战、独裁和对日不抵抗的政策，向着和平、民主和抗日的方向转变，而开始接受抗日民族统一战线政策”①。由于中国共产党的积极促进和各方爱国人士与全国人民的不懈努力，以国共两党第二次合作为基础的抗日民族统一战线终于初步形成。

与此同时，国共两党派出全权代表就两党合作抗日进行正式谈

---

①《毛泽东选集》第一卷，人民出版社 1991 年版，第 255 页。

判。从 1937 年 2 月中旬到 7 月全国抗战爆发前，中共中央代表周恩来、叶剑英、林伯渠、博古等人同国民党方面先后在西安、杭州、庐山举行多次谈判，主要解决国共两党关系、红军改编和陕甘宁边区改制等问题。由于国民党设置种种障碍，多方延宕刁难，谈判无法取得实质性的进展。然而，由中国共产党和各方面爱国人士及全国人民共同努力形成的国共合作、团结御侮的新局面业已明朗化，历史潮流不可逆转地向着全国抗战新阶段过渡。

七、中共河南党组织恢复

面对日益严重的民族危机，国民党河南当局顽固执行蒋介石“攘外必先安内”政策。一方面派国民党军队多次进攻鄂豫皖、鄂豫边革命根据地，“清剿”豫北濮（阳）、内（黄）、滑（县）沙区的革命运动。另一方面建立行政督察专员公署，推行保甲制度，加强保安武装，扩大特务组织，强化国民党统治。1933 年国民党河南省党务指导委员会设“肃反”专员，1934 年设调查统计室，后改为“肃反团”，主要从事反共活动，搜捕共产党人和进步人士。在国民党严酷统治和王明“左”倾教条主义的影响下，河南党组织发展遭受到巨大的挫折。鄂豫皖革命根据地主力红四方面军、红二十五军被迫转移，鄂豫边革命根据地丧失，根据地大大缩小，一小部分红军只能在游击战状态中生存。豫北沙区的革命运动被镇压。

河南国统区的中共党组织损失更为严重。1931 年 2 月，中央派到河南工作的省委书记曾斯廷被捕，5 月被国民党杀害。1932 年 7 月，中共河南党组织和团组织遭到破坏，省委书记吉国桢等主要领导被捕，20 日被杀害于开封。1934 年 9 月，豫南、豫北、豫西等地的党组织相继遭到破坏。12 月，省委书记许包野不幸被捕，在南京被杀害。

1935 年 2 月，叛徒在郑州组织假省委，疯狂破坏河南各地的地下党组织，河南党组织几乎被破坏殆尽。

1936 年 1 月，中共中央北方局派沈东平到许昌恢复党组织。沈东平在许昌恢复了郭晓棠、陈秀琴的组织关系，成立了中共许昌党支部，沈东平任支部书记。会后，沈东平和郭晓棠到豫北的沁阳、济源、孟县等地，找到了与党组织失掉联系的原中共豫晋边工委负责人，恢复了组织关系。后因郭晓棠等部分党员受到国民党当局注意，许昌支部将他们送到中共中央北方局工作。6 月，沈东平主持组建了中共许昌中心县委，领导豫中地区中共党组织的工作。7 月，沈东平在许昌主持成立了中共河南省临时工作委员会，隶属中共中央北方局领导。此时，郭晓棠受中共中央北方局委派由北平返回河南，向省临时工委传达了瓦窑堡会议精神，并提出建立抗日民族统一战线的意见。中共河南省临时工委成立后，派郭晓棠去开封、郑州联系，建立了中共开封党支部、中共郑属区工委会。8 月下旬，郭晓棠、陈秀琴到洛阳复旦中学以教师职业为掩护开展工作，很快与吴芝圃、曲乃生等一批失去党组织关系的教师取得联系，恢复了吴芝圃、曲乃生的党籍，并成立了中共洛阳党支部。10 月，成立了中共豫西临时工委，郭晓棠任书记。同时，取消中共许昌中心县委，组建中共许昌县委和中共豫东特委，沈东平兼任豫东特委书记。11 月，中共中央北方局派刘子久、王其梅、刘聚奎、张漫萍、邱少山 5 人到河南加强工作，他们与沈东平一起先后巡视了许昌、西华、确山、开封、郑州、荥阳、

沈东平

洛阳、偃师、博爱、辉县、孟津、杞县等地，对散落在各地、失掉组织关系的60多名党员进行了认真考察，恢复了他们的党籍和组织关系。1937年4月初，中共中央北方局决定正式建立中共河南省工作委员会，由刘子久任书记。同时，北方局决定刘子久代表河南省工委到延安参加中国共产党全国代表会议。会议期间，刘子久根据党的新的策略、路线、方针精神，起草了《关于河南形势与党的中心任务的意见》的汇报提纲。指出在“省委大破坏之后，流落在各地的一些个别同志仍然在那里单独地继续苦干，虽然他们由于长期得不到党的领导，在工作方式、组织方式、斗争方式上仍然停留在旧的阶段上，可是他们自己也创造出许多新的方法”，肯定了河南共产党人的革命精神。刘子久同时建议，将河南的工作直接隶属于中共中央领导。会议结束后，刘子久带着党中央关于大力恢复和发展河南革命形势的指示回到河南，继续恢复和扩大党的组织。

河南党组织恢复后，积极组织群众参加读书会、歌咏队、国防教育社、民先队等，进行各种抗日救国的活动。西安事变中，中共豫西临时工委通过国防教育社组织学生向群众和国民党驻军宣传中国共产党关于和平解决西安事变的主张和方针。1937年春荒，全省大部分地区有半数以上的农民无粮吃，各地中共党组织改变了以前的做法，把抢粮、分大户的斗争努力引导到借粮度荒的斗争上，以利于抗日统一战线的形成。省临时工委还组织开封、许昌、郑州、洛阳的部分青年学生、工人到太原参加由薄一波领导的国民模范军训练团学习，到陕西泾阳共产党开办的青训班学习，为革命输送了骨干力量。河南党组织的这些工作，为全民族抗战爆发后河南的抗战工作做了准备。

八、河南抗日救亡运动的开展

河南抗日救亡运动的兴起

九一八事变后，在中共河南党组织的领导下，河南广大城乡人民群众和社会各界人士掀起了抗日反蒋的抗日救亡运动。河南大学师生组织集会，著名教授王毅斋演讲并宣读《泣告河南大学同学书》，提议组织“敢死队”开赴前线，对日作战。9月27日，开封24所中等以上学校师生集会，成立反日救国联合会。各校发动组织抗日救亡团体，出版发行抗日救国刊物《河大抗日救国日刊》《抗日学生》等。9月底，焦作矿务大学联合汲县师范等学校，召开代表会议，成立反日救国会，制定反日救国会章程，组织反帝大同盟，开展军训，查禁日货，进行抗日救亡宣传。10月，焦作矿务大学的游行学生捣

开封各校学生抗日救国联合会职员留影

毁国民党焦作市党部，抗议国民党政府的不抵抗政策。爱国学生的抗日活动得到矿区工人、农民的全力支援。11 月 3 日，全国各地学生代表在南京中央大学召开会议，河南代表吴宝珍在会上发言，痛斥日本帝国主义对东北的侵略，要求国民政府停止内战，出兵东北，收复失地，深得与会代表的拥护。河南大学学生郭晓棠在开封开办秋水书店，代售北平、天津、上海等地的进步书籍和刊物，积极从事抗日救国宣传活动。12 月 18 日，为加强对全省爱国学生抗日救亡运动的领导，河南省抗日救国联合会在开封成立。国民党当局采取高压政策，对学生运动进行破坏。河南省政府主席刘峙责令教育厅提前放寒假，以削弱学生抗日反蒋运动的力量。

1932 年一·二八事变爆发前，中共中央即发出紧急通知和《告全国民众书》，指出我们现在是处于生死存亡的紧急关头，号召工人和一切民众自动武装起来，成立义勇军，组织纠察队，举行总同盟罢工，反对日本帝国主义占领上海。国民党政府迁都洛阳后，中共河南省委于 2 月 4 日发表《为上海事变及南京政府迁都洛阳告河南劳苦群众书》，揭露国民党政府把东北三省和上海等地以不抵抗的投降办法奉送给日本的罪行，迁都洛阳是准备把南京送给日本人；号召全省劳苦群众自己武装起来，打倒帝国主义的统治，直接驱逐日本帝国主义出境，建立苏维埃政权。省城开封学生联合会通令各校爱国学生加紧开展反日活动，敦促政府抗战，洛阳的爱国学生游行示威，到国民党中央党部门前请愿，其他各市、县群众还开展募捐活动，捐款捐物支援第十九路军的上海抗战。全国学生联合会到洛阳设立办事处，开展抗日救国活动。3 月上旬，蒋介石等游览孟津县汉光武帝陵，该县党团组织得知消息后，书写“打倒蒋介石”的标语，张贴于汉光武帝陵周围，蒋介石大为震怒。中旬，国民政府主席林森途经开封，开封学生联合会闻讯派代表前往，向林森提出坚决抗日等 11 条要求，林森被迫答应。之后，开封 10 余所学校的 100 多名学生赶赴车站，高呼口号，要求全国一致抗日。5 月，中共河南省委通过开展红五月纪念活动，向工人、农民、士兵、学生等社会各界揭露国民党投降卖国、坚持内战、镇压人民抗日活动的罪行。号召人民起来斗争，推翻国民党的反动统治，建立苏维埃政权。

在中共河南省委的推动下，中国左翼作家联盟、左翼青年文艺联盟、中国左翼教育家联盟、左翼社会科学家联盟等在河南相继建立支部，发展成员，传播进步思想和革命理论，为河南爱国青年开展抗日救国运动注入巨大的精神力量，河南的抗日反蒋运动成为全国抗日救亡群众运动的重要组成部分。

在日本策划华北事变的同时，在河南的共产党人以拯救民族危亡为己任，在国民党政府极端残酷的统治下，积极宣传和组织民众开展抗日救亡活动。1935 年夏，共产党员郭晓棠到许昌县立女子师范任教，成立社会科学研究会等团体，启发学生的民族觉悟。他从苏联符拉迪沃斯托克（海参崴）出版的《拥护新文字报》上看到了中共中央发表的《为抗日救国告全体同胞书》，立即将它译成汉语，翻印散发，广为宣传。开封北仓私立女中的进步教师请朝鲜的金女士作报告，控诉日本侵略者对朝鲜的残酷蹂躏，启发学生的爱国思想，保持誓死不做亡国奴的民族气节。进步诗人柯仲平作学术报告，教育学生说:“锁链要靠斗争来挣脱，自由、幸福、爱情，要靠斗争来获得。”校长马戢武为学生修改演讲稿时，在其稿的最后写上“让我们举起我们的铁臂，担负起这个时代和历史赋予我们的重任”，鼓励学生献身于祖国和人民的解放事业。

开封大中学生卧轨请愿斗争现场

一二·九运动在河南

1935 年的一二·九运动在河南引起强烈反响。12 月中旬，河南水利专科学校、河南大学、北仓女中等学校先后通电国民党政府及各省政府，声援北平学生的爱国壮举，抗议国民党当局镇压学生爱国运动。12 月 23 日，开封 30 余所大中学校的学生，齐聚省政府门前请愿，提出五项要求：（1）呈请中央电慰北平学生。（2）外交公开。（3）严厉制裁宋哲元。（4）提倡学生爱国运动。（5）取消华北伪组织。并决定全体罢课三日，组织宣传队到街头和郊区宣传抗日救亡，并成立了开封市学生救国联合会。12 月 26 日，全市 38 所学校学生 1.3 万余人再次齐聚省政府门前，要求签复请愿条件。在省政府代表推诿不予答复后，全体学生拥向开封南关火车站，顶风冒雪，坚持卧轨四昼夜，阻断陇海铁路交通，迫使国民党政府签复了学生的请愿条件。在开封学生卧轨斗争前后，焦作、许昌、郑州、洛阳、信阳的学生都开展了卧轨索车的斗争，先后 6 次中断平汉、陇海、津浦三条铁路交通，震动全国。1936 年 4 月，开封市学生救国联合会还为成立全省统一的青年学生爱国救亡组织开展了示威游行。开封学生在 4 天的卧轨索车斗争中，得到了市民、铁路工人、邮电工人、商人和新闻界的同情支持，各界进步人士散发传单，发表文告，支持爱国学生。

河南的一二·九运动宣传了共产党的抗日救亡主张。许昌爱国师生在共产党员郭晓棠、贺仲莲等带领下，举行游行示威请愿活动，起草《反对“华北自治运动”宣言》，在社会上广为散发。在给国民党许昌专员公署的请愿书中提出：保障救国运动的自由，要给言论、出版、集会、结社、信仰自由的权利；没收日货和汉奸的企业与财产；停止一切内战，一致抗日；释放一切政治犯等要求。漯河励行中学的学生电致国民党政府，要求停止一切内战，一致抗日。这些宣传扩大了党的八一宣言的影响。1936 年 1 月，河南大学学生救国宣传团创办《救国先锋》报，抨击了国民党政府的卖国苟安政策，从政治、经济、军事等方面揭露了日本帝国主义的侵略行径，号召全国工、农、商、学、兵各界同胞联合起来，在一条战线上，共同负起救国的重任，为国家和民族争取最后的生存。开封市学联和开封高中等学校先后创办《抗日》《海啸》等抗日救亡刊物，发表救亡文章，还定期举办广播讲演，揭露日本帝国主义的侵华罪行，痛斥国民党当局的不抵抗政策。

河南的一二·九运动持续了将近 5 个月，有力地揭露了日本帝国主义侵略中国吞并华北的阴谋，打击了国民党政府的妥协退让政策，扩大了中国共产党的影响，警醒了河南广大民众，在思想上、干部上为抗战做了准备，对全国抗日救亡运动的开展产生了重要影响。

一二·九运动中，河南爱国学生注重与工农相结合。寒假期间，开封市学生救国联合会成立了“留省学生训练部”，指导各校寒假留城学生进行军训、战地救护、民众运动等训练活动，河南大学、开

邓拓——中华民族解放先锋队开封队部总队长

封初中、河南大学医学院还分别开办了“民众运动方略讲习班”“军事训练班”和“抗日救亡训练班”，为救亡运动培养了一批人才。河南大学救国宣传团组成旅行宣传团，分赴省内各地开展活动，推动了抗日救亡活动的深入。1936年8月，北平民先队总部派原开封师范学校学生魏伯回河南建立民先队组织。魏伯在开封遇到返乡的河南籍民先队队员刘清源，两人一起开展活动。他们先后联系了河南大学、省立开高、开封女师、开封女高等校的一批进步学生。10月，总部派人来开封指导筹建了河南省第一个民先队组织，队长是河南大学借读生邓子健（即邓拓）。在邓子健等人的领导下，民先队组织在各校发展起来。1937年年初，北平民先队总部秘书长刘导生来开封巡视指导工作，并组建了开封民先队总部。开封民先队总部的建立，加强了河南民先队工作的领导，其组织工作得到迅速发展，开封队员人数很快增加到近百人。到1937年春，杞县、漯河、许昌、洛阳、新乡、商丘、长葛等地相继建立了民先队组织。

民先队开展的主要工作是：宣传抗日救亡，推动全民族抗战。民先队组织利用学生高昂的抗日救国激情，组织他们成立歌咏队、演剧队等各种形式的宣传队，从学校转向社会，深入广大农村、工厂、兵营，走街串巷，到广大群众中间演出，宣传抗日救国。《打回老家去》《放下你的鞭子》等生动剧目深深地打动了群众的心，常常出现台上台下一起悲鸣的情景，激起群众对日本帝国主义的仇恨，抗日救亡运动得到人民群众的支持。民先队团结进步学生一起组织读书会、研究会，阅读《共产党宣言》《资本论》《社会主义从空想到科学》

等马克思主义书籍，通过组织教育和各种斗争的锻炼，一批进步青年迅速成长起来。仅全国抗战初期，开封北仓女中就有40位同学参加了共产党，他们有的奔赴延安，有的在当地参加革命活动，这些青年大多在后来的抗日战争中为民族解放事业做出了贡献。

1937年4月，民先队总部负责人之一刘导生再次来到河南，传达全国民先队总部的指示，指出在新形势下民先队的任务应是进一步团结广大青年，更广泛地宣传和动员群众开展抗日救亡运动，并根据全国民先队总部的决议，将开封民先队改为河南民先中心队部，领导全省的民先队工作。但不久之后，因国民党特务破坏，河南民先中心队部的主要负责人先后被捕，各校民先队暂时停止活动，抗战初期，许多民先组织和队员都成为河南救亡团体的组织者和骨干。

九、抗日民族统一战线政策在鄂豫边区的贯彻

鄂豫边区的游击战争

八七会议后，河南党组织执行开展土地革命、武装反抗国民党的革命路线，先后在各地组织了多次农民暴动。1933年6月，时任中共河南省工委巡视员的王国华，负责指导信阳、汝南、确山、正阳、泌阳县5县的游击队。10月，王国华作为河南省农民代表，前往江西中央革命根据地，参加中共六届五中全会和中华苏维埃第二次全国代表大会，次年1月被选为主席团成员。会议期间，王国华得到了毛泽东、朱德、周恩来关于开展武装斗争和游击战争的指导，并让他在中央党校、红军大学各学习3个月，后又任命他为长胜县[①]

① 长胜县：1933年7月，根据中华苏维埃共和国中央人民委员会《关于重新划分行政区划的决定》，江西省宁都县划分为博生、洛口、长胜三县。

委副书记，学习如何运用游击战术和创建革命根据地。1934年7月，王国华当选为中共河南省委委员。但由于河南省委代理书记张国诚等先后叛变，中共河南党组织几乎被破坏殆尽，停止活动。1934年10月中央红军出发长征前，党中央决定派王国华回河南恢复党组织，组织武装，开展武装斗争。王国华在回到河南寻找党的组织关系半年之后，1935年7月终于在唐河毕店找到中共鄂豫边工委书记张星江。8月，张星江、王国华决定把鄂豫边工委与豫南党组织合并，组建中共鄂豫边区省委，由张星江任省委书记，王国华任宣传部部长，仝中玉任组织部部长。1936年1月4日，鄂豫边区省委在信阳吴家尖山小石岭村创建了鄂豫边红军游击队，周骏鸣任队长，王国华任副队长，张星江任指导员。创建初期，全队只有7个人，两支半短枪。游击队同敌人进行了英勇斗争，很快创建了以桐柏山区的铁幕山为中心的游击区。3月28日，在南阳平氏镇庙会抢枪战斗中，鄂豫边省委书记张星江壮烈牺牲，游击队队长周骏鸣受伤，鄂豫边红军游击队受到很大损失。10月，鄂豫边红军游击队终于与中共中央北方局接上了联系，红军游击队发展到130多人，进一步扩大了游击区。

鄂豫边区的统一战线工作

1937年3月，中共中央北方局根据中央建立抗日民族统一战线政策向鄂豫边省委发出指示信，要求省委停止执行土地革命战争时期的方针政策，停止“打坏货、拉土豪”[①]的行动，停止向国民党政权进攻，宣传抗日民族统一战线，同国民党进行和平谈判，将游击队改为合法的地方民团，或分散活动。但西安事变和平解决后，蒋

① “打坏货”即杀掉那些最坏的残害群众的土豪劣绅；“拉土豪”即捉住那些富有的但民愤不太大的豪绅地主给以罚款，以保证游击队的经济来源。

介石并未停止对南方各游击根据地实行“围剿”。1937 年 5 月，国民党 30 万军队对鄂豫皖边区和鄂豫边区红军游击队进行全面“清剿”。国民党军东北军第一二九师进驻泌阳。一二九师王理环团原是参加西安事变的部队,受共产党的影响较深,该师官兵家乡在东北沦陷区,其抗日愿望十分强烈,不愿意打内战。中共鄂豫边省委针对这一情况，根据中共中央建立统一战线的政策，决定对该师开展统战工作，推动合作抗战局面的形成。省委派李子健、仝中玉等前往王店，与第一二九师师参谋长田作舟和团长王理环谈判，在共同抗日的前提下达成了互不侵犯的秘密协议:（1）东北军不断向红军游击队提供军事情报,对付刘峙和地方顽固势力的进攻。(2)双方任何一方受到袭击，对方有协助反击的义务。(3）必要时东北军支援红军游击队枪支弹药。(4）东北军不侵犯游击区群众的利益，并有保护群众生命财产安全的义务。(5)红军方面不封山，山货、柴草、粮、菜、肉、蛋等，保证到城镇公买公卖，以解决东北军部分给养供给问题。这一秘密协议是党的抗日民族统一战线政策在鄂豫边区取得的重要成果。但游击队与东北军第一二九师的统一战线很快就因国民党豫皖绥靖公署主任刘峙等的破坏而破裂。

中共中央对鄂豫边游击区和红军游击队的情况非常重视，针对国民党军队加紧对红军游击队的“围剿”，朱德总司令指示到延安汇报工作的周骏鸣:“你们要猛烈扩大，扩大到消灭不了你们的时候，他们就会同你们谈判。”周骏鸣还向负责筹建中共河南省委的朱理治详细汇报了鄂豫边区的情况。朱理治从鄂豫边区的实际情况出发，拟定了鄂豫边区红军斗争和发展的策略方针:“从消灭和争取当地土匪的斗争中，大力扩大游击队的武装，并和当地开明士绅与政府建立统一战线关系，以便争取合法存在，作为将来的抗日武装。”这一方针得到毛泽东的赞同和批准。为加强鄂豫边区的工作，中共中央和北方局还分别派胡龙奎和马致远（原名刘子厚）到鄂豫边区工作。

1937 年 7 月中旬，周骏鸣偕同胡龙奎回到鄂豫边区。鄂豫边省委在泌阳县碾盘沟召开会议。会议按照中央指示和毛泽东赞同和批准的基本方针，决定在鄂豫边区公开打出抗日旗帜，大力扩大武装，全面开展统战工作，建立广泛的抗日民族统一战线。同时决定调整省委领导机构，仝中玉任省委书记，胡龙奎任组织部部长，马致远任统战部部长，王国华任游击队指导员，周骏鸣任游击队队长。

会后，中共鄂豫边省委和游击队深入山区各乡镇，宣传抗日政策，广泛开展对开明士绅的统战工作，得到一些地方实力派的赞同和支持。游击区内的党组织得到恢复和发展，确山和泌阳东部等地再次建立了农民自卫武装。鄂豫边红军游击队在鄂豫皖革命根据地红二十八军第二四四团的援助下，先后拔掉蔡冲、邓庄铺、高邑、谷田等据点，泌阳县邓庄铺一带成为游击根据地的后方。红军游击队的接连胜利，使部队在仅两个月的时间里发展到 400 多人，为豫南敌后抗日游击战争的开展奠定了基础。

第二章
全民族抗战在河南展开

1937年，日本侵略者蓄意制造七七事变，发动全面侵华战争，中国由此进入全民族抗战阶段，并开辟了世界反法西斯战争的东方主战场。七七事变后，中国共产党积极倡导建立以国共合作为基础的抗日民族统一战线，实行全面抗战路线和持久战的战略总方针，科学预见了抗日战争将经过战略防御、战略相持、战略反攻三个阶段。从七七事变到1938年10月广州、武汉失守，是抗日战争的战略防御阶段。这一阶段日军分路深入中国广大领土，对正面战场的攻势达到顶点，国民党正面战场在日军的强大攻势下出现大溃退。中国共产党领导的人民军队，一方面配合国民党正面战场作战，另一方面伺机深入敌人占领区，广泛开展抗日游击战争，开辟敌后战场。在河南正面战场失利的情况下，中共河南党组织根据中共中央指示，在全省大力发展党员，建立健全各级党组织，积极开展抗日民族统一战线工作，组建抗日武装，开展敌后游击战争，在全省形成了抗日救亡运动高潮。

一、全面抗战路线的制定及中共中央对中原抗战的部署

七七事变和抗日民族统一战线正式形成

1937年7月7日夜，日本侵略军在北平西南的卢沟桥以北举行军事演习，借口一名士兵失踪，要求进入宛平县城搜查，遭到拒绝后，

驻守宛平城的中国军队奔赴卢沟桥抵抗日军

即炮轰宛平县城。当地中国驻军第二十九军奋起抵抗。这就是七七事变，又称卢沟桥事变。第二十九军第三十七师第二一九团团长吉星文是河南扶沟人，抗日名将吉鸿昌的堂侄，他指挥部队组成敢死队，与日军奋战。守卫宛平城和卢沟桥的第三营营长金振中，是河南固始人，在卢沟桥守卫战中，金振中身先士卒，率部打退日军多次进攻，歼灭日军100余名。

日军的全面侵华战争，使中华民族面临亡国的严重危险。在生死存亡关头，中国共产党充分认识到，只有全民族团结抗战才是中国生存和发展的唯一出路。七七事变发生的第二天，中国共产党即发出通电，向全国人民呼吁："平津危急！华北危急！中华民族危急！只有全民族实行抗战，才是我们的出路！"通电号召："全中国同胞，政府，与军队，团结起来，筑成民族统一战线的坚固长城，抵抗日寇的侵掠！""国共两党亲密合作抵抗日寇的新进攻！"同日，毛泽东、朱德、彭德怀等红军领导人致电蒋介石，表示红军将士愿意"为国效命，与敌周旋，以达保土卫国之目的”。

为进一步推动国共两党合作抗日，7 月 14 日，中共中央派叶剑英为代表向南京政府表示：“愿在蒋指挥下努力抗敌，红军主力准备随时出动抗日。”15 日，中共代表周恩来等将《中共中央为公布国共合作宣言》交给蒋介石。宣言提出迅速发动全民族抗战、实行民主政治和改善人民生活等三项基本要求，重申中国共产党为实现国共合作，停止实行武力推翻国民党政权等四项保证。17 日，周恩来、秦邦宪（即博古）、林伯渠同蒋介石、邵力子、张冲在庐山继续谈判。中共代表提出以《中共中央为公布国共合作宣言》为国共合作的政治基础，约定由国民党中央通讯社发表。

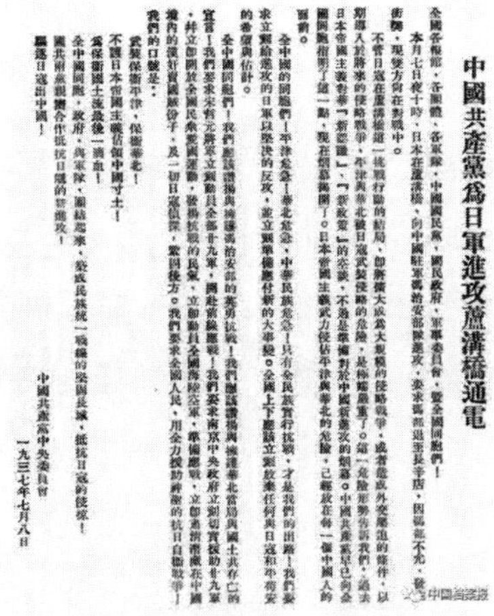
中國共產黨爲日軍進攻盧溝橋通電

全國各報館，各團體，各軍隊，中國國民黨，國民政府，軍事委員會，暨全國同胞們！

本月七日夜十時，日本在盧溝橋，向中國駐軍馮治安部隊進攻，要求馮部退至長辛店，因馮部不允，發生衝突，現雙方尚在對戰中。

不管日寇在盧溝橋這一挑戰行動的結局，即將擴大成爲大規模的侵略戰爭，或者造成外交壓迫的條件，以期導入於將來的侵略戰爭，平津與華北被日寇武裝侵略的危險，是極端嚴重了。這一危險形勢告訴我們，過去日本帝國主義對華「新認識」，「新政策」的空談，不過是準備對於中國新進攻的煙幕。中國共產黨早已向全國同胞指明了這一點，現在煙幕揭開了。日本帝國主義武力侵佔平津與華北的危險，已經放在每一個中國人的面前。

全中國的同胞們！平津危急！華北危急！中華民族危急！只有全民族實行抗戰，才是我們的出路！我們要求立刻給進攻的日軍以堅決的反攻，並立刻準備應付新的大事變。全國上下應該立刻放棄任何與日寇和平苟安的希望與估計。

全中國同胞們！我們應該讚揚與擁護馮治安部的英勇抗戰！我們應該讚揚與擁護華北當局與國土共存亡的宣言！我們要求宋哲元將軍立刻動員全部廿九軍，開赴前線應戰！我們要求南京中央政府立刻切實援助廿九軍，並立即開放全國民衆愛國運動，發揚抗戰的民氣，立即動員全國海陸空軍，準備應戰，立即肅清潛藏在中國境內的漢奸賣國賊份子，及一切日寇偵探，鞏固後方。我們要求全國人民，用全力援助神聖的抗日自衛戰爭！

我們的口號是：

武裝保衛平津，保衛華北！

不讓日本帝國主義佔領中國寸土！

爲保衛國土流最後一滴血！

全中國同胞，政府，與軍隊，團結起來，築成民族統一戰線的堅固長城，抵抗日寇的侵略！

國共兩黨親密合作抵抗日寇的新進攻！

驅逐日寇出中國！

中國共產黨中央委員會

一九三七年七月八日

中国共产党为日军进攻卢沟桥通电

中国共产党反对日本帝国主义侵略的坚定立场和鲜明态度，极大地鼓舞了全国人民的抗战决心。共产党领导组织各界抗敌后援会，抗日救亡组织在各地纷纷成立，城市居民、妇女、工人、农民各尽所能援助抗战，就连六七岁的娃娃也端着水盆供士兵磨刀，全国群情激愤，抗战呼声四起。

在全国抗日救亡运动不断高涨和共产党倡议国共合作抗战的推动下，蒋介石于 7 月 17 日在庐山发表谈话：“如果战端一开，那就是地无分南北，年无分老幼，无论何人，皆有守土抗战之责任，皆应抱定牺牲一切之决心。”但这时他尚未完全放弃对日媾和的幻想，仍希望把事变限制在“地方事件”范围内。

8月13日，日军大举进攻上海，直接威胁到国民党统治的心腹地区。蒋介石急欲调动红军开赴前线，因而在国共谈判中开始表现出较多团结合作的愿望，双方达成将陕甘地区的红军主力改编为国民革命军第八路军、在国民党统治区若干城市设立八路军办事处和出版《新华日报》等协议。22日，国民政府军事委员会发布红军改编命令。25日，中共中央革命军事委员会发布红军改编为八路军的命令，朱德任总指挥，彭德怀任副总指挥，叶剑英任参谋长，左权任副参谋长。八路军下辖第一一五师、第一二〇师、第一二九师，共约4.6万人。9月11日，国民政府军事委员会将八路军改称国民革命军第十八集团军，但"八路军"的称呼，仍被广大指战员和人民群众习惯性沿用。接着，在南方八省的红军游击队（琼崖游击队除外）改编为国民革命军陆军新编第四军，叶挺、项英分别任正、副军长，下辖4个支队，全军1.03万余人。红军改编后迅速开赴抗日前线。

9月22日，国民党中央通讯社发表《中共中央为公布国共合作宣言》；23日，蒋介石发表实际上承认共产党合法地位的谈话。《中共中央为公布国共合作宣言》和蒋介石谈话的发表，宣告国共两党重新合作和中国抗日民族统一战线的形成。国民党作为拥有200万军队的执政党，其政策转变对抗日战争的全面展开有着重要意义。

以国共合作为基础的抗日民族统一战线的形成，受到全国人民的欢迎和支持。各党派、各民族、各阶级、各团体以及海外华侨华人一致表示拥护国共两党合作抗日，积极投入抗日洪流，组织各种抗日团体和抗日武装，踊跃为前线捐赠钱物。中华儿女众志成城、同仇敌忾，筑起中华民族抗击日本侵略者的钢铁长城。在这场关系民族存亡的殊死决战中，中华民族充分发扬了"国家兴亡，匹夫有责"的爱国主义精神，空前地团结在抗日民族统一战线的伟大旗帜下。

中国共产党的抗战路线和战略总方针

虽然全国人民坚决主张抗战，但全国抗战刚开始时，很多人对如何抗战还不清楚，对共产党缺乏了解。人数众多的中间力量，虽不满掌握全国政权的国民党的腐败和专制，但仍然把抗战的希望寄托在其身上。国民党当局从大地主大资产阶级利益出发，力图使抗战的进行不致损害其统治地位，因而实行片面抗战路线，即坚持国民党一党专政，单纯依靠政府和军队抗战，不愿意实行民主、改善民生，不敢发动和依靠人民大众，害怕广泛动员和组织人民会损害自身的统治地位。1938 年 3 月 29 日至 4 月 1 日，国民党召开临时全国代表大会，并通过《中国国民党抗战建国纲领》，对抗日表现出积极的态度，但对发展民众运动多加限制。同时，国民党还总是把抗战胜利的希望寄托在国际支持和援助上。然而，不发动和依靠群众，坚持抗战和抗战胜利都是不可能的。

与国民党不同，中国共产党代表中华民族的根本利益，始终确信中国抗战力量最深厚的根源是在广大人民群众之中，所以从一开始就主张实行广泛发动群众、武装群众、依靠群众对日作战，实行人民战争的全面抗战路线。1937 年 8 月下旬，中共中央在陕北洛川召开政治局扩大会议，讨论制定党在抗战时期的方针、任务和政策，正式确定了全面全民族抗战路线。会议通过《中共中央关于目前形势与党的任务的决定》(以下简称《决定》)。《决定》指出：中国的抗战是一场艰苦的持久战。争取抗战胜利的关键，在于使已发动的抗战发展为全面的全民族的抗战。在今后的抗战过程中，共产党及其领导的民众和武装力量，应该站在斗争的最前线，使自己成为全国抗战的核心。

会议通过《中国共产党抗日救国十大纲领》，提出要打倒日本帝

中國共產黨抗日救國十大綱領

洛川会议旧址和会议通过的《中国共产党抗日救国十大纲领》

国主义，必须实行全国军事的总动员、全国人民的总动员，改革政治机构，实行抗日的外交政策、战时的财政经济政策、教育政策和民族团结政策，改良人民生活，使抗日战争成为真正的人民战争。这是中国共产党全面抗战路线的具体体现。

会议还讨论并制定了党在抗战时期的基本行动路线和工作方针，主要是：必须坚持统一战线中无产阶级的领导权；在敌后放手发动群众，开展独立自主的游击战争；在国民党统治区广泛发动群众性的抗日救亡运动；以减租减息作为抗日战争时期解决农民问题的基本政策；等等。会议决定成立由 11 人组成的中共中央革命军事委员会，负责党对军事工作的领导，毛泽东为书记（亦称主席），朱德、周恩来为副书记（亦称副主席）。

为动员并组织人民群众进行全面抗战，必须明确地提出抗战的军事战略方针。早在七七事变前，中共中央就预见到抗日战争将是一场持久的战争。1935 年 12 月，毛泽东在瓦窑堡会议上就指出：要打倒敌人，必须准备作持久战。洛川会议上正式确定了持久战的战略总方针。会后，张闻天、彭德怀、周恩来等相继发表文章，向党内外广泛宣传持久战的方针。1938年5月，毛泽东发表《论持久战》一文，系统阐明党的抗日持久战战略总方针，科学分析了持久战必须经过战略防御、战略相持和战略反攻三个阶段发展的进程、趋势，以及在三个阶段中必须正确运用的三种作战形式，即运动战、阵地战的正规战和游击战，把抗日游击战争提高到战略地位，特别强调了抗日根据地的重要性和必要性，并提出一整套动员人民群众，在持久战争中不断削弱敌方的优势、生长自己的力量以夺取最后胜利的切实可行的办法，大大增强了人们坚持抗战的决心和信心。

1938年，毛泽东在延安窑洞撰写《论持久战》

由于国共两党存在不同的抗战路线，共产党如何正确处理统一战线中统一和独立、团结和斗争的关系，成为对抗战成败具有决定意义的关键性问题。全民族抗战伊始，中国共产党就指出，必须在统一战线中坚持独立自主原则，既统一又独立，对国民党采取有团结有斗争、以斗争求团结的方针，保持党在思想上、政治上和组织上的独立性，坚持党对人民军队的绝对领导，冲破国民党的限制和束缚，努力发展人民武装力量。1937年8月1日，中共中央组织部作出《关于改编后党及政治机关的组织的决定》，明确规定各级党委会要“领导党的一切工作，保证党在部队中的绝对领导”。这样做的目的，是为了保持共产党领导的革命力量已经取得的阵地，尤其是为了发展新的阵地，以动员千百万群众进入抗日民族统一战线，使自己成为团结全民族抗战的中坚力量。这是把抗日战争引向胜利的中心一环。

但是，共产党确定的独立自主原则，最初并没有被全党充分理解。1937 年 11 月底，中共驻共产国际代表、共产国际执委王明从苏联回国。他对洛川会议以来中共中央在统一战线问题上的许多正确观点和政策提出批评，抹杀国共两党抗战路线的原则分歧，否认抗日民族统一战线中的独立自主原则，主张“一切服从统一战线”“一切经过统一战线”，把共产党和人民军队的行动限制在国民党允许的范围内，反对放手发动和武装群众，轻视共产党领导的游击战争以及敌后抗日根据地的作用，幻想依靠国民党军队求得速胜，并声称这些主张是共产国际的指示。12 月下旬，王明到武汉中共代表团和中共中央长江局主持工作，他的右倾错误主张对党的实际工作造成了危害，使党未能在 1937 年冬至 1938 年春在华中敌后更广泛地开展抗日游击战争和创建抗日根据地。

中共中央对王明的右倾错误进行了坚决的抵制和斗争，因此，长江局虽然有王明的干扰，但总的来说在国民党统治区的工作中仍贯彻执行了独立自主原则，做了大量统一战线和地方党的工作，领导了抗日救亡运动，并注意发展华中武装力量。

开辟敌后战场

为贯彻执行全面抗战路线，坚持持久抗战，中国共产党在洛川会议上作出开辟敌后战场的决策。此时中共中央已经预见到，由于敌强我弱，入侵的日军很快就会占领中国大片土地，并企图把这些占领区作为战争基地，向其他地区进攻。实行敌后抗战，可以使日军在占领区不得安宁，捆住敌人的手脚，这对兵力不足的日本来说，是极其严重的威胁。同时，沦陷区人民的抗日要求会更加强烈，迫切需要八路军这样的人民军队深入敌后，有效地积聚和发展人民抗日力量，实行广泛的人民战争，进而赢得抗战的最后胜利。

因此，中央规定八路军开赴抗日前线后的战略任务主要是，一方面配合国民党正面战场作战，以打击日军的锐气并掩护友军退却；另一方面伺机进入敌人占领区，发动群众和组织群众武装，广泛发展抗日游击战争。1937 年 9 月 25 日，八路军第一一五师主力在晋东北平型关附近伏击日军，歼敌 1000 余人，击毁汽车 100 余辆，取得全民族抗战爆发后中国军队主动对日作战的第一个重大胜利，打破了日军“不可战胜”的神话，极大地振奋了全国军民的抗战信心，提高了共产党和八路军的威望，使许多人由此相信共产党不但坚决抗日，并且是有能力战胜敌人的。接着，八路军又配合国民党军队进行了华北战场上规模最大、战斗最激烈的忻口战役。10 月 19 日，八路军第一二九师第七六九团三营营长赵崇德（河南商城人）率部夜袭阳明堡日军飞机场，毁伤敌机 20 余架，消灭日军守备队 100 余人，赵崇德英勇牺牲。八路军的积极作战，大大减轻了国民党正面战场的压力。

11 月 8 日太原失守后，毛泽东向全党和全国人民明确指出：“在华北，以国民党为主体的正规战争已经结束，以共产党为主体的游击战争进入主要地位。”八路军按照中共中央部署，在华北开展敌后游击战争，先后开辟晋察冀、晋西北和大青山、晋冀豫、晋西南、山东等抗日根据地。新四军则开赴苏南、皖南、皖中地区，创建华中抗日根据地。到 1938 年 10 月，八路军和新四军同日、伪军作战 1600 多次，毙、伤、俘敌 5.4 万人。共产党领导的抗日武装力量发展到近 20 万人。

敌后抗日游击战争出现的新局面，使中国抗日战争逐渐形成战略上互相配合的两个战场，一个是主要由国民党军队担负的正面战场，另一个是由共产党领导的人民军队为主担负的敌后战场。敌后战场牵制了大量敌军，不仅配合了正面战场作战，还迫使日军不得不用相当大的兵力用于保守其占领区，这对兵力不足的日本来说，是极其严重的威胁。敌后战场还有效积聚和发展了人民抗日力量，逐渐成为抗日战争的主战场，成为坚持长期抗战的中流砥柱，也是抗日战争由战略防御转到战略相持阶段的一个重要条件。

中共中央对中原抗战的部署

为更广泛地建立抗日民族统一战线，共产党开始加强在国民党统治区的工作，逐步恢复和发展在土地革命战争后期遭到严重破坏的党组织。1937 年 5 月，中共中央决定重建河南省委，并指定由朱理治负责筹备。毛泽东在接见朱理治时指出，这个工作区域很重要，今后将是抗战的重要战略区域，要建立抗日民族统一战线，积极组织群众，建立党，抓紧时间在各方面做好准备。七七事变后，朱理治离开延安，前往陕西省三原县云阳镇，加紧部署河南省委的筹建工作。9 月，中共河南省委在开封正式成立，书记朱理治。省委由中共中央直接领导，12 月归新成立的中共中央长江局领导。

开封市北道门大街 51 号——抗日战争时期河南省委旧址

1937 年 7 月至 11 月，日军相继占领北平、天津、石家庄、太原等地，华北地区沦陷，河南成了武汉的屏障、华北抗战的后方和南北战场的枢纽，成为中国抗战的最前线。年底，长江局向河南省委发出指示，将准备开展游击战争作为河南省的中心任务。为加强河南省委的领导力量，中共中央和长江局先后派彭雪枫、危拱之、陈少敏等到省委担任领导职务。

1938 年 2 月，平汉铁路两侧的豫北、直南地区全部失守。3 月 5 日，中共中央北方局军委书记朱瑞致电中共中央和北方局，报告豫北、晋南的形势及工作部署，提出开展晋豫边抗日游击战争，组织晋豫边军政委员会。6 日，毛泽东作出指示，指出朱瑞“部署甚妥”，晋豫边区很重要，望有计划地布置沁水、翼城、曲沃、垣曲、济源、博爱、晋城地区的游击战争，配合主力在西、北两面行动。9 日，朱德、彭德怀致电八路军第一二九师，要宋任穷与国民党军万福麟、宋哲元部在河南博爱、新乡损失严重的情况下，在新乡以东、河北大名地区加紧组织收枪，武装民兵。24 日，毛泽东、刘少奇给朱德、彭德怀等发出指示，要求在晋东南、平汉路东等地区，组织若干支队，

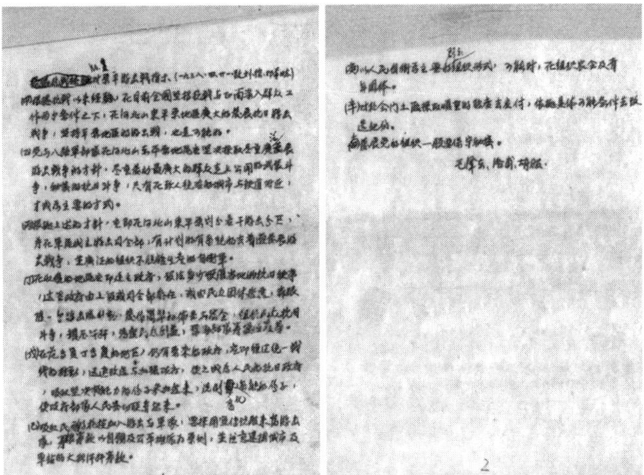

1938 年 4 月 21 日，毛泽东、洛甫、刘少奇关于平原游击战给刘伯承、徐向前、邓小平等的指示

其中在晋城、陵川、修武组织一个游击支队，在阳城、济源、垣曲组织一个游击队。

在对朱瑞作出指示的同一天，毛泽东电示彭雪枫："目前根据地仍应坚持陕甘边，但准备转移时最好是在鄂豫皖边，望大力发展该区工作。"4 月 21 日，毛泽东、刘少奇等发出《对平原游击战的指示》，指出在平原地区，应坚决采取尽量发展游击战争的方针，发动最广大的群众进行公开的武装斗争。28 日，刘少奇电示彭雪枫：河南"目前中心工作是在各重要地区打巩固基础以备将来迎击日寇进攻，目前应埋头苦干，准备武装与地方党的工作"。中央这些指示，为河南人民指明了武装保卫河南、开展中原敌后游击战争的正确道路。

徐州失守后，为挽救中原危局，1938 年 5 月 22 日，中共中央发出《关于徐州失守后华中工作的指示》。长江局副书记周恩来立即通知河南省委书记朱理治、军事部部长彭雪枫到武汉，亲自传达这一指示。中共中央要求："河南省委动员平汉、陇海两铁路线上所有中心城市的大批学生、工人、革命分子到乡村中去，组织与领导群众，准备与发动游击战争，组织游击队，建立游击区。省委目前即应将河南划为两个主要区域，以津浦线、陇海线、平汉线、浦信公路中间的豫东与皖西北为一个区，陇海线以南、平汉线以西为一个区。"河南省委根据党中央指示，迅速动员大批城市工人、知识分子和青年学生到乡村工作，组织武装、准备游击战争。

二、日军对河南的进攻与正面战场

豫北战役

七七事变发生后，日本侵略者把国民党作为主要作战对象，正面战场无论在战略还是战役上，都是抗击日军进攻的主要战场。国民党当时表现出一定的抗日积极性。但是，由于敌强我弱，再加上国民党实行片面抗战路线，正面战场战局非常不利。

1937 年 7 月底，日军占领北平、天津后，沿平绥、平汉、津浦铁路向华北大举进犯。10 月底，沿平汉铁路南下的日军第一军第十四师团土肥原贤二部及第六、第十六师团各一部，乘漳河沿岸国民党守军奉命援晋之际，向中国军队猛攻。11 月 3 日，日军进攻豫北门户安阳，商震率国民党第三十二军进行顽强抵抗。5 日，安阳失守，中国守军撤至安阳南、汤阴北宝莲寺一带固守。

日军侵占安阳后，因其主力忙于山西、江浙战事，无力继续南下，乃将攻势停顿，与宋哲元所率第一集团军在豫北相持。第一集团军的任务是利用豫北坚固的国防工事，坚守平汉路，阻止日军南下。其中，第五十三军第一三〇师、第六十九军新编第九师在宝莲寺、汤阴一线，防守平汉路正面之敌；第一一六师守在平汉路西林县、辉县一线；第七十七军及骑兵第九师布防于道清铁路沿线道口、汲县、新乡、修武一带；石友三率第一八一师守滑县、浚县。

1938 年 2 月初，为策应津浦路作战，日军第十四师团分两路向豫北各县进犯。7 日，日军一路向南乐、清丰、濮阳一线进犯。由于该地区没有中国正规军防守，日军长驱直入，连陷南乐、清丰，并围攻濮阳县城。濮阳战略地位十分重要，日军攻下濮阳后，西可进攻道口，西南可进逼封丘、延津，进攻道清铁路沿线的中国军队侧背，南可渡黄河直取东明，威胁兰封。国民党第一战区长官司令部急调第七十七军副军长张凌云指挥 3 个旅和骑兵第九师，反击在濮阳的日军。但各部队行动迟缓，至 9 日下午，才有 1 个营到达濮阳附近。而围攻濮阳的日军及武器装备不断增加，在飞机、重炮的掩护下，濮阳县城陷落。

同时，另一路日军主力万余人由安阳向平汉路正面中国守军猛攻。第五十三军官兵奋起抵抗，给日军以重创，但宝莲寺仍于11日上午陷入敌手。12日晚，第五十三军军长万福麟声称阵地被毁，擅自命令放弃汤阴阵地，退至平汉路西。

南乐、清丰、濮阳失守和汤阴阵地被日军突破，使蒋介石震怒，遂电令第一战区司令长官程潜“最小限度须固守道、滑、浚及淇河阵地”，但曾在卢沟桥奋起抵抗日军的宋哲元并未执行命令，竟声称“应力求避免与敌决战，以免部队作无谓的牺牲”，致使豫北近10万国民党守军“不问敌情，闻风先退”。

2月12日，日军集中兵力向道清路沿线中国守军阵地发起全面进攻。侵占濮阳的日军5000人，占领长垣、封丘，并向新乡以南的平汉铁路急犯。在濮阳的另一部日军千余人向道口进攻，宋哲元下令守军两个旅退回新乡。日军连占道口、滑县、浚县。16日，侵占淇县的日军向汲县（今卫辉市）以北第七十七军防地猛攻。宋哲元下

1938年日军安田骑兵队在温县一带“搜剿”中国抗日军民

令放弃汲县，沿道清路西撤。日军占领辉县、汲县、新乡。17日，国民党新编第八师奉命炸毁平汉路黄河大铁桥，日军被阻于黄河以北，遂调转兵力西犯，连占获嘉、修武。19日，日军向焦作进攻，守军石友三师1个旅在阵地遭到炮击后，即弃城而去，日军连陷焦作、博爱、沁阳、孟县、济源，宋哲元的第一集团军总部逃至济源西王屋镇。

2月底，豫北战役结束。日军第十四师团占领了豫北的主要城镇和交通线，豫北地区成为沦陷区。第一战区司令长官程潜对豫北守军不战而逃非常气愤，调重兵在黄河南岸防守，日军与中国军队隔黄河相持。

兰封战役

日军为实现速战速决的战略方针，在华北与上海两地发动攻击。1937年11月12日，日军攻陷上海。随后立即转兵直逼中国首都南京，并在南京实施了惨绝人寰的大屠杀。为迅速灭亡中国，日军计划对战略要地徐州发起进攻，企图打通津浦线，使南北日军连成一气，进而攫取中原、攻占武汉。

1938年1月，日军约24万人实行南北对进，夹击徐州。国民党第五战区司令长官李宗仁指挥中国军队约60万人，在以徐州为中心的津浦路南北的广阔地域上，同日军展开大规模会战。3月下旬至4月上旬，中国军队在徐州门户台儿庄地区对日军进行英勇顽强的阻击和外线迂回包围。经过数日激战，最终打败进攻之敌，歼灭日军1万余人。台儿庄战役是抗战以来国民党正面战场取得的最大胜利。

台儿庄战役后，日军认为中国军队主力集中在徐州地区，决心攻占徐州，歼灭第五战区主力。至5月15日，日军形成对徐州四面合围态势。国民党第五战区部队在徐州附近地区进行了数次激烈的抵抗，但未能挡住日军攻势。为保存有生力量，国民政府军事委员会决定放弃徐州，5 月 19 日，徐州失陷。

占领徐州后，日军大本营决定“扩大徐州会战战果”，进行追击作战，兵分数路向豫东陇海路沿线进犯。此时侵占豫北的第十四师团，由濮阳渡过黄河分两路南犯：一路向考城（今属兰考）推进；一路向内黄集、民权车站推进，以切断陇海铁路中国军队的退路。

面对日军的多路进攻，蒋介石决定发动兰封战役，并亲临郑州督战。他令第七十四军和第六十四军的 1 个师组成东路军，沿陇海路西进；第二十七军、第七十一军组成西路军，向仪封、内黄集的日军进攻；第三十二军和新编第三十五师等部在定陶、东明、考城附近，断敌后路；第八军防守商丘。

5 月 22 日，中国军队对日军开始三面夹击。日军一部退向毛姑岩，主力向西南退去。第十四师团主力占领兰封西的罗王寨和罗王车站，中国守军第二十七军溃败，留第八十八师 1 个旅守兰封。当夜，该旅却擅自撤离兰封城。日军第十四师团得以退至黄河南岸的兰封、三义寨、陈留口一线顽抗。黄河以北有日军第二十师团策应。

兰封失守将威胁郑州、开封。蒋介石把在豫东作战的部队组成以薛岳为司令的豫东兵团，随后又从陕西调第十七军团胡宗南部第一军至豫东，协同作战。5 月 25 日，豫东兵团各路军队向日军发动全面进攻，当晚攻克罗王车站。第七十一军在军长宋希濂指挥下，向盘踞兰封的日军发起猛烈反攻，经两天血战，兰封、罗王寨克复，陇海铁路一度畅通。而中国军队对三义寨日军的进攻却无进展。28 日，日军第十六师团突破中国军队守卫商丘的第二道防线，驻守商丘的第八军军长黄杰率先逃跑。29 日，商丘失守，豫东门户洞开。

日军第十六师团占领商丘后，其一部沿陇海路向西推进，连占宁陵、睢县，直逼薛岳兵团侧背；日军第十师团一部，31 日攻占亳县，并向鹿邑进攻。同时，又有5000余名日军渡过黄河支援第十四师团，使战局发生巨变。6月2日，薛岳命令全军向平汉路以西地区撤退。4日，占领兰封的日军第十四师团会合第十六师团一部，会攻省会开封。6日，日军占领开封。7日，中牟失守，豫东地区各县城和主要城镇全部沦陷。至此，兰封战役结束。

兰封战役是徐州会战的组成部分。国民党军队以15万精锐部队，居然未能歼灭被围困的日军第十四师团近2万人，导致豫东失守。

大别山北麓战役

徐州会战结束后，武汉成为日军进攻的主要目标。1938年6月初，日军华中派遣军一部即从合肥南下，向安庆进攻。6月12日攻陷安庆，日军取得进行武汉作战的前进基地。

6月15日，日本天皇裕仁主持御前会议，正式决定攻占武汉。18日，日军大本营下达实施汉口作战的准备命令。在完成总攻武汉的准备后，日军大本营于8月22日发出进攻武汉的作战命令。日军调集40万兵力，分两路进攻。其中一路以日军第二军第三、第十、第十三、第十六共4个师团，自合肥出动，沿大别山北麓六安、霍山、商城、光山一线进攻信阳，然后沿平汉路南下，向武汉进犯。大别山北麓战役是武汉会战的重要组成部分。

8月下旬，国民党第五战区在大别山北麓加强防御部署，以孙连仲的第三兵团在六安、霍山以西至商城地区设防，准备迎击日军。其所部第五十一军部署于六安地区、第七十七军部署于霍山方面、第七十一军控制商城东侧附近，准备对进攻的日军实施反击。

8月28日，日军第十师团击败第五十一军，占领六安，继续向固始推进，9月6日占领固始。8月29日，日军第十三师团突破第七十七军阵地，攻陷霍山，向商城推进。

9月3日，日军第十三师团进攻固始南部的富金山，遭到国民党第七十一军宋希濂部的顽强抵抗。富金山是大别山的外峰，皖豫交通咽喉，有着重要的战略地位。战斗打响后，宋希濂亲自指挥第三十八师一部由富金山北侧向东出击，协助正面迎敌的第三十六师死守阵地。6日午后，富金山第三峰一度被日军占领，第三十六师师长陈瑞河亲率预备队猛烈反攻，将日军打退，并收回失地。11日，日军增加兵力支援富金山，猛攻主阵地，第三十六师除少数官兵突围外，其余壮烈牺牲，当日黄昏富金山陷入敌手。富金山争夺战历时九昼夜，歼敌数千人，第七十一军也伤亡惨重。

日军攻下富金山后，即以第十六师团和第三师团合力西犯。16日、17日，日军占领商城、光山。18日至21日，日军攻陷潢川、罗山等地，逼近信阳。

国民党第五战区增加兵力，在信阳周围同日军展开激烈攻防战。9月30日，日军自南、北、东三面向信阳进犯，受到中国军队阻击。虽几经激战，但因日军有优势炮兵火力和坦克掩护，信阳于10月12日沦陷。大别山北麓战役结束。

日军占领信阳后，即沿平汉线南下，会攻武汉。10月25日，武汉失守，历时4个半月的武汉会战结束。此次会战共毙伤日军近4万人，大大消耗了日军的有生力量，是抗日战争战略防御阶段规模最大的一次战役。中国军队英勇抗击，打破了日军妄图速战速决、迫使中国屈服的战略计划。

武汉会战期间，日军仅用9天时间，就轻而易举攻陷了防守薄弱的广州，达到了策应武汉作战的目的。广州、武汉失守，成为中国抗日战争由战略防御转入战略相持阶段的转折点。

豫北战役、兰封战役和大别山北麓战役，是河南正面战场上三次大的战役，都以失败而告终。在河南担任正面防御的许多国民党官兵，虽然怀着爱国热忱，对日军进行了英勇抵抗，但由于受国民党片面抗战路线和单纯防御战略方针的束缚，大多进行阵地防御，战斗力没有得到充分发挥，因而非但不能主动歼敌，反而节节败退，豫北、豫东和豫东南大片国土沦入敌手。

日军的残暴罪行

日本侵略者在军事进犯的过程中，给河南人民带来巨大灾难。日军除出动大批飞机狂轰滥炸外，每侵占一地，便四处烧杀淫掠，大肆屠杀。无数村庄家园被毁，无数财产被掠夺，无数同胞被杀戮，无数妇女受尽蹂躏屈辱。日本侵略军在河南的种种暴行，是日本帝国主义对中国人民犯下滔天罪行的铁证。

狂轰滥炸是日本侵华的一个重要军事手段。每当日军发动进攻前夕，就派出大批飞机轰炸中国军队阵地和军事目标。为制造精神恐怖，迫使中国人民屈服，日本侵略者还无视国际公法，对许多城镇的商业区、居民区、文化区等非军事目标进行狂轰滥炸。1938 年 4 月 15 日，日军 6 架飞机向林县县城投下数十枚炸弹。顷刻间林县县城被夷为一片废墟，300 余人丧生。日军多次出动大批机群轰炸开封、郑州及豫东、豫中、豫南各城镇。据不完全统计，抗战期间，日军飞机在河南炸死平民 2.1 万余人，炸毁民房 4.8 万余间。成千上万的无辜百姓被炸死炸伤，许多城镇乡村瞬间变为废墟，无数家园化作残垣断壁，国破家亡的悲惨情景，令人目不忍睹。

日本侵略者在军事进攻中进行惨绝人寰的大屠杀，制造了大量惨案。1937 年 11 月 5 日，日军占领安阳城后，对小西门一带居民进行血腥屠杀，1000 余名同胞遇难。日军攻占长垣县城后，屠杀中国百姓 1700 余人，大街小巷尸体狼藉，血流成河。躲在黉学院内的百姓，被日军押进大殿，疯狂扫射，200 多名同胞尽数丧生。日军攻进浚县县城后到处残杀百姓，用枪杀、刀砍、割喉、挖心等残忍手段杀死无辜百姓 4500 余名，浚县县城成为“户户皆戴孝，家家有哭声”的悲惨世界。日军进攻尉氏县城时，打死老百姓 2700 余人。日军杀人之惨，实为人类史上所未有。

日本侵略者每占领河南一地，便丧心病狂地杀人放火，大肆毁坏和劫掠财物。获嘉县大辛庄 4800 多间民房被日军烧为灰烬，延津野厂村中的百姓被日军杀尽，全村的房屋、车辆、草垛尽被点燃。为打通东西运输线，日军将济源至邵原公路两边 10 公里内的房屋及粮食付之一炬，共烧毁房屋 2 万余间，粮食 8 万余石，将民众数千人填入井内致死，致十室九空，情况之惨亘古未有。据不完全统计，日军在内黄烧毁 11.8 万多间房屋，在济源烧毁 5.15 万余间房屋。开封沦陷后，日军任意洗劫，商店、住户无一幸免。日本许多公司纷纷在河南占领区设立分支机构，掌握和控制河南的工商业，煤矿、纱厂、面粉厂等被日本侵略者悉数掠夺。日军还公然以轰炸、纵火、劫掠等暴虐手段，炸毁、占据或破坏多所学校，肆意摧残和毁灭中国文化，许多寺院、书院、名塔等名胜古迹被日军烧毁。河南无数珍贵文物、珠宝玉器等被掠走，无数百姓失去房屋、粮食，在生死线上挣扎。

日军在河南占领区还肆意奸淫妇女，受害者上至年迈老妇，下至几岁幼女，轮奸致死或轮奸后被杀者难以计数。他们还在开封、信阳等地开设“慰安所”“花乃家”，强迫许多中国妇女充当“慰安妇”“营妓”。这一野蛮行径使许多中国妇女受尽凌辱和摧残，不少人死于虐杀和疾病。

日军还在河南许多地区使用毒气和细菌武器，残酷地杀害中国军人和无辜平民。1938 年秋，日军在豫北道清铁路两侧投放霍乱和疟疾病菌，民众染疾致死者，每村多则上百人少则几十人。日军在河南犯下的滔天罪行罄竹难书。

三、花园口决堤

蒋介石实行“水攻战略”

日军占领中牟后，西犯郑州东部白沙，企图攻占中原重镇郑州，沟通平汉、津浦、陇海三线以进攻武汉。国民党 20 余万大军，在蒋介石消极防御方针的指挥下，对南下、西犯的 1 万余名日军，竟无力抵挡，向平汉路沿线及以西地区撤退，郑州岌岌可危。在军事失利、郑州危殆的形势下，蒋介石为了给保卫武汉争取时间，竟置广大人民生命财产于不顾，下令“以水代兵”阻敌西进。

徐州失守后，蒋介石就密谋采用“水攻战略”。1938 年 5 月 28 日，他在给驻河南、安徽和山东三省军事长官的密电中提到：徐州陷落，豫东紧张，可否采用水攻战略，就兰仪（今兰考）下游铜瓦厢之间决黄河水，由旧黄河故道顺流而东，直攻徐州，截断津浦、陇海，阻敌西进，我方亦可从容布置，挽此颓势。6 月 1 日，蒋介石正式作出这一决定，由驻守郑州的第二十集团军总司令商震负责执行。

沿河人民历来把黄河大堤视为生命保障。被强拉去掘堤的群众无不心如刀绞，一些国民党官兵也于心不忍，许多人提出抗议并实行消极怠工。但在蒋介石严令下，商震增调驻郑州黄河大桥的新编第八师执行任务，并把决堤位置由流量较小的中牟赵口，改换到郑州北 30 余里的花园口顶流。

6 月 5 日，国民党新编第八师师长蒋在珍率师部移驻花园口附近的京水镇。他一方面对抗议决堤的群众进行镇压，打死打伤数十人，并派兵把方圆十里的地区隔离起来；另一方面挑选800余名精壮士兵，分成5队日夜掘堤。为赶工期，他征用农民水缸数十口，装上炸药，派一个工兵营在大堤上爆破。突击三天三夜后，6月9日上午，花园口黄河大堤终于被扒开，黄河水破堤而出。蒋在珍唯恐过水不利，从郑州调来几门平射炮，对着两边堤头连续发射六七十发炮弹，使缺口扩大。6月10日适逢大雨，黄河水暴涨，水流向东南方奔泻而去，平汉线以东中牟、尉氏、扶沟一线，直至安徽、江苏，成为一片汪洋。

为逃避罪责，蒋介石密电指令，“须向民众宣传敌飞机炸毁黄河堤”。国民党中央通讯社据此编造一则专电，诡称日军于9日猛攻中牟附近时，因国民党守军左翼依据黄河顽强抵抗，日军不断以飞机大炮猛烈轰炸，将该处黄河堤垣轰毁一段，造成决口，水势泛滥，甚为严重。同时，还由蒋在珍精心制造花园口遭敌机轰炸的假现场，布置一个假堵口，供中外记者前来采访拍照。蒋在珍因执行花园口决堤一事得以记功嘉奖。

抗战胜利后，国民党方面继续为蒋介石开脱罪责，把花园口决堤说成是抗战史中一个重要事迹，将扒开花园口粉饰为搞水攻战略对付日军，不仅无罪，反而有功。但历史事实证明，蒋介石的所谓水攻战略给人民带来了巨大灾难。日本帝国主义是造成这场灾难的罪魁祸首，而蒋介石的片面抗战路线则是导致黄河决口的直接原因。

河南黄泛区灾情

花园口决堤之后，日军遭受洪水泛滥的威胁，向东撤退。以水代兵虽然给日军西进平汉线造成困难，迟滞了日军攻占郑州、沿平汉路南下进攻武汉的计划，却不能从根本上阻止日本侵略者的进军。花园口决堤并未挽救蒋介石的战略被动地位，却直接造成了黄河改道，使豫、皖、苏3省40多个县的广大地区沦为泽国，近90万人葬身洪水，上千万人流离失所，并形成连年灾荒的黄泛区，黄泛区人民之悲惨旷世未闻、古今罕见。

中日双方军队因战略战术需要，还实施了一系列人为的决堤。国民党部队为促使黄河水向东泛滥，淹没日伪军队，在太康、通许、西华等县多次掘开大堤，造成周边上百个村庄被淹。日伪军队也不断以掘堤来阻挡中国军民的反击，使泛区灾情日益严重。黄泛区人民苦不堪言，整个中原大地满目疮痍，一片凄凉。

花园口决堤导致大片良田、城镇淹没于滔滔黄水之中。据统计，花园口决堤后，豫、皖、苏三省被淹耕地面积共计 84.42 万公顷，其中，河南省被淹耕地 45 万多公顷，占原耕地面积的 32%。三省每年受损水稻、麦子等粮食合计 147 万吨，棉花 2.25 万吨。按当时的币值核算，三省农业减收 4.74 多亿元，其中河南农业减少 2.24 多亿元。三省受灾居民财产损失 4.78 多亿元，其中河南受灾居民财产损失 1.93 亿元。三省农业减收和财产损失两项合计高达 9.52 亿元。这个数字超过了 1938 年所发行的建设公债的一半。

花园口决堤给黄泛区上千万人民带来巨大的人口伤亡，造成无法弥补的精神创伤。由于蒋介石在下令扒开花园口之前对人民秘而不宣，一马平川的千里中原一夕之间突遭灭顶之灾，而其中尤以河南省首当其冲，受害最甚。1946 年，河南省社会处编制的《河南省黄泛区灾况纪实》中记载了这一人间惨状："泛区居民因事前毫无闻知，猝不及备，堤防骤溃，洪流踵至；财物田庐，悉付流水。当时澎湃动地，呼号震天，其悲骇惨痛之状，实有未忍溯想。间多攀树登屋，浮木乘舟，以侥幸不死，因而仅保余生，大都缺衣乏食，魄荡魂惊。其辗转外徙者，又以饥馁煎迫，疾疠侵寻，往往横尸道路，填委沟壑，为数不知凡几。幸而勉能逃出，得达彼岸，亦皆九死一生，艰辛备历，不为溺鬼，尽成流民。”决口处花园口的祥云寺村村民全部被淹死；地处泛区腹地的扶沟县，896 个村庄被淹，90% 的房屋被冲毁，全县 31.55 万人，被淹死 25.44 万人。据统计，黄河改道造成河南省 43.5351 万人死亡。

花园口决堤带来的灾难还不止于此。黄河夺淮入海，又给淮河地区带来连年水灾。在花园口堵复前的近 10 年中，黄河把大量泥沙带到淮河流域，使淮河干流和许多支流淤塞。每到汛期，黄河洪水滚滚南下，淮河洪水漫溢横流，大片地区被水淹没。

黄河归故谈判

鉴于黄泛区的严重灾情，国民党政府进行了大规模赈灾活动。然而受战事所限，赈灾工作很难到位，仅重点开展了对沦陷区和黄泛区难民的安置工作。国民党政府在河南这个重灾区，相继设置 8 处收容所、5 处招待所用以收容、遣散难民。但这种安置相较于庞大的难民人数来说，所起到的作用微乎其微，无异于杯水车薪。

中国共产党对黄泛区人民给予了极大关怀。《新华日报》先后发表社论《救济灾民》和短评《救济黄灾》，号召在全国范围内广泛开展救灾募捐的群众运动。同时，中国共产党提出“到敌人后方去，把鬼子消灭尽”的战斗口号，动员广大灾民在救灾基础上，团结起来投入抗日战争。在黄河改道后的新黄河两岸，中国共产党一方面广泛开展抗日游击战争，建立根据地；另一方面领导群众陆续修筑黄河大堤，在黄河故道翻沙培土、植树造林、重建村庄。

抗战胜利后，国民党当局为发动内战的军事需要，决定堵塞黄河花园口决堤口，让黄河水回归故道。其借口是为了解除豫皖苏黄泛区人民的灾难，而实质上是以此来分割冀鲁豫、苏北、淮北 3 个解放区，企图以水代兵，实施“黄河战略”，阻止豫北解放区的人民军队南进。

黄河故道断流已有8年之久，河道淤积严重，河床内新建村庄1700多个，居民达40余万人，黄河两岸有2000余里的旧堤坝破烂不堪，急需修补。如使黄河回归故道，必须先复堤，后放水。但国民党当局再一次不顾人民死活，于1946年1月作出限两个月完成黄河归故、先堵口放水的决定。2月，国民党政府黄河水利委员会在开封成立黄河堵口复堤工程局。3月1日，国民党当局在事先未与解放区洽商的情况下，在花园口破口动工，正式进行堵口工程。花园口堵口不仅是一项重要技术问题，更是一个复杂的社会问题，关系到黄泛区人民的生命财产安全。共产党为解除豫皖苏黄泛区人民的灾难，同意黄河回归故道，但坚决不同意国民党当局在下游未复堤先堵口。为此，在冀鲁豫区党委、行署的领导下，成立了冀鲁豫区黄河水利委员会，积极准备复堤。同时，抗议国民党政府不与解放区洽商就堵口，申明冀鲁豫区关于先复堤后堵口的主张。

3月3日，国民党政府黄河水利委员会委员长兼堵口复堤工程局局长赵守钰等人，迫于政治舆论压力，与军事调处执行部三方领导人张治中、周恩来、马歇尔会晤，商谈有关黄河堵口复堤问题。军调部决定各方派出代表谈判，以求合理解决。

从1946年3月至1947年3月，随着黄河归故工程的进展，共产党、国民党政府、联合国善后救济总署三方代表，就先堵口放水后复堤或先

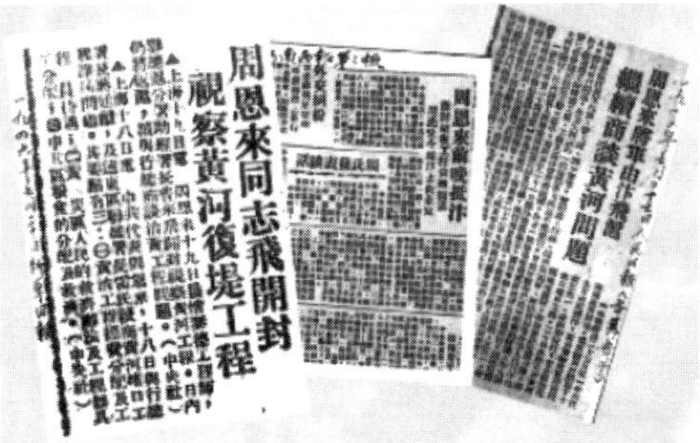
周恩来同志飛開封
視察黃河復堤工程

周恩来在开封视察黄河复堤工程各新闻媒体的相关报道

复堤后堵口放水以及堵口、复堤、救济等问题，先后进行 8 次谈判，签订了《开封协议》《菏泽协议》《南京协议》和《上海协议》等文件。国民党为了“黄河战略”的需要，不仅破坏解放区的复堤工程，同时加紧堵口合龙。1946 年 12 月 15 日，国民党开始在花园口抛石堵口。1947 年 3 月 15 日，大坝合龙，黄河水全部放入故道。

经过黄河归故谈判斗争，达成先复堤整理险工河道，堵口合龙要根据复堤工程进展情况而定的协议，争取了复堤的主动权。国民党当局虽没有认真执行决议，但通过谈判已推迟了堵口放水时间。解放区人民利用这一时机抓紧进行了复堤，赢得了复堤自救的时机，保卫了沿黄故道数万人民的生命财产，粉碎了国民党以水代兵、水淹解放区的阴谋。

四、统战工作在河南的开展和全省抗日救亡高潮的形成

中共河南党组织的发展

中共河南省委建立后，一项十分迫切而重要的任务，就是加紧恢复和大力发展党的组织。由于土地革命战争时期河南地下党组织迭遭破坏，到省委成立时，恢复发展的党员只有 90 余名，加上鄂豫边省委的 60 余名党员，河南只有 150 余名党员。党组织除少数市、县和豫鄂边区外，其他地区均未恢复建立。为此，省委建立后首先作出《关于发展组织的决定》，提出大力发展党员、积极整顿、加紧恢复和建立党组织的任务,全省党组织得到迅速发展。1938 年 10 月，全省党员已发展到 8000 余人（不包括豫北），比一年前省委建立时，增加了 50 倍。同时，全省已有 9 个特（工）委、1 个市委、12 个中心县委和一些县委、区委、支部。黄河以南的 69 个县有 64 个县建

立了党组织。为加强党的建设，河南省委在机关驻地竹沟举办了6期党训班，培训全省县、区级党的干部1000余人。省委还要求全省各地党组织加强对新党员的思想教育，要求在各县委组织部内设一个教育干事，轮流到各个支部举办新党员培训班，讲授党的基本知识、马列主义原理、统一战线政策，极大地提高了党员思想政治素质。

朱瑞

国共合作后，豫北地区的党组织也得到恢复和发展。1937年9月，北方局军委书记朱瑞与国民党第一战区司令长官程潜协商，在新乡建立第十八集团军驻第一战区司令长官部联络处，朱瑞任主任。10月，朱瑞与河南省委协商，将黄河以北的党组织划归北方局领导，大力发展黄河以北平汉路两侧的党组织。为统一领导豫晋冀鲁边界地区的党组织，12月，朱瑞代表北方局在焦作建立中共晋冀鲁豫省工作委员会，对外称“八路军驻国民党第一战区联络处训练部”，张海峰任书记，下辖豫北、直南、鲁西3个特委。晋冀鲁豫省工委积极恢复和发展各地党组织，重新调整和加强了领导平汉路两侧河南诸县的豫北和直南特委，并很快建立一批党的基层组织，联系失散党员和新发展党员上千名，为党在直南、豫北创建根据地奠定了组织基础。为加强党的建设，晋冀鲁豫省工委在焦作扶轮小学举办党员培训班，培养数十名党的领导骨干。1938年2月初，鉴于新乡、焦作将被日军侵占的形势，朱瑞指示晋冀鲁豫省工委转移。下旬，晋冀鲁豫省工委转移到山西阳城西南的横河镇，省工委和豫北特委撤销，成立中共晋豫特委。河南党组织的迅速发展和党的力量的不断壮大，为抗日斗争在河南的深入开展提供了组织保证。

豫北地区的统战工作

北方局领导八路军驻第一战区司令长官部联络处（以下简称“联络处”）在豫北地区开展了卓有成效的统战工作。联络处积极开展对第一战区司令长官部及其所属部队的工作，与第一集团军总司令宋哲元、第五十三军军长万福麟以及高树勋、孙殿英等国民党军队高级将领都建立了联系。

联络处为加强、协调八路军与友军的关系做了大量工作。国民党第五十三军第一一六师吕正操团在共产党领导下坚持冀中抗战，没有随军长万福麟南撤。万部一些人散布流言，说八路军在挖友军墙脚，让联络处负责把吕团归还第五十三军建制。联络处派朱则民赴林县第五十三军军部与万福麟和第一一六师师长周福成交涉。朱则民对他们说：对于吕团坚持敌后抗日，共产党的立场是坚决赞成。吕团的这一举动是第五十三军的光荣，是第一一六师的光荣，相信贵军也是支持的。经过这次交涉，万部不再提吕团是八路军吃掉的，继续同八路军保持共同抗日。1937 年秋，联络处与第一战区豫北师管区司令张轸在新乡合办了师管区军政干部训练班，招收进步学生，积极宣传共产党的抗日民族统一战线政策，许多青年在训练班中加入了共产党。

1938 年年初，孙殿英率近万人的冀察游击队（不久改称“新五军”）驻林县。孙部是国民党杂牌军，与蒋介石有矛盾，在土地革命战争时期就与共产党有过接触。全民族抗战爆发后，中共中央派共产党员姚继鸣以八路军的公开身份到孙部帮助建立政治工作，不久又从陕北抽调 20 余名干部到新五军教导大队开展工作。联络处配合他们向新五军官兵宣传共产党的各项方针政策。通过大量工作，共产党与新五军的上层军官和下层士兵都建立了较好的统战关系。八路军第一二九师驻晋东南，需要经常过黄河执行任务，新五军副军长邢肇棠常常派人持通行证将八路军送过黄河。共产党还在新五军教导大队培训了七八百名学员。

豫北工委委员程明升通过做焦作扶轮小学校长韩秩吾的工作，使韩秩吾深入地了解了共产党的抗战政策，之后韩秩吾密切配合共产党开展抗日救亡工作。豫北沦陷后，韩秩吾利用自己的社会声望，广泛联络社会知名人士。1938 年 4 月，经过程明升、韩秩吾等人的大量工作，修武县抗日政府成立，程明升任县长。修武抗日政府成立后，取得焦作附近国民党驻军第九十五师的支持。该师师长和地方士绅联名上报国民党河南省政府，要求给予正式承认。不久，国民党河南省政府主席程潜亲自批准成立修武县抗日政府，并给县长程明升发了委任证书，修武县抗日政府成为公开合法的政权机构。修武县抗日政府实质上是共产党领导的河南第一个抗日县政府，也是“三三制”抗日民族统一战线政权的雏形。修武县抗日政府团结各阶层民众共同抗日，积极为八路军筹集粮饷，组织民众开展合理负担、减租减息、反奸除霸，深受广大贫苦农民欢迎。

直南特委领导的豫北地区党组织，通过大力争取、分化上层绅士，多次粉碎反动分子降日阴谋。1938 年 2 月，原国民党清丰县一些人想为日军做事，直南特委统战部部长晁哲甫知道消息后，凭老同学的关系向他们讲形势、讲前途，晓以爱国大义，终于制止了一起集体投敌活动。3 月初，清丰县“维持会”召集全县士绅在城内开会，企图与日军交涉，实行降日活动。晁哲甫深入虎穴，在会议上向豪绅地主义正词严地指出：“日军正在中国杀人放火，我们能设什么交际股去和日军打交道吗？毕竟我们还是中国人吧！”他的话唤起绝大多数到会人员的良知。通过这些斗争，团结了一批中间分子共同抗日。中共直南党组织还收编了刘杰三、王希太两股较大的绿林武装近千人，争取了国民党滑县县长贾心斋等参加抗日队伍。

中共河南省委领导的统战工作

河南省委建立后，把统一战线工作作为一项重要任务。1938年2月6日,省委在机关刊物《风雨》周刊上公开发表《保卫河南宣言》,向全省人民和国民党当局郑重声明:“我们热忱的愿意和国民党共同合作，为保卫河南争取抗战最后胜利而斗争。”

1938年2月，中共中央北方局在开封建立了豫鲁联络局，负责河南、山东两省的上层统战工作。不久，联络局划归中共中央长江局领导。联络局副书记刘贯一到长江局汇报工作时，周恩来指示豫鲁联络局并入河南省委，要求对国民党河南省政府及各专署、县、区机关都要广泛联系，对友军更要广泛联系，做好他们的统战工作。4月，根据周恩来指示，河南省委建立统战委员会，省委军事部部长彭雪枫兼主任。统战委员会认真执行中共中央和周恩来的指示，积极开展对河南省国民党当权人物和驻豫国民党部队的统战工作。

河南省委妇女部部长吴平以开封扶轮小学校长的公开身份，领导和开展了对国民党上层的统战工作。她派共产党员郭霁云积极做第三十二军军长、河南省政府主席商震及其夫人的工作。当第三十二军固守黄河时，中共河南省委组织各界开展支援河防运动，广大民众组成担架队、运输队等到河防前线支援第三十二军抗日将士,极大地鼓舞了士气,增强了商震抗日的决心和对全民抗战的认识,一定程度上促进了民众救亡运动的开展。吴平还多次找国民党河南省党部书记长杨易辰个别谈心,鼓励他发动群众,组织群众救亡活动,并为一些共产党领导的群众救亡团体争取到了合法名义。

1937年12月，第一战区司令长官部移驻郑州后，河南省委派宣传部部长刘子久赴郑州，领导对第一战区的统战工作。共产党员张维桢、郭霁云等到第一战区政训处加强工作，郭霁云任政训处妇女工作委员会中校主任，他们以政训处的合法名义开展工作，加强了第一战区的政治宣传，颁布了武装民众法令。1938年夏，第一战区司令长官部迁至洛阳。省委统战委员会主任彭雪枫赴洛阳会晤第一战区司令长官程潜，阐明共产党联合抗日的主张。在河南省委的推动帮助下，程潜对共产党的各项抗日主张有了一定了解，愿与共产党合作抗日。

河南省委和各地党组织对驻豫国民党部队和国民党地方官员的统战工作亦开展得很有成效。省委统战委员会曾先后派刘贯一、王恩九等通过各种关系到驻豫南的国民党第六十八军开展工作。军长刘汝明不仅支持共产党抗日，而且还许诺决不与八路军、新四军为敌。国民党汝南专员张振江逐渐接受共产党团结抗日的主张，支持群众救亡运动，汝南地区出现较好的抗日形势。为加强对具有抗日爱国思想的西华县长楚博的统战工作，楚博的姐夫、河南省委秘书长张漫萍到西华，帮助豫东特委书记沈东平等开辟了国共两党在西华合作抗战的局面，楚博领导的西华县政府积极配合豫东特委举办抗日干部训练班，广泛开展群众救亡运动，组建抗日武装，改造旧政权，使西华成为共产党领导豫东人民开展抗日斗争的基地之一。中共永城县工委与国民党永城县长鲁雨亭建立统战关系，成立县抗日动员委员会，组建县抗日救亡学生队，接管全县区、乡政权。

河南省委十分注意团结文化知识界的爱国人士。吴平积极对国民党河南省政府教育厅厅长鲁荡平，河南大学教授王文田，开封小学校长、刘峙的干女儿石青等教育界的知名人士开展工作，向他们宣传共产党全面抗战的路线和政策，引导他们参加抗日救亡工作。

吴平推动石青等人组建了妇女战地服务团。该团成立后仅10天时间，便组织起700名团员，建立了劝募队、宣传队、慰劳队，积极开展各种救亡活动，在省会开封产生了极大的影响。省委负责文化宣传工作的王阑西和当时河南文化界元老、省抗日动员委员会主任胡石青建立了联系，并被胡石青聘请为省抗日动员委员会委员。王阑西以这一合法名义在文化知识界积极活动。他联络河南大学文学院院长萧一山，教授嵇文甫、范文澜和文化界其他知名人士，于1937年8月下旬召开河南文化界抗日救亡座谈会。这次会议决定创办文化界救亡刊物《风雨》周刊。9月12日，《风雨》周刊创刊，创刊号发行4000份，受到了各界群众的欢迎。不久，《风雨》周刊成为河南省委机关刊物。《风雨》经常发表省委领导的文章，对于全省的抗日救亡运动、抗日民族统一战线工作和敌后游击战争的开展等，都起到极强的指导和推动作用。在河南省委的组织和影响下，河南文化知识界的爱国人士还创办了大量救亡刊物，以促进抗日救亡、传播救亡文化为宗旨，揭露日本帝国主义的侵略罪行，宣传共产党的全面抗战路线，反对国民党的片面抗战路线和压制民众运动的政策，号召全民族动员起来，与日军奋战到底，对推动全民抗战起到极大作用。

河南省委和各地党组织积极争取地方实力派参加抗日民族统一战线。河南有不少地方实力派，都是拥有一方政权和武装的“土皇帝”。彭雪枫是河南镇平人，其叔父彭禹廷曾与豫西南地方实力派别廷芳合作办“地方自治”，关系甚密。彭雪枫等利用这种关系对别廷芳做了大量工作。别廷芳表示愿与共产党合作抗日，绝不打共产党，更不当汉奸。1938年冬，大股土匪窜扰中共河南省委所在地竹沟，经省委派人联系，别廷芳派部队帮助剿匪。1937年冬，泌阳地方实力派王友梅袭击共产党领导的豫南人民抗日军独立团，抢走军用物资。彭雪枫亲赴泌阳会晤王友梅，与王友梅谈古论今，从文天祥、史可法、岳飞等人的民族气节讲到抗战救国的国策，从唇亡齿寒的典故，讲到一般的抗日道理。王友梅深受教育，不仅赔偿了抢走的全部物资，而且还支援了独立团一批粮食和枪支，并请求八路军派干部帮助他办泌阳青年抗日训练班。

河南省委和各地党组织对遍布全省各地的枪会组织和土匪开展了争取和瓦解工作。信阳十八里河一带枪会群众发生内讧，枪会首领派人要求县长李德纯亲自前往解决。省委秘书长危拱之带领正在信阳的开封孩子剧团和县长一道前往。孩子剧团向群众演出救亡剧目，宣讲形势，呼吁"停止内战，一致抗日"。当地枪会首领和会员都深受感动，当场表示要捐弃前嫌，联合抗日。1938 年 10 月，彭雪枫率部挺进豫东，该地区的枪会对新四军非常敌视，不断制造武装冲突。为争取枪会中的广大群众，彭雪枫在群众大会上用通俗易懂的语言揭露红枪会一些首领破坏抗日统一战线的罪状。同时，彭雪枫还与一个彭姓红枪会首领结拜兄弟，不仅团结了红枪会首领，而且还通过他争取了一批枪会首领。经过大量耐心的工作，嚣张一时的枪会组织在豫东渐渐销声匿迹，代之以"农救会""青救会"等群众性抗日团体。

中共河南党组织开展的统战工作，取得巨大成绩。先后与国民党第一战区司令长官、省政府主席程潜，国民党第五战区司令长官李宗仁，国民党 5 个专员，3 个县党部，18 个县长及驻豫的国民党军队建立了统战联系。还与别廷芳、王友梅等地方实力派建立联系，收编了一些土匪武装，争取了一大批枪会会员参加联庄队、自卫队等群众抗日自卫武装。特别是取得了国民党信阳县县长李德纯、西华县县长楚博、永城县县长鲁雨亭等进步爱国人士与共产党的密切合作。统战关系的广泛建立，使中共河南党组织和人民的革命力量得到很大发展，为建立抗日武装、准备敌后游击战争奠定了坚实基础。

各界民众的抗日救亡运动

中共河南省委建立后，积极宣传和组织民众开展抗日救亡运动。省委领导在《风雨》周刊上连续发表文章，动员工人、农民、妇女、青年参加抗战，在全省产生重大影响。省委把知识分子作为发动广大群众的先锋和桥梁，向地方党组织指出："整个知识分子、整个小资产阶级，在今天抗日运动中已经起着抗日的烽火台与播音机的伟大作用。"应组织学生、教员"形成青年的抗日的统一战线的组织，使这些组织和工农群众的基本组织汇合起来，形成抗日坚固阵线"。

在省委和各地党组织的倡导、组织下，救亡运动首先在一些城市的大中小学掀起。平型关大捷的消息传到洛阳后，洛阳中学出动200余人的宣传队，宣传八路军的战绩，并在商场卖票公演，为八路军募捐。郑州组织各界青年战时工作团，把各界青年团结在一起；信阳师范的学生到各行业工人、工会中担任战时训练员，发动和组织工人群众参加抗日救亡运动。省会开封的学生救亡运动开展得最为活跃。开封北仓女中、女子师范、女子中学党支部组织同学办壁报，建立歌咏队、演剧队，到社会各阶层中宣传抗日。具有爱国传统的河南大学学生成立了大众剧团、怒吼歌咏队等文艺宣传团体，公演抗日剧目，到街头和城郊进行宣传。

平津沦陷后，不少青年学生离乡背井，流亡到河南。他们备尝国破家亡之苦，抗日热情很高。在中共河南党组织的领导下，成立开封平津流亡同学会、唐河平津流亡学生会等抗日团体，成为河南救亡运动中的一支生力军。

为发动广大工人群众参加抗日救亡，河南省委一方面派遣大批

1937 年 12 月 3 日，河大怒吼歌咏队全体合影

知识青年到工厂、工人居住区宣传救亡，同时派遣一批党员到工人中开展工作，加强对工人救亡运动的领导。在河南省委的领导下，工人很快被发动和组织起来。陇海铁路工人以洛阳为中心组织了抗日先锋队，郑州、开封等城市的纺织、邮电、面粉、铁路等系统的工人也组织起宣传队、运输队、慰劳队，支援黄河河防国民党将士抗日。郑州、信阳等地的工人还开办了战时训练班，学习游击战术和爆破技术，准备中原一旦沦陷，就拿起武器与敌人战斗。

随着知识分子和工人救亡运动的开展，1937 年年底，抗日救亡运动在各城市普遍兴起，为在全省掀起抗日救亡运动高潮奠定了基础。新乡民众建立了豫北抗日民众动员委员会。洛阳民众建立了洛阳抗敌后援会、抗日救国会等抗日救亡团体。南阳、信阳、商丘等城市的民众也纷纷建立了抗敌后援会、抗日救国会等。“全民抗战”“打倒日本帝国主义”的口号声，响彻每个城市上空，“有钱出钱，有力出力”的标语贴遍每个城市的大街小巷。

在共产党有较好基础的农村，如豫东西华、杞县，豫西洛宁、洛阳的一些地区，抗日救亡运动也发动起来。农民组织了看家队、农民协会、老婆会和姐妹团等抗日救亡组织，进行抗日宣传、检查路条、清查汉奸等活动。为把抗日救亡运动从城市推向农村，组织和发动全省广大农民群众参加抗战，省委动员青年学生到农村动员和组织民众抗日。全省各地青年学生积极响应，组成上百个团体，奔赴广大农村进行抗日宣传。

省委直接领导的河南省战时教育工作促进团（简称“战教团”）、河南省文化动员委员会光明话剧团（简称“光明话剧团”）和由省委秘书长危拱之亲自组建和领导的开封孩子剧团，足迹踏遍中原大地，演出救亡戏剧，教唱抗日歌曲，举办抗日训练班，以多种形式宣传共产党抗日救国十大纲领，揭露日本帝国主义的暴行，唤醒了成千上万的民众。

开封孩子剧团成立一周年合影以及开封孩子剧团团徽

在中共河南省委的组织领导下，各个阶级、各个阶层、各个党派的人们都投入轰轰烈烈的抗日救亡运动，各种抗日救亡群众团体和组织如雨后春笋，纷纷建立，全省城乡出现前所未有的抗日救亡运动高潮。特别是 1938 年 5 月 30 日，全省统一的青年抗日救亡组织——河南青年救亡协会在舞阳成立，把河南青年的抗日救亡运动引向更加深入的阶段。1938 年夏，全省有各种救亡团体 500 余个，仅黄河以南地区就有 9 万多名农救会员、3 万多名青救会员，民众自卫武装有数十万人。

全民族抗战初期河南的抗日救亡运动，是河南近代史上最广泛最深入的一次群众运动，在全省形成广泛的抗日民族统一战线，实现了全民抗战，从精神、人力和物力上有力支持了国民党正面战场，发展壮大了中共党组织，为党和抗日战争培养了一大批优秀干部，为广泛开展敌后游击战争、创建敌后抗日根据地奠定了群众基础。

五、中原抗战战略支点建立

红军游击队的改编

1937 年 10 月，国共两党达成协议，将南方各游击区的红军和游击队改编为新四军。中共中央高度重视南方各红军游击区的战略地位和作用，认为这些游击区是党在抗日战争的历史条件下继续坚持和发展南方革命运动的战略支点。按照国共两党协议，长江以北鄂豫皖、豫南、鄂东北坚持三年游击战争的红二十八军、豫南人民抗日军独立团和鄂东北独立团改编为新四军第四支队。

1937 年 7 月上旬，毛泽东接见中共中央派往鄂豫皖边的代表郑位三、萧望东等人，嘱咐他们按党中央的方针同国民党当局谈判。随后，郑位三等写信给红二十八军政治委员高敬亭，说明党的抗日民族统一战线政策。7 月 15 日，高敬亭致函国民党鄂豫皖边区督办公署督办卫立煌，倡议停止内战，联合抗日，提出尽快举行谈判。下旬，高敬亭派何耀榜作为红二十八军代表，在岳西县青山畈同卫立煌及国民党安徽省政府的代表进行谈判。谈判过程中，何耀榜提出，应以停止内战、一致对外、合作抗日作为谈判各方应遵守的方针，强调共产党对红军的领导权、红军的人民军队性质和统一战线中独立自主等基本原则。经过反复协商，达成停战协议，主要内容有：对红军的转移集中不得堵截追击，保障军需供应，释放一切政治犯，红军停止打土豪，等等。

停战协议达成后，红军以黄安七里坪为中心集合。1938 年 2 月中旬，高敬亭遵照中央指示，正式将红二十八军和鄂豫皖边的红军和游击队编为新四军第四支队。高敬亭任支队司令员，下辖第七团、第九团两个团队和手枪团及直属队。

1937 年 10 月中旬，中共鄂豫边省委和红军游击队公开打出抗日旗帜，将游击队改编为豫南人民抗日军独立团。不久，国民党信阳专员武旭如带领豫南五县保安团，到邢集同豫南人民抗日军独立团谈判，企图借机消灭独立团。鄂豫边省委看穿其阴谋，连夜将独立团撤到确山。之后，鄂豫边省委决定派省委统战部部长刘子厚和独立团代表张明河前往开封，与国民党河南省政府谈判。经谈判，国民党张钫部与独立团达成改编协议，张钫即拨给游击队 1000 套军装和 3000 元经费。

1938 年年初，鄂豫边省委派张明河到汉口，向长江局汇报与张钫的谈判情况。周恩来听取汇报后，对豫南党组织和人民群众坚持斗争的革命精神大加赞扬，并说明中共中央已与国民党达成协议，将南方八省红军游击队统一整编为新四军。周恩来又亲自致电张钫，委婉说明豫南人民抗日军独立团已经改编为新四军，不能再接受其他番号。这样，共产党与张钫达成谅解，保持着良好的统战关系。

1938 年 1 月中旬，豫南人民抗日军独立团正式改编为新四军第四支队第八团队，进驻确山竹沟镇。2月，河南省委军事部部长彭雪枫到竹沟，大力整顿和加强第八团队，收编了豫南山区两股最大的土匪武装安可祥、段永祥部，使第八团队迅速扩大到1500多人。3月，新四军第四支队第七团、第九团和手枪团根据长江局指示和新四军军部命令，相继从七里坪出发，东进皖中、皖东地区抗击日军。与此同时，第八团队在信阳邢集召开东征誓师大会，在团长周骏鸣、政委林凯率领下挺进皖东，与第四支队主力会师，开展敌后抗日游击战争。

竹沟抗日战略支点建立

土地革命战争时期，在中共河南党组织遭受严重破坏的情况下，中共鄂豫边省委领导的红军游击队活动在桐柏山区，创建和坚持了以竹沟为中心区域的鄂豫边游击区。1937年12月南京失守后，党中央一再要求加强豫、鄂、皖三省边区工作，毛泽东更是将鄂豫皖区作为长期抗战的六个战略支点之一。竹沟的地位引起中共中央的重视。

1938年1月14日、22日，长江局两次作出决议，决定将竹沟的第八团队不仅由长江局参谋处直接指挥，而且由周恩来、叶剑英直接领导，并要求他们留在竹沟原地发展，进而执行尽力扩大部队以增加抗日力量、尽可能在最近期间集中队伍训练并参加抗战，同时留一部分队伍保护后方根据地和保障党和群众及训练干部工作等任务。长江局建议中共中央将彭雪枫由山西调到河南，加强竹沟的军事领导力量。2月，

彭雪枫

彭雪枫到竹沟主持军事工作，竹沟在中原抗战中的战略地位进一步增强。

鄂豫皖边区红军主力和鄂豫边红军游击队改编并东进抗日后，河南省委遵照中共中央关于保持南方今后“革命运动的战略支点”的思想，决定采取武装留守和统一战线的合法形式，在竹沟建立战略支点。新四军武汉办事处以第八团队出发后官兵家属需要得到妥善安置，前方伤、残、病员需要到后方疗养为由，呈请国民党军事委员会政治部、军政部，建立新四军第四支队第八团队留守处。获准后，留守处在竹沟正式建立，王国华任留守处主任，朱理治任政委，张震任参谋长。

在徐州失守、开封告急之时，中共中央指示河南省委“以鄂豫边为根据地，领导豫皖边工委、鄂豫边特委及整个河南省的工作”。根据这一指示，1938 年 6 月，河南省委机关迁驻竹沟，继续以竹沟留守处名义开展各项工作。留守处的建立和河南省委的迁驻，使竹沟成为共产党和新四军在中原合法的抗日基地。原有红军游击队的战略支点成为党开辟、坚持中原抗战的战略支点，为日后中共中央中原局在竹沟设立奠定了坚实基础。

河南省委按照中共中央、毛泽东大力发展河南的指示，以竹沟留守处的公开名义训练干部，积蓄力量，开展统一战线工作，为开展敌后游击战争做了充分准备。省委在竹沟共开办 6 期党训班，3 期青年干部训练班，4 期地方武装干部训练班和军政教导大队。教导大队由省委军事部部长彭雪枫负责。竹沟条件艰苦，没有房子，彭雪枫就带领学员自己动手上山砍树、和泥、脱坯、打墙，建成一座座简陋的茅屋。教导大队在组织机构、学习科目、训练方式、生活管理等方面均按延安抗大的办学方法。游击战术是教导大队的主要课程，彭雪枫亲自讲《游击战术的几个基本作战原则》。同时，还开设马列主义基本理论、历史、敌工课程。朱理治、陈少敏、危拱之等省委领导都给学员们讲课。教导大队的专职教员大部分是抗大、陕北公学派来的，他们不仅向学员传授军事、政治科学知识，还带来了抗大的优良传统和学风。教导大队每期 3 个月，约 400 人，毕业后，大部分学员被分配到新四军各部队和各游击区工作，他们中的大多数成为中原抗战的中坚力量。

为扩大抗日武装，组建新四军基干队伍，1938 年 5 月，河南省委决定在竹沟建立招兵处，指示各地党组织发动群众，输送优秀青年参军。到年底，竹沟地区先后向皖中、豫皖苏边区等敌后地区派出基干队伍 2000 多人，不仅促进河南各地抗日武装力量的迅速发展，而且为整个华中抗战做出了重要贡献。

豫南抗日武装的建立

为准备敌后游击战争，河南省委和豫南特委研究了豫南形势，划分了游击区。除竹沟外，还选定信阳县的尖山区，确山县以南的任店区及以西的瓦岗、孤山冲，泌阳县的邓庄铺以及桐柏县的北山一带，作为发动游击战争的中心地区。

1938 年 6 月 20 日，河南省委作出《关于豫东南工作的决定》，明确指出豫东南已经成为保卫武汉的重要地区，该地区有迅速沦为战区的可能，号召全体党员一致在中央路线之下，团结得像一个人一样，准备敌后游击战争。游击战争的中心，可以布置在商城、经扶（今新县）；游击战争发展的方向，主要是夹击浦信公路的敌人；组织游击战争的方法，应该采取公开合法地去做，首先经过自上而下地去做，经过抗日的县长、军长、科长、实习队长、区长来组织训练国民抗敌自卫团，组织自卫军，要在敌人未来之前先加以训练和组织。豫南和豫东南两特委认真贯彻省委指示，做了大量工作。

豫南党组织抓紧游击战争中心地区的干部配备和培训。特委、县委主要干部深入准备游击战争的中心地区，加强党的工作和游击武装的组织工作。1938 年 7 月，日军一度进占明港，由于中共确山县委书记已提前到任店区组织抗日武装，3 天之内就组织起 3 支共 500 余人的新四军抗日游击小队，抗击日军。为解决军事干部不足问题，豫南、豫东南两特委除组织大批党员、进步青年到竹沟教导大队学习外，还在豫南各地用各种名义开办游击干部训练班，如泌阳青年抗日训练班、尖山区委训练班等。

豫南党组织把准备抗日武装与开展统战工作紧密联系起来，积极争取国民党的基层地方武装县常备队、县大队、区中队和自卫团、联庄会、枪会等民众武装。商城县委曾把商城县政府常备队改编为共产党领导的商城县抗日挺进大队。经过河南省委和豫南特委对国民党信阳县县长李德纯的大量统战工作，信阳县政府常备队和警察 200 余人，成为共产党领导的抗日武装信阳挺进队的一部分。

1938 年 10 月信阳沦陷时，豫南党组织已组织起谭家河自卫大队、平汉铁路工人破坏大队、尖山区常备中队等数十支武装，共有数千人，而在共产党影响下组建的自卫队、联庄会等民众自卫抗日武装则有上万人，为豫南沦陷后敌后游击战争的迅速开展做了重要准备。

何基沣

全民族抗战初期，豫南还活动着一支共产党领导的较有影响的抗日武装——七七工作团。该团是中共党组织在爱国将领、国民党第七十七军副军长何基沣支持和帮助下建立的。全团共 250 余人，配备步枪 50 支，重机枪 3 挺。七七工作团在共产党的领导下，深入发动各阶层民众，组织和扩大抗日武装力量，举办青年军政训练班，培训青年 200 余人，在桐柏第二区和回龙分别建立了近 3000 人的抗日自卫团和 600 余人的桐柏抗日独立大队。七七工作团为共产党在豫南和桐柏山区建立抗日武装、准备游击战争做出了重要贡献。

六、豫北、豫东抗日武装的建立和游击战争的开展

豫北抗日武装的建立和游击战争的开展

根据中共中央和长江局关于准备和发动河南游击战争的指示，河南省委提出“为创建十万武装而斗争”的口号，号召全省 3000 万人民动员与武装起来，为保卫河南、争取抗战胜利而斗争，并强调统一战线和群众团体工作都要紧紧围绕准备武装、开展游击战争这一中心任务进行。

1937 年秋，黄河以北的河南地方党组织就开始积极组建抗日武装，准备敌后游击战争。10 月下旬，中共直南临时特委与驻南乐的国民党第一八一师学兵队长、共产党员张克威联系，共同争取到该师抗日游击队的番号，在南乐县固留店组织起一支五六十人的抗日游击队，张克威任队长。不久，第一八一师南撤，河北省保安司令高树勋部进驻清丰县。直南临时特委通过高部上校参谋、共产党员唐哲明的关系，取得河北省民军第一路第四支队的番号，唐哲明任队长。高树勋亲自到清丰县古城召开会议，发给第四支队枪支弹药和经费。第四支队很快发展到 200 余人、100 多支枪。这支队伍的大部分成员是共产党员和爱国进步青年，军纪严明，受到群众拥护。

为加强对第四支队的领导，北方局军委书记朱瑞派红军出身的干部萧汉卿等人到第四支队工作。1938 年 2 月，日军进攻豫北，国

民党濮阳专员丁树本率部撤到黄河边，对于南逃还是留下抗日举棋不定。直南特委书记朱则民根据北方局指示，以八路军代表身份与丁树本谈判，双方达成合作抗日的协议：第四支队改用丁树本部的番号冀鲁豫八县保安司令部民军第四支队，在军事上接受丁树本的统一指挥；丁树本保证不向支队派干部，不干涉其内部事务；由丁树本供给给养、经费、子弹，第四支队可在其辖区内活动和筹措给养；允许公开组织各种抗日救亡团体；朱则民以八路军代表身份驻丁树本的司令部。

1937 年 11 月，共产党员王从吾、刘汉生、张增敬等，利用国民党濮阳专区保安司令部第八大队的名义，在濮阳井店、千口、化村一带，组织 100 余人的抗日武装。1938 年 2 月 14 日，直南特委决定，将第八大队并入第四支队。南乐、清丰、濮阳等地沦陷后，第四支队乘敌立足未稳，向日伪军发动一系列进攻，取得袭击龙王庙、伏击岳村铺、活捉日军特务机关长和伪维持会长等胜利，第四支队发展到 400 余人。3 月 11 日，第四支队配合丁树本部在濮县小常庄击退日军进攻，毙伤敌 250 人，粉碎了日军围歼丁树本司令部的企图，增强了丁树本抗战的信心。4 月，第四支队接连奇袭清丰、南乐，收复两座县城，声威大震。广大民众受到极大振奋，纷纷要求参加第四支队。第四支队还收编了部分土匪武装，队伍迅速扩大到近千人，活动范围扩大至南乐、清丰、濮阳、内黄、滑县、濮县等县全境，在冀、鲁、豫三省接合部形成一个广大的游击区。6 月，第四支队奉命开赴冀南，升编为八路军第一二九师东进纵队第七支队。直南特委将第四支队留下的一个连与濮县、清丰等县的抗日游击队合编为黄河支队，继续坚持游击战争。

在豫北平汉路以西，中共地方党组织领导的抗日武装也纷纷建立。1937 年 10 月下旬，共产党员何幼琦、孙少青等组织五六十人的安阳抗日义勇军，与国民党第三十二军军长商震联系，取得第三十二军第一别动大队称号，队伍很快发展到 1200 余人。他们分散活动，运用各种方式打击敌人，多次破坏安阳至六河沟的铁路和通信设施，袭击日军驻地。后该部大部编入八路军第一二九师第四支队（亦称“纪支队”）。

1937 年 11 月，中共直鲁豫特委委员纪德贵在冀南磁县组织六河沟、峰峰煤矿的工人，建立八路军第一二九师第四支队，纪德贵任司令。12 月底，纪支队赴漳河以南林县、安阳一带活动，收编小股民众武装，配合国民党军，不断破坏平汉铁路交通线，发动群众，建立基层党组织和基层抗日政权。为协调林县一带国民党驻军统一对敌，纪德贵亲自做各驻军将领及国民党县政府、区政府和地方士绅的工作，推动成立了太行军民抗敌联防委员会。在开展统战工作的同时，纪支队对国民党顽固派破坏团结抗日的行动进行了有理、有利、有节的斗争。林县第五区区长公开破坏八路军招兵工作，解散八路军招收的新兵，缴去枪支、文件、马匹。纪支队一面向国民党林县县政府去信交涉，提出抗议，一面派出部队进行反击，国民党林县县长后派人到纪支队赔礼道歉。在广泛的游击战争中，纪支队迅速发展到 4 个营、200 余人。1938 年 6 月，第一二九师三八六旅南下豫北，纪支队积极配合主力部队作战，为创建抗日根据地做出了贡献。

豫北沦陷后，晋冀鲁豫省工委和豫北特委向晋南转移。朱瑞指示豫北特委委员程明升、刘聚奎等留在豫北道清铁路沿线，尽快组织抗日武装，开展游击战争。程明升在修武以北沿太行山一带宣传抗日，发动群众，很快组织起一支由矿工、铁路工人、农民和青年知识分子参加的游击支队。刘聚奎在博爱柏山村，以民间练武的“武学堂”为基础组织起30余人的游击队。不久，这两支抗日武装合编为太行南区游击司令部第六支队。与此同时，沁阳中心县委书记王毅之也在沁阳组织起一支数十人的游击队，济源县委在杜八联组织起600人的抗日自卫团。

1938年3月，朱瑞在晋南成立太行南区游击司令部和八路军晋豫边游击司令部。这两支武装建立后，太行南区游击司令部和晋豫边游击司令部第三支队赴豫北道清铁路沿线开展游击战争。太行南区游击司令部曾发展到5个支队、1000余人，并在一些县区组织了农民自卫抗日队。5月，晋豫边游击司令部第三支队与太行南区游击司令部第六支队，合编为600余人的八路军道清游击支队。这支武装成为战斗在道清铁路沿线的抗日劲旅，经常出没于博爱、焦作、修武、武陟之间，袭击日伪军，破坏敌人的交通运输线，开展游击战争。10月，道清游击支队与修武县抗日民主政府县大队合编为八路军第一二九师独立游击支队第二大队。

豫北沦陷后，共产党员李毅之和许冠英在新乡建立近百人的平汉铁路抗日游击支队。共产党员李继韶在汲县口头村组建了50余人的马牙山抗日游击队。平汉铁路抗日游击支队经常派人出没敌占区，抓捕敌探、汉奸。1938年4月，游击队接连夜袭卓水、百泉等处的伪军据点。日伪军贴出告示，悬赏1000银圆捉拿李毅之，新乡城内出动数百名日军，向平汉铁路抗日游击支队进攻。游击队则利用山区和半山区的有利地形，挖壕沟，设障碍，打击敌人。6月，平汉铁路游击支队配合八路军第三八六旅作战，先后三次破坏道清铁路和平汉铁路，使交通几次中断，还配合第三八六旅拔除了辉县杨闾川日伪据点，袭击潞王坟车站。1939年2月，平汉铁路抗日游击支队正式编入八路军第一二九师独立游击支队。

根据毛泽东“布置晋豫边游击战争”的指示，1938 年 4 月 28 日，中共晋豫特委在济源邵原镇召开大会，正式成立八路军晋豫边游击队（后改称“晋豫边游击支队”，简称“唐支队”），唐天际任司令员，下辖 3 个大队，共七八百人。半年后，扩充为 7 个大队近 2000 人。唐支队建立后，积极配合友军和八路军主力部队开展晋豫边区敌后游击战争。5 月，在邵原镇首次配合国民党第三十八军第十七师打退日军进攻。7 月初，配合八路军第一一五师三四四旅伏击日军第二十五师团 1 个联队，使敌人仓皇撤退。次日又配合该旅全歼日军第二十五师团骑兵队，击毙日军 70 余人，活捉 2 人，击毁汽车 30 余辆。

八路军晋豫边游击队合影

1938 年夏初，八路军主力南下开辟豫北、直南地区。此前中共地方党组织已在这两个地区组建了十余支抗日武装，广泛地开展敌后游击战争。八路军主力部队到达豫北、直南后，这些抗日武装积极配合主力部队作战，先后编入八路军主力部队，为创建晋冀豫、晋豫边和冀鲁豫抗日根据地做出重要贡献。

豫东抗日武装的建立和游击战争的开展

1938 年 4 月，河南省委派栗在山到西华县向豫东特委传达关于豫东地区沦陷后发展抗日武装、准备广泛开展敌后游击战争的指示。

为贯彻省委指示，豫东特委通过国民党西华县政府，号召和动员全县开明士绅“有钱出钱，有枪出枪，有粮出粮，支援抗日”，并以共产党员担任区长的4个区政府的名义向各联保征集人、枪、弹药，动员进步青年参加抗日武装。5月，豫东特委书记沈东平和国民党西华县长楚博等人以县保安大队、4个区和58个联保的武装力量为基础，正式建立西华人民抗敌自卫团。自卫团下辖4个区团，有3000余人枪，并装备几门迫击炮和一部分轻重机枪。楚博任司令，魏凤楼、胡晓初、屈申亭、侯香山任副司令，沈东平任参谋长，王其梅任政治部主任。自卫团建立了政治工作制度和中共党组织，直属豫东特委领导，这对于加强党的政治思想工作、巩固部队都起到很大作用。为加强党的领导，河南省委还专门调拨一部电台，以便自卫团直接与省委联络。

7月上旬，豫东特委鉴于魏凤楼已率500人枪到扶沟县任县长的情况，将部队重新整编，改番号为西华人民抗日自卫军，下辖3个支队。中旬，根据省委指示，自卫军分两批东渡新黄河，到敌后开展游击战争。第一批1500人，由沈东平、胡晓初、侯香山等率领，深入豫东敌后太康、睢县一线。7月28日，在睢县马路口伏击日军运输队的战斗中，豫东特委书记、自卫军参谋长沈东平壮烈牺牲。第二批1000余人，由屈申亭率领，开赴水东[①]与活跃在睢(县)杞(县)太(康)

魏凤楼

① 水东：主要指陇海铁路以南、改道后的新黄河以东的三角地带，其中心区是豫东的睢县、杞县和太康县一带。

地区的豫东抗日游击第三支队配合作战，消灭盘踞在杞县傅集的伪军张玉如部，毙俘 1000 余人。与此同时，留在西华的部队，还抽出一个大队到扶沟县吕潭地区，抽出一个中队到西华边境道陵岗坚守新黄河，抵御敌人西进。西华人民抗日自卫军有力地打击了日军的嚣张气焰，增强了豫东人民战胜侵略者的信心，锻炼提高了部队战斗力。9 月，东渡新黄河的西华人民抗日自卫军一部分返回西华，另一部分留在睢杞太地区开展抗日游击战争。

豫东抗日游击第三支队是河南省委在豫东组建的另一支较大的抗日武装。1938 年 5 月，杞县中心县委、睢县中心县委分别建立了 100 余人的抗日武装。6 月 10 日，在省委代表吴芝圃的领导下，各抗日游击武装集结在杞县整编为睢杞大队。豫东抗日游击第三支队在此基础上正式建立，吴芝圃任司令员。共产党领导的这支抗日武装团结地方武装李寿山部等抗日力量，打击日伪军、汉奸，在睢杞太边开辟了游击区。7 月，河南省委为加强对豫东工作的领导，进一步开展豫东敌后游击战争，派萧望东率领新四军游击支队先遣大队（亦称“萧大队”）渡过黄河，前往睢杞太地区与第三支队和西华人民抗日自卫军东进部队配合作战，打击日伪军。8 月 19 日，三支武装在杞县南部的新庄寨消灭伪军李继书部 300 余人，一时声威大震。9 月，第三支队已发展到 1000 余人。

共产党在豫东组建的抗日武装还有：薛朴若在淮阳建立的 210 人的游击大队，刘勤初在兰封、考城一带组建的 600 人的游击队，魏凤楼在扶沟建立的千余人武装。1938 年 10 月，彭雪枫率部东进时，河南省委在豫东直接领导的抗日武装已有 6000 多人。此外，还有一大批受共产党影响和帮助建立或联合起来的抗日武装，如淮阳专员刘莪青的学生军，商丘农民自卫队、保乡团等达万人。这些抗日武装的建立和豫东敌后游击战争的开展，为建立豫皖苏抗日根据地准备了条件。

河南省委准备中原游击战争的工作卓有成效。到 1938 年 10 月，省委直接和间接掌握的抗日武装已达 2 万人。除此之外，河南党组织还利用统战关系控制了数十万民众自卫武装，如自卫队、自卫团、联庄队等，改造和争取了部分枪会、土匪武装，为抗日战争转入战略相持阶段后广泛开展游击战争、创建根据地奠定了基础。

第三章
敌后抗日根据地的开辟

1938年10月，日军占领武汉、广州后，抗日战争进入战略相持阶段。日本侵略者对侵华战争方针进行了调整。政治上，企图“以华制华”，并加紧对国民政府的诱降；军事上，逐渐把主要矛头对向中国共产党领导的抗日武装和敌后抗日根据地。在此期间，国民党抗日的一面趋于消极、保守，防共、限共和反共的一面明显加强，并掀起反共高潮。面对复杂形势，中国共产党领导的抗日军民一方面以斗争求团结，维护了国共合作和抗日民族统一战线大局；另一方面，又在不断粉碎日军残酷“扫荡”的同时成长壮大，牵制和抗击了大量侵华日军，敌后战场的地位作用显著上升。中共河南省委及各级党组织坚决贯彻中共中央指示，配合八路军、新四军，在组织抗日武装的基础上，与兄弟省人民一起创建敌后抗日根据地，开展艰苦卓绝的抗日游击战争，为全国抗战胜利做出了突出贡献。

一、战略相持阶段的到来

日本侵华战略的转变和国共两党方针的调整

自七七事变以来到武汉会战结束，经过16个月的战争，日军占领了中国的主要城市和富饶地区。但此时，日军伤亡已经达到45万人，损失飞机700余架，舰艇100余艘，消耗了大量资源，非但未能实现速战速决的战略目标，也没有摧毁中国的抵抗力量，更没有动摇中国人民的抗战意志。武汉会战进行期间，日本参谋本部次长就表示，即使攻占了武汉、广州，中国也不会屈服，日军被拖到中国内地去，对日本非常不利。随着日军在中国占领区的扩大，战线延长和长期战争的消耗，其财力、物力、兵力不足的根本弱点暴露出来，其困难日益增加，无力再发动大规模的战略进攻。

而且面对中国的正面和敌后战场，日军陷入顾此失彼、疲于奔命的境地。在绥远、陕西、山西、河南、安徽、湖南、湖北、江西、江苏、浙江、广东一线约4000公里的正面战场，日军面对的是200多个师的中国军队；在日军占领区内，中国共产党领导的敌后抗日游击战争的发展,使日军只能控制主要交通线和一些大城市。八路军、新四军控制广大农村，不断袭击敌人，开辟了多块抗日根据地和游击区，自身力量迅速发展壮大的同时，也在敌后形成敌我相互包围、犬牙交错的局面。中国战场已经出现敌后战场和正面战场在战略上相互支援、相互配合的持久抗战局面。但从另一个方面看，经过战略防御阶段,正面战场国民党军队节节后退,人民抗日力量虽有发展,仍远没有达到足以进行战略反攻的程度。为了准备战略反攻的条件,中国人民还需要经过长期的艰苦斗争，抗日战争便由战略防御阶段进入战略相持阶段。

面对战争转入持久性、长期性的形势，日本侵略者在继续坚持灭亡中国的总方针下调整侵华策略：逐渐将主要兵力用于打击敌后战场的八路军和新四军；对国民政府，从以军事进攻为主、政治诱降为辅，转为以政治诱降为主、军事打击为辅；在占领区内，加紧扶植傀儡政权，建立和发展汉奸组织。

这时，各资本主义国家的经济危机促使世界各种基本矛盾进一步加剧。欧洲大陆的上空，战云密布。德、意、日法西斯国家相互利用、相互勾结。英、美为了应付德、意在欧洲挑起的战争，在亚洲力求一定条件下牺牲中国，以求同日本妥协，使其不至于和希特勒站在一起反对英、美，因此，也对国民党政府进行过劝降活动。

在这种形势下，国民党统治集团内部的投降、分裂、倒退活动日益严重。1938 年 12 月，以汪精卫为首的国民党亲日派公开投敌。以蒋介石为首的亲英美派集团，虽然继续抗日，但表现出很大的动摇性，推行消极抗日、积极反共的政策。1939 年 1 月，国民党召开的五届五中全会使国内政治局势发生逆转，国民党决定了“溶共”“防共”和“限共”的方针。会后，国民党当局陆续制定和秘密颁发一系列反共具体办法，各地反共磨擦活动日趋严重。

国民党在河南也制造了系列反共磨擦事件。河南的反共逆流首先在豫西开始。1938 年秋，国民党胡宗南部进驻豫西，第一战区长官司令部政训处改组为政治部，主任由致力于国共合作的李世璋改为三青团干事袁守谦担任。1939 年春，第一战区司令长官部在洛阳召开反共会议，宣扬“一个主义，一个政党，一个领袖”的反动纲领，积极推行国民党反共方针，在全省各地加紧反共磨擦活动。豫西国民党第十区行政督察专员李杏村，下令解除洛阳中学校长周筱沛、登封县县长刘潇然等进步人士的职务，并将他们任用的共产党员、进步教师驱逐出境；还下令解散了小学教职工、青年和学生们的抗日团体。在豫北，国民党濮阳专员丁树本参加洛阳会议后，政治态度急剧右转：立即设立国民党指导专员办事处，成立与抗日救亡团体相对立的动委会；改组部队政治部，排挤共产党员；撤换进步县长；等等。在豫东，主张国共合作抗日的淮阳专员刘莪青被解职，国民党西华县进步县长楚博被杀害。第一战区司令长官部命令共产党领导的西华人民抗日自卫军改编为第一战区第七路军，妄图以整编为名，消灭这支部队。在豫南，3 月中旬，第五战区司令长官李宗仁取消了有共产党人和进步人士参加的第五战区文化工作委员会。4月，又勒令解散豫鄂边区抗敌工作委员会，并命令信阳进步县长李德纯交印。

面对复杂的国内外形势，中国共产党也及时调整策略。早在武汉会战进行期间，中共中央已经预见到战争形势即将发生变化，开始制定即将到来的新阶段战略任务和各项方针政策。1938 年 9 月 29 日至 11 月 6 日，中共中央在延安召开扩大的六届六中全会，全会判断：日本的战略进攻已接近顶点，敌我持久相持的新阶段即将到来；在新阶段，日本将强化军事、政治和经济等方面的总体战，并将主要注意力转向保守占领区；在持久相持阶段，西方国家可能对日妥协，中国内部可能出现悲观情绪和动摇叛变现象。

根据新的形势，全会制定了抗战新阶段的各项战略任务，确定了敌后抗战总的战略部署是“巩固华北、发展华中”，提出了巩固和发展敌后游击战争的各项具体措施。为此，会议决定撤销长江局，设立南方局和中原局，东南分局改为东南局，充实北方局。全会对战争形势的判断和对各项战略任务的预先部署，显示出中共中央判断形势、把握战争的卓越能力。

为了应对日军更加残酷的“扫荡”，中国共产党在坚持和发展敌后游击战争的基础上，更加重视建立和发展敌后抗日根据地。因为，敌后游击战争是同国家总后方脱离的，是无后方作战，又遭遇日本侵略军的反复“扫荡”，环境十分艰苦。如果不在敌后建立和发展抗日根据地，是不可能长期坚持和发展的。抗日根据地就是游击战争的后方。建立和发展抗日根据地的基本条件有二：一是要有一支抗日武装，战胜敌人的进攻；二是要发动并组织民众进行抗日根据地各方面的建设，其中重要一环是在斗争中发动民众建立和巩固抗日民主政权。

为了应对国民党顽固派的反共磨擦，中国共产党从民族大义出发，针锋相对地提出坚持抗战、团结、进步的方针，领导抗日军民广泛开展游击战争，坚决打击日伪军，积极开展强有力的反投降斗争。中国共产党在声讨汪精卫的卖国投敌行径的同时，针对蒋介石集团既动摇妥协又不敢公开放弃抗日，既积极反共又不敢彻底破裂国共合作的两面态度，总结国共合作和反磨擦斗争经验，汲取大革命时期“一切联合，否认斗争”和土地革命战争时期“一切斗争，否认联合”的教训，明确了又联合又斗争，以斗争求团结的根本指导原则。

在抗日民族统一战线中，中国共产党创造性地确定了几条重要策略：(1)发展进步势力，争取中间势力，最大限度地孤立顽固势力。(2)在对国民党顽固派的斗争中，坚持“人不犯我，我不犯人，人若犯我，我必犯人”的自卫立场和“有理、有利、有节”的原则。(3)在抗日统一战线中，斗争是团结的手段，团结是斗争的目的。以斗争求团结则团结存，以退让求团结则团结亡。(4)在争取时局好转的同时，充分地准备应付可能发生的任何地方性和全国性的突然事变，使全党全军在精神上有所准备，在工作上有所布置。否则就会犯 1927 年的错误。这些为巩固扩大抗日民族统一战线，争取全国抗战胜利起到了重要的指导作用。

日军在沦陷区的殖民统治和经济掠夺

为解决兵力不足及人力、物力、财力缺乏的困难，日本侵略者在占领区包括河南实行残酷的殖民统治和经济掠夺，企图“以华制华”“以战养战”。

“以华制华”的残酷殖民统治。政治上，为巩固其在占领区的政治统治，在各地大力网罗汉奸，建立各级伪政权。1937 年 11 月 27 日，日军在安阳成立伪河南自治政府。1938 年 5 月 1 日，在安阳成立伪河南公署，1939 年 3 月迁到开封，1943 年 12 月改称伪河南省政府，直到日本侵略军投降才解散。此外，还在新乡、商丘先后设立伪豫北、豫东道尹公署，道下设县（市、区）政权。各级伪政权的主要任务是稳定日军占领区的统治秩序，并在统治区内推行严格的保甲制度，居民发给“良民证”，对有抗日嫌疑的群众采取严厉管制措施，情节严重者予以关押或送俘虏营“感化”。

军事上，大量组编伪军，以弥补其兵力不足。伪军包括伪正规军、伪地方部队和伪游击武装。伪正规军有“皇协军”、“剿共军”、苏豫边“绥靖军”等，担任警备任务，协助日军作战，是参加“治安肃正”的帮凶。“豫东豫皖剿共军”司令张岚峰部投敌后，改为伪和平救国军第一军，人数最多时达 9 万人。伪地方部队，主要是伪省保安队、伪省警备队和各县伪警察所、警备队、保甲自卫团等。伪游击武装，主要是在沦陷区收买的反动会道门、枪会、乡村自卫团。

日军在占领区建立伪政权和伪军的同时，还操纵建立各种伪民众团体和反动组织，配合其殖民统治。如北平的“中华民国新民会”，1939 年 3 月 1 日在安阳成立“河南省新民会指导部”，到 1943 年 3 月，豫北、豫东沦陷区已经建立 2088 个“新民分会”，25 万多名会员，主要进行奴化宣传教育，胁迫沦陷区人民服从日军殖民统治。另外，还有遍布各占领区的“维持会”“自卫团”“爱乡会”等，进行监视居民、抽查保甲、巡逻报信等行动，充当日军的罪恶工具。

“以战养战”的野蛮经济掠夺。经济掠夺是日本发动侵华战争的根本原因之一，也是日军推行“以战养战”方针的主要内容之一。工矿业是日本殖民掠夺的重点。日军占领豫北、豫东后，先以军事管制方式抢占工商企业和矿山、铁路、公路运输业等，然后由日本财阀、大公司接管。如：焦作中原煤矿，安阳六河沟煤矿，辉县华新纱厂，开封益丰、德丰、中央面粉厂等，日本侵略者都以“军事管理”“委托经营”“合作经营”等形式，悉数夺去。

农业也是日本经济掠夺的主要对象。日本侵略者在华北建立了“土地调查委员会”，对所需土地随时加以圈占和没收，加上修筑兵营、飞机场等，使河南日占区可耕土地迅速减少，严重影响了粮食生产。日军还大量掠夺粮食，对敌后抗日根据地进行“扫荡”，每次都把抢粮作为主要任务之一，每年夏收、秋收都频繁进行抢粮作战。在占领区则实行统制，以远低于市场价格收购中国农民的粮食，后期又变成了强制购销。日本所征收农业税种类繁多，1939 年在豫北、豫东占领区强迫农民缴纳赋税，税种多达 22 种。此外，日军在农村掠夺青壮年劳动力，有的被掠夺到东北、朝鲜，甚至到日本服苦役，受尽了非人折磨，很多惨死他乡。日军侵占豫北后不久，就向汲县、辉县、淇县强征壮丁 1200 人；同年 7 月，日军向开封一次性索要壮丁 2000 人。

对金融的掠夺是又一重要内容。主要通过垄断设立银行，日本在河南设立河南实业银行、河南省农民银行等，发行大量没有准备金的伪钞，靠“刺刀”维持其信用，借以压榨中国人民的血汗和财富。仅开封一地，7 年之中（有据可查的）就发行了伪钞 29 亿多元。此外，日伪还在灾荒期间，向灾民发放高利贷，以 3 个月为一期的贷款为例，利息高达 30%，借粮还钱的利率高达 78%，致大批灾民破产。

“以华制华”的奴化教育和文化掠夺。在思想文化领域打击抗战爱国势力，在占领区下令停办所有学校，收缴一切具有爱国主义思想及有关中国历史、地理的教科书，暗杀、迫害、逮捕手无寸铁的爱国师生，对文化古迹、文物和图书文献进行毁坏和窃夺。河南省最大的两个图书馆——河南省图书馆和河朔图书馆，在战争中虽多次搬迁转移，但仍无一幸免，遭到摧毁，馆舍被炸，图书被焚。此外，大力进行奴化教育和宣传，通过学校教育和报纸等，宣扬“中日满亲善”“建设大东亚新秩序”等反共、媚日卖国思想。

日本侵略者还积极推行毒化政策，强迫老百姓种植、制造、贩卖、吸食大烟，妄图从肉体上、精神上消灭中华民族。河南沦陷区不论城市还是乡村均烟馆林立，仅安阳城内就有40余所；开封书店街在日军占领后充斥着海洛因、吗啡、鸦片等毒品馆店和妓院。他们这些罪恶行径，不仅从中国烟民身上牟取了暴利，还从精神和肉体上毒害了中国民众。

总之，日本妄图以一切军事的、政治的、经济的、文化的、教育的手段，稳固其在占领区的统治，达到其发动侵略战争的最终目的。

二、中共中央中原局在竹沟

战略相持阶段到来后，侵华日军和中国军队以新老黄河为界开始长期对峙。由于河南是国民党南北正面战场、南北日伪政权的接合部，是共产党领导的华北、华中抗日根据地和对日作战的接合部，因此，河南成为华北抗战的后方、华中抗战的前线、保卫大西北的屏障，同时也是阻止国民党顽军向华北、华中抗日根据地进犯的重要防线。

毛泽东与朱德在党的六届六中全会上

中共中央一直高度重视中原地区的战略地位。党的六届六中全会后，中共中央中原局正式成立，刘少奇（化名为胡服）任书记，负责领导长江以北、陇海路以南、津浦路以西的河南、湖北、安徽一带党的工作，加强和发展党在华中地区的抗日力量。为适应战争形势，中原局决定撤销中共河南省委和湖北省委，成立中共豫西、豫南、鄂豫皖、鄂中、鄂西北、豫皖苏等省委或区党委，并分别对沦陷区和非沦陷区党组织提出了具体要求：沦陷区的主要任务是建立、恢复和发展党的组织，发动武装群众，开展敌后游击战争，创建抗日根据地；非沦陷区的任务是开展党的工作和群众工作，积蓄力量，准备游击战争和支援敌后。

为迅速传达贯彻党的六届六中全会精神，刘少奇于 1938 年 11 月 23 日乘汽车从延安出发，奔赴中原。11 月 28 日到达渑池县。此前，根据中共中央部署，中央军委统战部负责人刘向三已经于 10 月率人从延安抵达洛阳，建立了第十八集团军驻豫通讯处（1940 年 5 月改为第十八集团军驻洛办事处，简称“洛八办”）、第十八集团军兵监部渑池第三办事处（简称“渑池兵站”），在抗战期间发挥了重要作用，成为连接八路军总部与延安，以及延安与华北、华中根据地的重要枢纽，输送革命人员与情报线索的红色交通线。

12 月 20 日，刘少奇在渑池召开豫西特委及所属中心县委、县委 30 多位负责人参加的会议，传达六届六中全会精神，详细研究和部署了豫西党组织的发展、巩固，武装斗争的准备和统战工作。为适应河南抗战形势，根据中央指示，刘少奇宣布撤销河南省委，成立豫西、豫南两个省委。豫西省委书记为刘子久。与此同时，朱理治、李先念于 12 月回到竹沟，正式建立豫南省委（亦称“豫鄂边区党委”），朱理治任书记（兼）。之后又相继建立了鄂豫皖、豫皖苏、鄂中、鄂西北省委和区党委，为确立中国共产党在中原地区的领导地位，开展中原敌后抗战奠定了组织基础。

1939年年初，豫西省委根据渑池会议决定，在渑池兵站开办了两期共80余人的党员干部训练班。在第一期训练班上，刘少奇作了关于共产党员修养问题和中共党史的报告，这也是中国共产党历史上第一次系统阐述共产党员的修养问题。1月28日，刘少奇抵达中原局机关驻地确山县竹沟镇，在这里将《共产党员的修养》修订完善为《论共产党员的修养》，对加强中原地区党的建设起到至关重要的作用。毛泽东曾称赞这篇文章写得很好，“提倡正气，反对邪气”。

3月18日，刘少奇返回延安，中原局日常工作由朱理治代理，通过电台向刘少奇报告请示。同年9月，刘少奇第二次来到河南，途中在洛阳召开豫西省委扩大会议，根据敌我斗争形势的变化，及时决定撤销豫西、豫南两个省委，恢复河南省委，刘子久任书记，继续坚持领导河南地下党（豫西、豫中、豫西南）的斗争。10月上旬，刘少奇抵达竹沟，召开中原局和豫南省委扩大会议，决定将豫南、鄂东、鄂中党组织合并为豫鄂边省委，统一整编三个地区的武装部队，以应付突发事件和开展反磨擦斗争，发展华中抗战局面。根据中原局决定，10月下旬，刘少奇率中原局机关和战士挺进豫皖苏敌后。

刘少奇主持中原局期间在竹沟运筹帷幄，倾力指导中原抗战，全面展开各项工作，很快打开敌后抗战局面。中原局加强党的组织建设，推动各地包括豫鄂边、豫皖苏等地区发展了大批党员，使党增添了新生力量。据统计，到1939年11月竹沟惨案发生时，河南党员已经由最初的百余人，发展到1.6万余人，共建立9个地委、32个县委、4个县工委、130个区委、610个支部，大大加强了党在中原地区的领导力量。

在加强组织建设的同时，中原局还多次举办抗战学习班，为中原抗战培养了大量党政军干部骨干。在学习班上，刘少奇、朱理治、陈少敏等亲自授课，吸收了上海、武汉、开封等地一大批爱国热血青年，竹沟一下子成为中原地区的“红色摇篮”。中原局在竹沟期间，共举办党训班 6 期，培养县、区、支部干部 1000 多人；开办 4 期教导大队，培养军政干部 1400 多人。这些经过培训的大批干部和青年分赴中原各地、各抗日前线后，成为各级党政军领导骨干，使竹沟的抗日之火燎遍中原大地。

为维护中原团结抗战大局，中原局在坚持独立自主原则的前提下，针对不同统战对象，广泛而灵活地开展统一战线工作。当时，上自国民党第一战区、第五战区司令部，周围驻军司令部，南阳、汝阳专员公署；下至确山、信阳、泌阳、桐柏、西华、镇平、南召等县政府及竹沟周围各联保处，都有良好的统战关系。同时，针对国民党顽固派，中原局提出了坚决反磨擦的统战方针，并注意斗争策略的灵活性。当顽固派坚决反共反人民的时候，我们必须坚决予以反击。当他们的反动气焰被打下去的时候，又要拉他们抗日。这种“一打一拉，又拉又打”的方针，既粉碎了国民党顽固派的进攻，又保持了团结抗日的局面，从而收到了“磨而不裂”的效果，为中原人民抗日武装的发展和敌后抗日根据地的开辟，创造了有利条件。

根据中共中央指示，中原局高度重视抗日武装的建立，坚持第一是武装，第二是武装，第三还是武装，组建豫鄂独立游击大队，挺进敌后开辟根据地。此后，以竹沟根据地为依托，先后派出 14 支基干队伍，向中原敌后出兵 17 次，并向豫皖苏、豫鄂边、皖东等各根据地输送了大量军政干部和抗日武装力量，总计 4850 余人，其中党员 3000 多名，不少人成长为中原敌后游击战争的骨干。上述地区的抗日武装力量逐渐发展为新四军二师、四师、五师的基干力量，成为活跃在敌后地区的抗日劲旅，中原地区各抗日根据地的建设也呈现出生机勃勃的兴旺景象。

中原局在竹沟开展的工作，有力地推动了新四军在华中地区实施战略展开和敌后抗日根据地的创建，在“发展华中”战略中突显了重要作用，成为党指挥中原抗战的重要战略点和支撑地，中原地区与陕北延安联络的重要枢纽。

刘少奇看到竹沟如火如荼的革命形势，高兴地说：“延安有党的领导，竹沟也有党的领导；延安有窑洞，竹沟也有窑洞；延安有抗大，竹沟有党训班；延安有延河，竹沟有大沙河；这里简直就是‘小延安’！”当地民谣唱道：“乌云之中见青天，竹沟就是小延安；一声号令震破天，千军万马上前线。”自此，竹沟以“小延安”的美誉扬名全国。

三、晋冀豫抗日根据地的创建

晋冀豫抗日根据地（又称“太行根据地”），是中共中央北方局和八路军总部机关所在地，西起同蒲铁路，东至平汉铁路，北接正太铁路，南临黄河，直接威胁敌人主要交通线，是坚持华北抗战的战略支点和向冀鲁豫发展的前进基地，也是华中、山东根据地同延安联络的重要通道。

1937 年 11 月 8 日，太原失守后，毛泽东及时指出，共产党和八路军决心坚持华北的游击战争，用以捍卫全国，钳制日寇向中原和西北的进攻。第二天，毛泽东又具体指示八路军：在华北敌后游击战争转入主要地位的形势下，日军不久即将以主力向我军所在的晋西北、晋东北、晋东南、晋西南各要点进攻。我在上述四区活动之部队，应用一部分兵力对日伪作战，用大部分兵力分散到各地发动群众，建立群众武装，准备充分力量对付敌向我内线之进攻。根据中共中央和毛泽东的指示，北方局和八路军总部命令第一二九师和第一一五师三四四旅由正太铁路南下，依托太行、太岳山脉，创建晋冀豫根据地。

1937 年 11 月 13 日，第一二九师在山西和顺石拐镇召开高级干部会议，具体部署了开展抗日游击战争的任务。派遣张贤约、张南生组成第一二九师先遣支队，在漳河以北的冀豫地区活动；赵（基梅）涂（锡道）支队和王卓如、杜承志率领的道清游击支队在白（圭）晋（城）公路以东、漳河以南、平汉路以西太行山南部地区（简称太南地区）活动；派出陈赓率第三八六旅由冀西南进入豫北，开辟林（县）辉（县），同时分遣该旅补充团韩东山部到豫北修武、武陟、获嘉一带活动。1938 年年初，中共冀豫晋省委同第一二九师在山西辽县（今左权县）召开一系列会议，进一步部署实施战略展开，开辟根据地和开展游击战争的工作。为行动便利，八路军总部决定第一一五师三四四旅归第一二九师指挥。4 月，第一二九师已经分遣 2/3 的兵力到各地开展游击战争。

太行山抗日游击战争的迅猛发展，使华北日军深感威势不容轻视。4 月 4 日，日军调集 3 万多兵力，分九路向晋东南根据地围攻，八路军第一二九师、第一一五师和山西新军，展开了对日作战以来最激烈、歼敌最多、伤亡最大的一次战役。其中，第一二九师主力发动的长乐村战斗是具有决定性意义的一战，第七七二团团长叶成焕（河南新县人）在这场战斗中壮烈牺牲，年仅 25 岁。朱德总司令专程从八路军总部赶到郝北村向叶成焕遗体告别。这次战斗，我军以急袭手段给敌人以重创，待各路敌人回窜时，各部乘胜追击，至 4 月 27 日粉碎日军“九路围攻”，初步奠定了太行抗日根据地的基础。

1938 年 4 月起，日军抽调其部署在晋冀豫周边的部分兵力进攻

长乐村战斗要图

叶成焕

徐州，为共产党扩大敌后抗日根据地、开展平原游击战提供了良好时机。根据中央关于开展平原游击战的指示，4 月 23 日，第一二九师决定组成平汉路东、西两个纵队，路西纵队开赴冀西，并相机向豫北发展。会议还决定成立晋冀豫军区，对外称“第一二九师后方司令部”，下辖 5 个军分区，其中两个在河南，即第三军分区为冀豫地区，第五军分区为太南地区。

4 月下旬开始到 6 月中旬，陈赓率三八六旅主力先后进到平汉路西侧的冀豫、豫北地区，将日伪势力从山区赶到铁路沿线。同时，做了大量策反工作，8 月，成功争取伪皇协军第一军部分在安阳附近起义，击毙号称“东方佛朗哥”的军长李福和及日军顾问长川少将等 16 名军官，八路军总司令朱德、副总司令彭德怀曾致电祝贺。9 月，陈再道、王新亭奉命率东进纵队和八路军七七一团等部转战平汉路西，在汤阴、淇县、林县等地，消灭汉奸、土匪武装等 4500 余人，在林县、辉县山区建立了抗日根据地，在道清路两侧的平原地区开辟了广大的游击区。

从反“九路围攻”胜利到 1938 年 10 月的半年多时间，是晋冀豫抗日根据地迅速发展的时期，根据地扩展到平汉、正太、同蒲铁路沿线和豫北广大地区。

1938 年 10 月以后，日军逐步回师华北，对晋冀豫地区进行重点“扫荡”；1939 年冬至 1940 年春，国民党掀起第一次反共高潮。面对日伪顽夹击的不利境地，根据地军民进行了艰苦反“扫荡”、反顽斗争，特别是 1940 年 3 月，打退国民党第一次反共高潮后，虽然局部磨擦还时有发生，但紧张斗争的严重局面大为改观，太行、太岳、冀南的联系也紧密起来。此时，全面总结经验教训，把分散政权统一起来，成为紧迫的工作。

1940 年 4 月，中共中央北方局在黎城召开了由冀南、太岳、太行等根据地领导参加的高级干部会议（通称“黎城会议”），提出“建党、建军、建政”三大建设任务。5 月，全区第一次整党普遍展开。5 月 5 日，第一二九师发布政治建军整军训令，6 月撤销晋冀豫军区建制，成立太行军区（第一二九师兼），辖 5 个军分区；成立太岳军区（三八六旅兼），对外称“太岳纵队”。8 月 1 日，冀南、太行、太岳行政联合办事处（简称“冀太联办”）成立，杨秀峰任主任，下辖冀南、太行、太岳三个行政区。太行区是冀太联办的直辖区，有 5 个专区、36 个县。其中，林（县）北、安阳等县隶属第五专区（即漳北办事处）。冀太联办的成立，为巩固抗日根据地和各项事业的发展开辟了广阔的道路。1942 年 9 月，中共中央太行分局成立，邓小平

冀太联办在涉县成立，图为部分人员（最右侧为主任杨秀峰）

任书记。

四、晋豫边抗日根据地的创建

晋豫边（太岳）根据地在临屯公路以南、黄河以北、同蒲路以东、高博公路以西地区，太岳、太行、中条3座大山在此交会，包括豫北西部的济源、沁阳、孟县、温县、博爱诸县和晋南10余个县，是太岳、太行区的屏障，又是华北通向陕甘宁和中原地区的门户。

为坚持和发展敌后游击战争，保障八路军在情况变化时的转移，中共中央和毛泽东高度重视吕梁山以及太岳山、中条山的枢纽作用。1938年3月，毛泽东先后三次电示朱瑞、朱德、彭德怀并提及晋豫边，指出：政治局决定之战略方针，包括现时在华北及将来转移至陕西、河南两个阶段，不是单指目前而言；强调八路军主力留在山西攻击日军后路，必须是在黄河、汾河不被隔断的条件下，如果八路军全部被限制于华北敌军的包围圈中，根本不能转移至陕甘豫边区，则对于整个抗战及国共关系是非常不利的。为了保障将来转移便利，必须巩固吕梁山脉的转移枢纽，并布置太岳山、王屋山工作，等等。

根据中共中央部署，八路军晋豫边游击队在晋豫边区开展游击战争，尽快开辟抗日根据地。1938年6月初，日军一个旅团的辎重部队沿济（源）运（城）公路向西进犯，企图配合由同蒲路南下的日军攻占黄河渡口风陵渡。晋豫边游击队参谋长方升普带领两个大队埋伏在王屋山西边的公路两旁，司令员唐天际埋伏在王屋西大店河桥边，并炸毁大桥。待日军进入伏击圈时，向其发起猛烈攻击，重创敌人，迫其回窜，成功粉碎日军通过风陵渡南犯中原的企图，鼓舞了晋豫边区人民的抗日信心。8月中旬，唐支队活动在曲沃、绛县一带。9月，在阳城、济源、孟县交界地区迎头痛击西犯日军，连连获胜，受到朱德总司令的传令嘉奖。

1939 年 1 月，中共晋豫特委在阳城县下交村召开会议，传达中共中央六届六中全会和中共晋冀豫区党委十二月扩大会议精神，结合边区实际情况，研究具体措施。会议决定：扩大基干武装 3000 人，继续发展党员至全区人口的 1%，组织 5 万名群众。这次会议有力地推动了边区各项工作的开展。2 月，根据党的六届六中全会精神，晋豫特委改为晋豫地委。至此，以山西阳城和河南济源为中心的晋豫边抗日根据地初步形成。

在国民党发动的第一次反共高潮中，晋豫边区是其进攻的重点地区之一。1940 年 1 月，根据北方局指示，中共晋豫地委改为晋豫区党委，聂真任书记兼组织部部长。中共太南地委改为太南区党委，张玺任书记。2 月晋豫边游击支队与八路军第三四四旅六八八团合

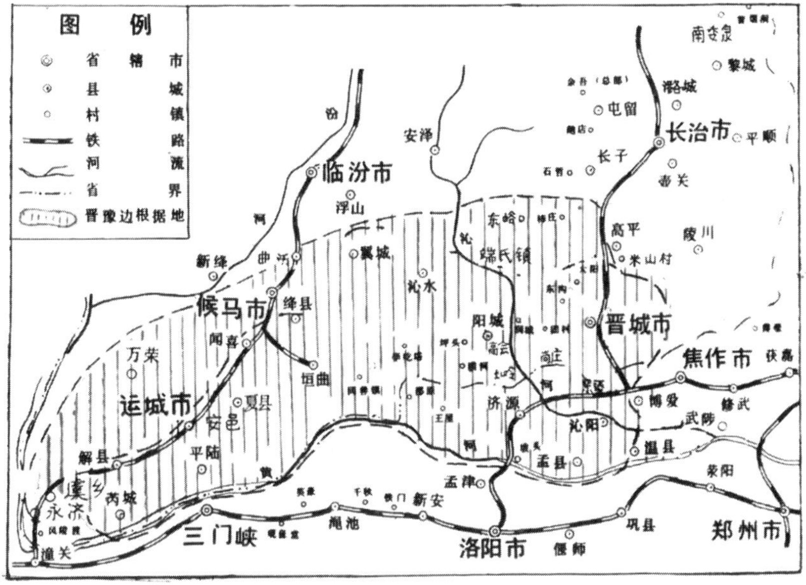

晋豫边抗日根据地略图

编为八路军第二纵队新一旅，旅长韦杰，政委唐天际。新一旅成立后，对国民党顽固派的进犯给以沉重的打击。

1940 年 4 月，反顽战役结束后，根据中共中央指示，中共晋豫区党委和新一旅全部退出晋豫边区，转移到太南地区；中共晋豫区党委和太南区党委在平顺县合并，仍称为中共晋豫区党委，聂真任书记。合并后，区党委下辖太南地委和一、二、三、四、五、六地委，共 7 个地委。太南地委辖平（顺）北、林（县）北等县，一地委辖林县、安阳、辉县、获嘉；二地委辖修武、博爱、武陟、陵川、晋（城）东；三地委辖沁阳、济源、温县、孟县、阳（城）南。

五、冀鲁豫抗日根据地的创建

冀鲁豫抗日根据地在平汉路以东、津浦路以西、德石路以南、新黄河以东，既是华北门户，也是联结华北、华中的战略枢纽。由鲁西（包括鲁西北、泰西）、冀鲁豫（包括冀南、豫北、鲁西南）、湖西（苏鲁豫）三块根据地发展而来。

1938 年 4 月，鉴于山区根据地已经初步巩固，而冀鲁豫平原游击战争虽有一定基础，但亟待加强；同时日本华北方面军主力南下进攻徐州，敌人在冀鲁豫平原地区兵力薄弱等情况，第一二九师遵照中共中央指示，为进一步发展敌后平原游击战争，钳制和打击敌人，配合正面战场作战，于 4 月 23 日决定组成平汉路东、西两个纵队，向直南、豫北平原地区和平汉铁路沿线实施战略展开。其中，路东纵队开赴冀南，创建根据地，并以此为依托向冀鲁豫发展。

8 月，日军调集兵力，南攻武汉，西攻洛阳、潼关，晋冀鲁豫周边敌人兵力进一步减少。27 日，为钳制进攻洛阳、潼关之敌，趁势开辟漳河以南地区，第一二九师东进纵队、青年纵队等部，在临漳、安阳、内黄一带发起了漳南战役，随后又组成漳南兵团，继续南下作战。经过一个月的战斗，基本肃清了平汉路东、卫河以西、漳河以南、滑县以北地区。在八路军不断取得胜利的鼓舞下，直南、豫北地区的抗日武装蓬勃发展，到 1938 年年底，先后建立了八路军游击第二支队、濮内滑游击大队等多支抗日武装，总计 4000 余人，并建立了安阳、汤阴、考城等县抗日民主政权，为冀鲁豫根据地的创建奠定了基础。

1940 年 1 月，时任冀鲁豫支队支队长杨得志（后排左一）与战友合影

1939 年 2 月 16 日，杨得志奉命率三四四旅直属队、工兵排、炮兵排和部分干部，由山西高平出发，到达直南、豫北地区。3 月 9 日，同早已活动在直南地区的三四四旅独立团、特务团等部，在濮阳井店（今属内黄）会合，整编为八路军冀鲁豫支队，杨得志任司令员，统一领导直南、豫北、鲁西南地区武装力量。随后取得一系列战斗和反“扫荡”胜利，扩大了八路军的影响，到年底，冀鲁豫支队扩充到 1 万余人。

1939 年 9 月，中央军委指示，冀鲁豫边区是山西和山东、华北和华中的接合部，是连结这几个地区的交通枢纽，在战略上有重要意义，冀鲁豫支队应做长期打算，在该区坚持平原抗日游击战争，建立冀鲁豫边区平原抗日根据地。此后，冀鲁豫地区开始重视政权建设。9 月下旬在东明、长垣、菏泽、濮阳、滑县 5 县交界处，建立五县联防办事处。内黄、清丰、南乐等县抗日民主政府也相继建立。1940 年 4 月 15 日，选举产生冀南 6 县行政督察专员公署。同时，在濮阳、滑县、东明、长垣 4 县边区设立办事处，负责领导豫北地区。

1940 年 4 月 18 日，根据北方局决定，冀鲁豫区党委在清丰县正式成立。同月，八路军总部命令黄克诚率领八路军第二纵队主力等部东进冀鲁豫，并与冀鲁豫支队统一整编为新的第二纵队。同时，成立冀鲁豫军区，杨得志任司令员。30 日，太南区党委书记张玺随三四四旅到达边区，任冀鲁豫区党委副书记，不久接任书记。

为加强冀鲁豫地区党政军的领导，经北方局批准，成立军政委员会，黄克诚任书记。1941 年 1 月 15 日，冀鲁豫边区行政主任公署在内黄县张固村成立，下辖直南、豫北、鲁西南三个专署。至此，包括豫北、直南、鲁西南地区的冀鲁豫抗日根据地初步建成。

与此同时，鲁西[①]、湖西[②]抗日根据地的创建工作也在积极推进。1941 年上半年，日军加紧对冀鲁豫、鲁西地区的残酷“扫荡”。为集中兵力使部队在更大范围内坚持游击战争，7 月，经北方局和八路军总部批准，冀鲁豫、鲁西两区党委合并，仍称中共冀鲁豫区党委；两区军区合并，仍称冀鲁豫军区；两区所属主力部队统一整编为八路军第二纵队。全区兵力有 2.7 万余人。9 月初，选举产生了新的冀鲁豫行署，晁哲甫任主任。

---

① 鲁西：指津浦铁路以西，济（宁）菏（泽）公路以北地区。黄河、运河贯穿其间，将其分为南北两区，北部分为鲁西北和运（河）东南，南部分为运（西）、泰（西）两区。

② 湖西：指微山湖以西地区，简称“湖西地区”，又称“苏鲁豫边区”，东抵津浦铁路，西靠菏（泽）商（丘）公路，南达陇海铁路，北至济（宁）（菏）泽一线，是连接华北、华中两大战略区的纽带，直接威胁津浦、陇海两大铁路和兵家要地徐州。

至此，冀鲁豫抗日根据地基本建成。冀鲁豫边区成为党中央和八路军总部直接指挥的一个独立战略区。该根据地的开辟和创建打通了华北、华中与陕甘宁边区的联系，对于坚持全国抗战，控制中原战略要地，有着重要的意义。后期，湖西、水东等地区也先后合并至冀鲁豫根据地。

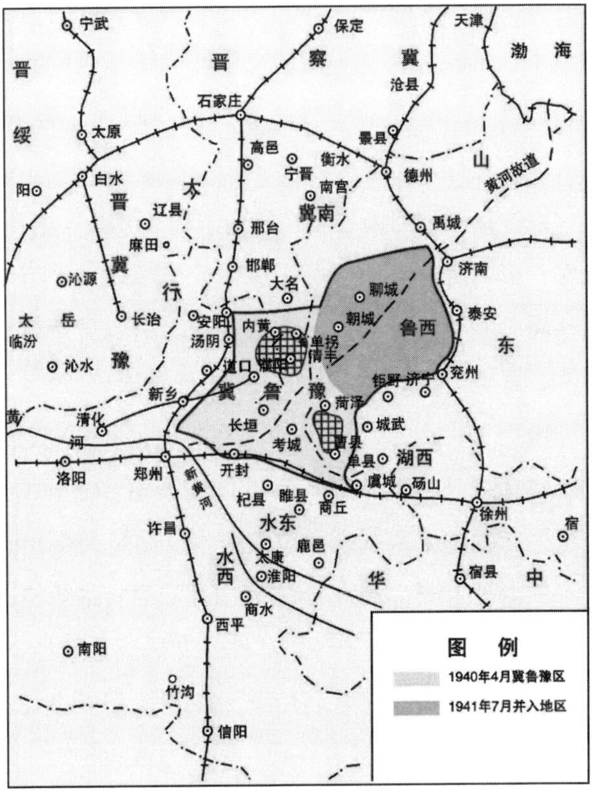

冀鲁豫边区发展变化示意图

六、豫皖苏抗日根据地的创建

豫皖苏抗日根据地位于豫东、苏北、皖北、津浦铁路两侧三省毗邻地区，北自陇海路，西望新黄河，南抵淮河，东达运河，对沟通华北、华中联系，发展华中敌后游击战争十分重要。

1938 年徐州沦陷后，武汉、郑州吃紧，国民党军纷纷溃败，华中战局急转直下。中共中央、毛泽东根据中原战况指出：徐州失守后，河南将迅速陷入敌手,我应准备向豫皖苏鲁四省敌后发展。9月2日,中共中央长江局负责人周恩来、叶剑英指示中共河南省委将领导重心转向豫东,创造苏鲁豫边新局面。同月,毛泽东致电河南省委,要求河南先行开展豫东敌后抗日游击战争。

根据指示,河南省委在竹沟组建370余人的新四军游击支队。9月底,彭雪枫率支队誓师东进,后与豫东游击第三支队、先遣大队在杜岗胜利会师整编,彭雪枫任支队司令员兼政委,吴芝圃任副司令员,萧望东任政治部主任,张震任参谋长。

10月24日,彭雪枫率部渡过新黄河,顺利通过淮(阳)太(康)公路封锁线。27日上午,在淮阳窦楼遭到日军百余名骑兵的奔袭。彭雪枫指挥部队采取迂回包围战术,经过两个小时激战,击毙日军林津少尉等10余人。游击支队出征敌后首战告捷,极大地鼓舞了豫东人民的抗日斗志。10月30日,支队到达鹿邑,11月下旬进入睢杞太地区。其后,支队运用灵活战术,积极主动打击敌人,粉碎日伪军"扫荡"。由于接连获胜,影响力逐步扩大,加之统战工作的顺利开展,初步打开豫东敌后抗战的局面,为根据地的创建奠定了基础。

1939年年初,游击支队继续东进,分三路挺进豫皖苏边,进驻永城西南的书案店。2月,中共豫皖苏省委在书案店成立,并提出由小块而大块建立根据地的意见。彭雪枫召开游击支队团以上干部会议,决定在永南、涡北建立游击根据地,开辟了以书案店、新兴集为中心的基本区。

2月中旬,吴芝圃率游击支队第三大队回师睢杞太地区,配合南下的冀鲁豫支队,歼灭多支土匪武装,帮助地方党组织建立了睢杞太抗敌自卫总团。3月26日,日军调集2000余人、30多辆汽车、6辆坦克,向驻杞南的我军进攻。我军与敌军展开肉搏战,给敌以重大杀伤后撤出战斗。这次回师睢杞太，狠狠打击了日伪军和土匪的嚣张气焰，鼓舞了抗日军民士气，使水东地区逐渐发展为豫皖苏抗日根据地的组成部分。3月底，游击支队返回豫皖苏永涡地区。与此同时，彭雪枫率支队主力，挺进萧（县）永（城）宿（县）边区。在永城、萧县地区歼灭顽匪武装，在马村桥战斗中重创日军。

为打通与江北指挥部的联系，6月初，彭雪枫率部进军淮上[①]，开辟宿县、蒙城、怀远、凤台地区，扩大了部队，解决了财政困难。8月，永城县抗日进步人士鲁雨亭，在共产党的团结争取下，毅然率部参加新四军，被编为第一总队。抗日根据地得到进一步扩大。

9月，中共山东分局根据中央指示，将其所属陇海路以南的苏北、皖北地区，划归中原局和新四军领导，豫皖苏边区辖区进一步扩大。同月，中共豫皖苏省委改称豫皖苏区党委，吴芝圃任区党委书记，下辖陇海路南、涡浍、豫皖、睢东、淮上5个地委。

11月2日，游击支队奉命改编为新四军第六支队。[②]12月，豫东特委领导的西华抗日武装国民党第一战区自卫军第七路军，改编为新四军游击支队第二总队。同月，第三总队、第四总队也相继成立。到1939年年底，游击支队已经发展为3个主力团、4个总队、1个特务团、3个独立团，共计1.7万余人。此时，抗日根据地已初具规模，胜利完成挺进豫皖苏边实行战略展开任务。

在军队迅猛发展的同时，边区党政建设也取得很大成绩。1939年9月1日，新四军游击支队召开第一次代表会议，作出加强党政军建设、建立抗日团体等决议。11月，各界人士代表会议召开，建

① 淮上：指淮河以北、浍河以南、津浦路以西、宿蒙公路以东地区。

② 公布命令为1940年2月2日，见《拂晓报》。

立豫皖苏边联防委员会。不久，又建立豫皖苏边参议会，边区政权建设日趋完善。

1939年11月6日，中原局书记刘少奇由河南确山竹沟抵达涡阳县新兴集，对新四军第六支队和豫皖苏区党委作了重要指示：在淮河以北陇海路以南党所领导的一切武装部队统一归彭雪枫指挥，集中力量创建永夏萧宿四县根据地；加强政权建设；加强部队的正规化；在一两个月后，主力部队及区党委干部要抽调一部分到津浦路东，创建苏北根据地；在睢、杞、太、鹿、商、亳等县建立小块根据地，以便将来连成一块。

1940年春，中共中央在确定中原局战略方针中指出了新四军第六支队的具体任务是：确实掌握新黄河以东、淮河以北、陇海路以南、西起开封东到海边这一区域，并将这个地区建成巩固的抗日民主根据地，坚决肃清反动势力，坚决不让任何反动派插手，并把部队扩充到4万人。

根据中共中央指示，豫皖苏区党委和第六支队领导人，认真抓了抗日根据地的扩大和巩固工作，抽调大批干部充实各级政权，建立群众抗日组织，大力巩固基本区；同时以5个主力团的兵力向北展开，开辟商丘、亳县、宁陵、夏邑和砀山地区，扩大根据地；发展扩大地方武装，建立永城、萧县、宿县3县独立团，成立豫皖苏边保安司令部，统一领导全区地方武装；还抽调一批地方武装充实主力部队。至1940年7月，边区进入了全盛时期：以永城书案店、涡阳新集为中心，在东到皖东北，西抵睢杞太，北依陇海路，南跨涡河直至淮上的广大地区，建立了10个县级政权，活动范围涉及50余县的抗日根据地，全边区抗日武装已经达到1.95万余人。

七、豫鄂边抗日根据地的创建

豫鄂边抗日根据地包括豫南、鄂中、鄂东、鄂南等广大区域，水路交通纵横，处于中日正面战场的前沿，日军的近后方，战略地位突出。

1938年10月12日，日军攻占信阳，并沿四望山东侧抄袭武胜、平靖、黄土三关。国民党军队猝不及防，纷纷溃逃。11月初，中共河南省委派危拱之等率第八团队留守处一个分队，从确山竹沟出发，南下信阳，在北王岗与接受共产党抗日主张的信阳县县长李德纯会合，合编为信阳挺进队，李德纯任司令。12月中旬，党领导的豫南各路抗日武装，先后到黄龙寺参加整编。此时，挺进队下辖3个大队、1个警卫排，成为豫南地区一支主要的抗日武装力量，并于翌年初进驻四望山区。

11月，为了从军事上迅速打开武汉周围地区的抗战局面，中原局决定组建一支新四军部队向武汉外围敌后挺进。1939年元旦前后，中原局委员朱理治在竹沟主持召开豫南省委扩大会议，决定抽调新四军第四支队第八团队留守处一个连的武装和60余名干部，组成新四军豫鄂独立游击大队，李先念任司令员。1月17日，李先念率部由竹沟南下鄂中，大胆向敌后挺进，与信阳挺进队会合后，在四望山和桐柏山一带广泛开展统战工作，并与地方抗日武装相互配合，多次袭击日伪军，取得柳林车站、四里桥、余家店三战三捷的胜利。根据中原局关于到沿铁路两侧国民党不去的区域发展的方针，2月下旬，李先念率独立游击大队和信阳挺进队一个中队，向平汉铁路东信罗地区挺进，至春夏之交，发展到3个大队、14个中队，共1200余人。至此，伴随着军事斗争的节节胜利，以四望山为中心的豫南抗日根据地初具规模，共产党在豫鄂边区有了一个比较稳固的立足点。

4月，李先念率新四军豫鄂独立游击大队进入鄂中大、小悟山地区，与湖北省抗日游击大队会合，随后一同进至安陆赵家棚地区。6月6日，豫南省委组织部部长陈少敏率竹沟留守处1个中队、信阳挺进队2个中队和50多名干部，到达赵家棚与李先念会师。中旬，李先念、陈少敏遵照中原局指示，在京山养马畈召开豫南、鄂中党和军队干部会议，讨论统一边区武装的问题，决定公开树立新四军旗帜，将豫南、鄂中党领导的抗日武装，统一整编为新四军豫鄂独立游击支队，李先念任司令员，陈少敏兼政治委员（不久由陶铸代职）。从此，豫鄂边区开始有了主力游击兵团，并像滚雪球一样越滚越大。养马畈会议不仅统一了党在两个地区抗日武装的领导和指挥，还为开展豫鄂边区游击战争，创建抗日根据地奠定了基础。

1939年9月，中原局在创建根据地的决定中强调：综观豫鄂地区形势，鄂东、豫南、鄂中敌占区是今天党开展华中游击战争最重要的地区之一，创立坚强的游击队伍，建立抗日根据地并使之逐渐连成一片，是这3个区域党委最主要的任务。11月中旬，朱理治、李先念、陈少敏等根据中共中央和中原局部署，于四望山召集豫南、鄂中、鄂东3个地区党和军队负责人会议，决定撤销中共豫鄂边、鄂豫皖、鄂中3个区党委，成立新的中共豫鄂边区党委，郑位三任书记（未到职）、陈少敏任副书记（代理书记），李先念任军事部部长，并将3个地区武装整编为新四军豫鄂挺进纵队，李先念任司令员。

豫鄂挺进纵队成立后积极开展敌后游击战争。1940年2月，李先念率3个主力团分东西两路进攻汉阳侏儒山伪军汪步青部，震惊武汉三镇，日军慌忙连续戒严3天。1940年5月，日军发动枣宜战役。

为配合正面战场，挺进纵队各部分别袭击了黄陂、随县、孝感等县日伪军据点 20 多处，并破坏花园至东阳岗、安陆至巡店等 50 多公里公路，收割电线 5000 余公斤，有力钳制了日军的进攻。

在开展武装斗争的同时，抗日根据地的各项建设也迅速开展起来。从 1940 年 1 月起，边区开展了民选运动，改造或重建了基层政权。3 月成立边区宪政促进会。9 月 1 日，边区党委在京山八字门召开第一次军政代表大会，按照“三三制”原则，选举产生豫鄂边军政联合办事处，公推许子威为办事处主任。在豫南成立了信应军政联合办事处。信南县是边区民主选举和减租减息的试点县，该县政权巩固，群众运动轰轰烈烈，爱国青年报名参军积极性非常高，仅 1940 年报名参军人数就达 2000 多名。

1940 年年初，朱理治（左）、陈少敏（中）、李先念（右）在湖北京山合影

到 1940 年年底，豫鄂边区已扩大到十几个县的范围，建立了 9 个县的抗日民主县政权，全区部队发展为拥有 1.5 万余人的游击兵团，民兵发展至约 10 万人。至此，北起信阳，西至汉水，东接安徽，南至洞庭湖的豫鄂边抗日根据地初步建成。鄂豫边区长期孤悬敌后，是在粉碎日顽夹击的极其艰苦的斗争环境中创建起来的。中共中央高度评价豫鄂边区武装力量的发展壮大，称其“是一个伟大的成绩”。

八、正面战场的持续抵抗和敌后抗日根据地反“扫荡”

正面战场的持续抵抗

武汉会战后，日军对正面战场停止大规模战略进攻，转而采取机动的、牵制性的有限攻势和旨在切断中国与外界联系的封锁作战。其中主要在武汉周围地区进行有限目标的局部性进攻作战，以巩固对武汉地区的占领，策应其在华北、华中的“扫荡”作战。与此同时，在正面战场，中国军队对日军进行了有力抵抗，并发动了有限度的攻势和反击。中国共产党领导的敌后抗日武装，也根据形势主动配合正面战场抗击日军。

在河南正面战场，以遂平、叶县、卢氏朱阳关一线为界，以北为国民党第一战区防地，以南为第五战区防地，在平汉路西侧的豫鄂交界地区有孙连仲的第二集团军驻防，大别山区有廖磊（后有李品仙）游击兵团。在战略相持阶段前期，国民党第一战区、第五战区进行的有限抵抗和攻势作战主要有：

随枣会战。日军占领武汉、信阳后，严重威胁撤至南阳及湖北西北部的第五战区10多万部队。1939年年初，第五战区趁南昌会战之际，发起“四月攻势”，向随县以及安陆、应城等地区出击，并向平汉路南段袭扰，给日军以很大杀伤。日军为巩固对武汉、信阳的占领，消除来自鄂北、豫南方面中国军队的威胁，于5月初发动随枣会战。5月1日，日军开始向随县地区进攻，先后攻占高成、枣阳等地。北路日军10日攻陷湖阳、新野、桐柏，12日攻陷唐河，并继续实施对桐柏山、大洪山实施大包围的阴谋。

第五战区部队实施攻势防御，逐次抵抗、后撤，不使敌人捕到主力，然后反攻。第三十一集团军奉命会同第一战区第二集团军从豫西南下，向唐河、新野一带反击。13 日起，日军开始撤退，中国军队开始尾随追击，14 日复唐河，19 日收枣阳。到 24 日，日军除占领随县城外，均退回原处。此次会战，毙伤日军 1.3 万余人，基本恢复了已失阵地，达到了牵制和消耗日军的目的。

1939 年冬季攻势。10 月，正面战场中国军队第二期整训完成。适值第一次长沙会战结束，受湘北大捷的鼓舞，国民政府军事委员会决定将整训主力分拨第九、第五、第三、第二战区，并以之为主攻战区，其他战区配合，11 月下旬至 12 月上旬，对日军全面发起冬季攻势。

12 月初，各战区陆续发起攻势。12 月 1 日，第一战区开始攻击。在豫东，第三集团军豫皖边区游击部队一度切断开封、兰封附近铁路、公路，于 15 日起，以 9 个师兵力向陇海铁路附近日伪军实施攻击。第八十一师 17 日突入开封，焚烧了日军第三十五师团一部的指挥所和仓库。21 日，骑兵第二军一度攻入商丘，击溃由安徽砀山前来增援的日军骑兵部队。在豫北，12 月 6 日，新编第五军、第四十七军、第九军等部，攻至安阳附近，随后在汤阴、淇县等地切断了日军道清铁路西段交通。

第五战区战事最为激烈，共出动 30 个师，从 12 月 12 日起向平汉铁路南段实施攻击，并在滚山予敌重创。与此同时，新四军豫鄂挺进纵队组建后，立即主动配合第五战区冬季攻势作战。在豫南，日军第三师团一部“扫荡”信（阳）罗（山）边国民党军，豫鄂挺进纵队一部主动驰援，在灵山冲与日军激战，将敌击退。

另外，第二战区原定为主攻战区，但因阎锡山于 1939 年 12 月制造反共的晋西事变，影响了冬季攻势的展开。冬季攻势历时 3 个多月，给日军以相当大的打击，日军也不得不承认中国军队的这次进攻“意志极为顽强，其战斗力不可轻视”，日军伤亡很大，十一军伤亡达 8000 余人。

枣宜会战。冬季攻势结束后，日军立即准备实施报复性的反击作战。1940 年 5 月 1 日，日军集结兵力分五路向襄河（汉水）东岸、豫西南地区和宜昌地区进犯。第三师团和第四十师团一部从信阳西犯；钟祥附近日军第十三师团沿襄河东岸北上，向枣阳进攻；随县附近日军第三十九师团，沿襄（阳）花（园）公路，向枣阳进攻；企图采取中间突破、两翼迂回的战术，压迫第五战区于包围圈内歼灭之。

自 1940 年 5 月 5 日起，两翼日军先后占领泌阳、桐柏、唐河及长寿店、丰乐、新野，形成对枣阳的合围态势。但是，此时第五战区已根据日军进攻态势调整了部署，枣阳地区中国守军及时转移到外线。只有第八十四军一七三师为掩护主力撤退，在唐县镇被优势日军包围，经数日激战，师长钟毅及大部官兵壮烈牺牲。8 日，日军占领枣阳，但其围歼第五战区主力的计划未能得逞。

5 月 10 日，第五战区各部奉命从北、西、南三面向枣阳反攻，并攻击日军后方联络线。当日第七军攻占平汉线之鸡公山、柳林车站等据点，第九十二军、第六十六军等先后收复泌阳、桐柏、明港，对枣阳附近日军形成包围之势。

在北线，第三十一集团军等部于 12 日向在樊城东北集结的日军第三师团等发起进攻。日军因粮弹不足陷入苦战，15 日，在集团军坦克团的协助下开始摆脱包围,但损失惨重。从信阳出发时约 2 万人，撤退时仅剩七八千人，除向桐柏、信阳退窜者，被歼 4000 人以上。

在南线，第五战区右集团总司令、第三十三集团军总司令张自忠率部进到枣阳以西，并在枣阳南部歼灭向南逃敌之第十三师团一部。14 日，将 6000 名日军截为两段。日军退路被切断后全力反扑。

张自忠

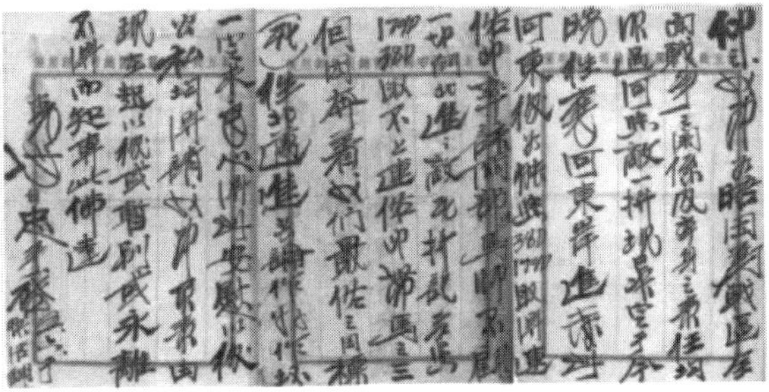

1940 年 5 月 6 日，张自忠在枣宜会战前线致冯治安副总司令诀别信

此时，在通信联络中断，与友军无法配合的情况下，张自忠亲率第七十四师、骑九师和特务营同日军血战，16 日经过激战退至南瓜店。但终因实力悬殊，张自忠身中数弹，壮烈殉国，所部损失殆尽。张自忠是全民族抗战爆发以来战死沙场的中国军队级别最高的指挥官，5 月 23 日，其灵柩由 10 万民众护送，前往重庆，28 日举行了盛大国葬。8 月 15 日，延安各界为张自忠举行了追悼大会。

日军此战得逞后，趁机大举反击，第五战区部队猝不及防，退至白河以西。但日军因损失、消耗过大，锐气大减，不得不于 21 日停止追击，开始撤退。5 月下旬，未达到消灭第五战区主力目的的日军，西渡汉水于 6 月 12 日攻陷宜昌，摧毁军事设施后于 15 日撤回汉水东岸。此后，中日双方在江陵、宜昌、当阳、荆门、钟祥、随县、信阳一线形成对峙。日军付出了重大代价，其解除武汉威胁、侵占中原和打击第五战区主力的企图始终未能得逞。

敌后抗日根据地军民粉碎日伪“扫荡”

武汉会战后，为保守占领区，侵华日军向敌后抗日根据地开展“扫荡”，重点是华北地区。日军不断从华中、华南正面战场和日本国内抽调兵力加强华北方面军，到 1939 年 5 月，其兵力达到 15 个师团、9 个独立混成旅团和 1 个骑兵旅团（这期间，日本侵华总兵力除关东军外，共 30 个师团、9 个独立混成旅团和 3 个骑兵旅团）。在 1939 年和 1940 年两年中，仅华北日军出动千人以上大规模“扫荡”就有 109 次，使用兵力总计 50 万人以上。“扫荡”和反“扫荡”成为敌后抗日根据地的主要作战形式。

在晋冀豫根据地。日军将 5 个师团、4 个混成旅团部署于河北全境和河南北部机动作战，在晋冀豫周边增兵至 8 万余人。1939 年 1 月至 3 月，第一二九师进行大小战斗 100 余次，毙伤日伪军 3000 余人。7 月初，日军 5 万余人分九路对晋冀豫地区进行大规模“扫荡”。八路军总部和第一二九师分析了敌人的作战企图，决定以地方武装和民兵的游击战疲惫敌人，主力分散隐蔽，适当集中，相机歼敌。12 日，第一二九师特务团团长皮定均得知敌先遣队 300 余人，因连降大雨，清漳河水暴涨，与主力失去联系，便派一营奔袭其驻地河南店。一营在风雨和夜幕的掩护下，神不知鬼不觉发动突然袭击，歼敌 300 余人，其他各路敌人也均受到不同程度打击。

日军在多次“扫荡”失败后，改为依托交通线及周边据点，分割肢解并逐一摧毁抗日根据地的“囚笼政策”。1939 年冬，日军加紧对交通线的控制。第一二九师在地方武装的配合下，广泛开展群众性破袭战。12 月 8 日，趁敌人进行较大防务调整，情况不明，第一二九师发动邯长破击战，收复黎城、涉县及 23 个据点，打破了敌人对边区的分割和封锁政策。

日本华北方面军不甘心失败，又制定了 1940 年度“肃正建设”基本方针，并于 3 月 15 日召开所属各兵团参谋长会议，特别强调“讨伐重点在于剿灭共军”[1]。日军各部随即按照部署,开始分区“扫荡”,推行“囚笼政策”,严密封锁太行区和冀南区的联系。这样,开展交通斗争,打破敌人“囚笼政策”,成为晋冀豫抗日根据地军民的重要任务。

正当八路军准备粉碎日军对华北更大规模“扫荡”之际,国民党顽固派发动了第一次反共高潮,八路军不得不在对日军作战的同时,反击国民党顽军的进攻。在打退国民党第一次反共高潮后,1940 年 4 月至 8 月,晋冀豫区军民展开了平汉铁路、白晋铁路和武沙公路三次破击战,不仅取得了重大战果,也为百团大战及其他破袭战斗,提供了很有价值的经验。

1940 年 8 月 20 日至翌年 1 月 24 日,八路军总部在华北发起了一次大规模的对日军的进攻。陆续参加的部队达到 105 个团 20 余万人,故称百团大战。

八路军发动这次进攻战,主要是由于当时国内出现了空前的投降危险和抗战困难。一方面,日本加紧诱迫国民党蒋介石集团投降。1940 年 3 月和 6 月,日本军方代表同重庆国民政府代表先后在香港和澳门秘密进行关于停战条件的谈判。另一方面,日军对敌后抗日根据地加紧推行“囚笼政策”,利用重要交通线对各抗日根据地进行分割和“扫荡”。在这样的情况下,八路军总部认为,为着坚决反对投降,振奋抗战军民,锻炼自身的力量,应当组织一次大规模的以破袭敌人交通线为主要目的的战斗。

百团大战共分三个阶段,第一阶段是交通总破袭战,第二阶段

① 日本防卫厅战史室著,天津市政协编译组译:《华北治安战》(上),天津人民出版社 1982 年版,第 227 页。

是攻坚作战，第三阶段是反击报复“扫荡”。百团大战中，太行区新一旅负责破击安阳北、磁县南的平汉路。新一旅攻克了安阳北的丰乐车站,另一部在安阳、水冶间袭击日军一个中队,歼灭大部。据统计，仅第一二九师和太行区军民就作战529次，毙伤日伪军7507人，为百团大战的胜利做出了重大贡献。

百团大战是全民族抗战以来八路军在华北发动的规模最大、持续时间最长的一次战略性进攻战役。百团大战给日军的“囚笼政策”以沉重打击，钳制了日军大量兵力，打击了日军的侵略气焰。百团大战既锻炼了人民军队，提高了共产党和八路军的威望，又在抗日局面比较低沉时振奋了全国民心。

在冀鲁豫根据地。日军为解除根据地对平汉、津浦、陇海三大铁路交通线及济南、开封等重要城市的威胁，于1940年6月至11月，对冀鲁豫中心区连续进行四次大规模“扫荡”。6月5日，日军8000余人，出动汽车160辆、坦克16辆，分三路对濮阳地区进行“扫荡”。八路军新三旅八团在滑县小渠、黄村与敌人展开激战，毙伤敌军400余人，击毁汽车26辆，但也付出了巨大代价，三营营长张海月和大部分指战员壮烈牺牲。通过激战，敌人以为发现八路军主力，于6月10日（农历五月初五）又调集日伪军2万余人，分12路向濮阳、清丰合击（史称“五五大扫荡”）。八路军二纵新三旅、新二旅等部在司令员杨得志的带领下，分散游击，及时跳出敌人包围圈，在外线打击敌人。敌人因处处扑空，又不断受到八路军袭扰，在损失600余人后，只好于6月18日结束“扫荡”，大部回撤，但留下一部分兵力，占领清丰、濮阳、内黄、东明等县，并在周边设立34处据点，初步形成对沙区[①]的分割包围。在日伪军的煽动下，反动会道门快刀会和土匪武装迅速泛滥，一时形成日、伪、顽、会、匪“五鬼”闹边区的局面。

为扭转不利形势，6月下旬，冀鲁豫区党委书记张玺在内黄县南丈堡召开会议，总结反“扫荡”经验教训，加强对地方武装的领导，组成讨匪司令部，展开了反封锁、反“蚕食”斗争，于8月中旬开始，采取政治、军事双管齐下方针，迅速瓦解反动会道门组织。

此后，日军又数次“扫荡”沙区，广大军民都给予了有力抗击，但边区党政机关和地方武装均遭受严重损失，党和八路军控制区域减少3/4，沙区呈孤岛之势，抗日根据地开始进入困难时期。

在豫皖苏根据地，日军为保护陇海、津浦交通线和对豫东占领区的统治，从1939年12月开始，就先后对豫皖苏边的萧（县）、宿（县）、永（县）地区发动冬季“扫荡”和春季“扫荡”。12月14日，驻永城日伪军300余人，向永城东“扫荡”，新四军“智勇”模范连给予迎头痛击，永城警备司令中野被当场击伤，次日运往商丘，因伤重毙命。此后，新四军发挥游击战争优势，四处出击，取得冬季反“扫荡”胜利。

在冬季“扫荡”没有达到目的的日伪军，1940年一开春，便组织了春季大“扫荡”。3月16日，徐州、永城等地日伪军2000余人，分五路“扫荡”永城、宿县、萧县抗日根据地。新四军第六支队一、

① 沙区：位于冀鲁豫边区的最西边，包括濮阳、内黄、清丰、高陵、卫河、顿丘等县之间的大片沙地，长近百里、宽数十里的黄河故道穿境而过，沙丘起伏，枣槐成荫，上能防空，下能屯兵，有开展平原游击战得天独厚的优势，相当长一段时间是冀鲁豫区党委、行署和军区驻地，沙区成为冀鲁豫抗日根据地的基本区和中心区。

三总队及地方武装相互配合，英勇战斗。据统计，半个月之内，彭雪枫部先后作战20次，毙伤日伪军1500多人，取得了春季反“扫荡”的胜利。仅第一总队鲁雨亭部，就击毙日伪军300余人，特别是3月23日，伏击日军天皇御慰团，毙敌佐野联队长、北山大尉等60余人，沉重打击了日军的士气。

鲁雨亭像

日军恼羞成怒，为挽回败局，4月1日，又纠集日伪军3000余人，向山城集地区进行报复性“扫荡”。面对气势汹汹前来“扫荡”的敌人，第一总队总队长鲁雨亭、政委孔石泉指挥部队迅速展开，与敌激战于山城集四周。鲁雨亭率一部冒着敌人强大火力封锁，沿王引河向南转移，抢占李黑楼暂守。敌人汽车、骑兵、步兵，以分进合击态势，将李黑楼层层包围。鲁雨亭临危不惧，身先士卒，指挥部队，从早上9点一直到黄昏，血战竟日，毙伤日伪军300余人，粉碎了敌人围歼第一总队的阴谋。就在战斗即将胜利结束时，鲁雨亭不幸身中数弹，壮烈殉国。鲁雨亭的牺牲震惊了新四军部队和豫皖苏边区。彭雪枫称他是“一个只知有党不知有己，只知有国不知有家的、真正的、出色的、民族的、布尔什维克的英雄”。

为提高战斗力，更好保卫和巩固抗日根据地，第六支队集中8个团，在司令部所在地新兴集进行整训。6月1日举行纪念五卅运动15周年大会检阅整训成绩。纪念大会刚刚开始，日军集结1000余人，汽车、坦克20余辆，分四路向会场袭来。当警戒部队发现时，敌人离会场只有500多米。面对突变敌情，彭雪枫镇定自若，把会场变为战场，打退敌人一次次的进攻，歼敌300余人，保卫了中心区。

睢杞太地区军民也经历了严峻考验。从1939年冬至1940年春的6个多月里，睢杞独立团（1940年6月，改为“睢杞太独立团”）进行大小战斗近百次，屡获胜利。接连失败的日军，于6月在睢杞太地区进行大规模“扫荡”，独立团采用机动灵活的游击战术，分散以扰敌，集中以歼敌，沉重打击了敌人。其中，经楼伏击战，击毙睢杞太三县警备司令官内藤少佐及以下日军17名，伤敌20多名。

在豫鄂边根据地，新四军豫鄂独立游击支队的组建和根据地的创建，直接威胁日军盘踞的华中重镇武汉，引起日军极大恐慌，他们妄图在革命力量尚未充分发展时，将其扑灭。1939年8月14日，日军第三师团一部400余人得到独立游击支队第二团队进驻豫南朱堂店的情报后，便尾追直扑而来，并于次日拂晓发动攻击。第二团队一大队、二大队分别从侧翼和正面向日军发动猛烈反击，日军只好仓皇撤至枫树坡湾，反被一大队包围。日军组织多次反扑，都无功而返。当地群众冒着枪林弹雨，为新四军战士送水送饭，广大指战员深受鼓舞，斗志倍增。第二团队利用敌人怕夜战的弱点，故意网开一面让敌逃跑，然后设伏歼灭。13日晚7时许，第二团队在一片杀声中从东、南、北三面发起攻击，敌人仓皇西逃，在芦家凹子遭到第二团队致命伏击。接着，第二团队又以一个大队的兵力，乘胜袭击了信（阳）罗（山）公路之五里店日伪据点，打死伪皇协军团长张立森，迫使伪军1个中队反正。战斗结束后，当地群众不顾国民党顽固派的威胁，抬着整猪整羊及其他慰问品，到第二团队驻地进行慰劳，称赞第二团队是真正的抗日部队。11月17日，第三团队向抢占四望山根据地附近杨柳河、强迫群众修寨筑堡的汉奸徐天斌部发起进攻，经过数小时激战，全歼守敌240余人，汉奸徐天斌被当场击毙。之后第三团队撤出战斗，返回四望山。18日，信阳敌人

300余人闻讯赶来支援，却扑了个空。

1940年5月至6月，豫鄂挺进纵队主力进一步开辟鄂中敌后阵地，以牵制日军，配合鄂西北友军，并相机开辟了天（门）西地区。在此期间，由信应总队改编的第七团，迅速越过平汉路，向西挺进，先后3次攻打太平镇和红石李庄，袭击日伪军据点，取得重大胜利。5月17日，进至安陆李家冲时，正值国民党川军第一二五师李团被日军包围。该团在大悟山曾向我军进攻。但第七团不计前嫌，迅速从日军背后发动攻势，使李团顺利突围。随后，第七团重新收复被国民党部队丢弃的四望山地区，4次袭击鸡公山新店日军据点。在抗击日伪军的“扫荡”斗争中，豫鄂边区逐步建立起巩固的阵地，边区的创建工作也进入了一个新阶段。

九、打退国民党顽固派的进攻

河南国统区的反投降反分裂反磨擦斗争

为应对国民党顽固派反共投降逆流，1939年春至七八月间，中共豫西省委和豫南省委先后召开省委扩大会议，研究河南国统区的形势，确定党的中心任务是“依据现在党的基础，在保存党的力量，巩固党的组织的原则下，把河南党造成一个进可以战（发动抗日游击战争），退可以守（防止反共分子进一步向我们进攻）的党”。

中原局代理书记朱理治十分敏锐地预感到反共高潮即将来临，建立统一的武装指挥是豫鄂边区迫在眉睫的重要任务。于是，他一面部署反击顽固派的进攻，一面向中共中央和刘少奇请示，建议在鄂中、鄂东、豫南建立统一的武装指挥。9月19日，中共中央指示新四军和中原局：第五、第六大队及竹沟各部在国民党武力进攻下必须有所准备，并在严格自卫立场上予进攻我之部队以有力的还击。

9月，中原局书记刘少奇再次来到河南，在洛阳和竹沟分别召开中共豫西和豫南省委扩大会议，要求各地党政机关和武装部队保持高度警惕，和顽固派进行坚决的斗争。同时指出我军在华中已完成战略展开的任务，竹沟作为战略基点的历史使命已经基本完成，决定把中原局指挥机关和大批干部转移到敌后抗日根据地。这个决定进一步加强了共产党对敌后抗日游击战争的领导，也在随后发生的确山惨案中大大减少了党组织和人员的损失。

各地党组织领导抗日军民严格站在自卫立场上，积极开展反磨擦斗争。在豫北地区，1938年12月4日，八路军第一二九师独立游击支队第二大队奉命转移，行至博爱县许河村时，突遭国民党反共武装的包围截击。第二大队激战3个多小时，终于突出重围，但死伤失散500多人，这就是许河事件。事件发生后，彭德怀发表谈话，强烈抗议,并要求追究责任。国民党第九十七军军长朱怀冰被迫道歉，第四行政督察专署专员郭仲隗去职。

国民党五届五中全会召开后，国民党顽固派在全国各地挑起反共磨擦，制造流血惨案。在豫南地区，1939年11月11日，国民党第三十一集团军总司令汤恩伯命令国民党少将参议耿明轩纠集确山、泌阳、信阳3县常备队1800余人，进攻新四军第四支队第八团队留守处和河南省委所在地竹沟。省委书记刘子久和第八团队留守处主任王国华，指挥留守处的干部战士奋起反击，打退顽军多次进攻，于12日夜突出重围。顽军进占竹沟后，将留守机关、医院、印刷厂全部捣毁，财物抢劫一空，杀害新四军伤病员、抗日军人家属和革命群众200余人，制造了震惊全国的确山惨案（即竹沟惨案）。共产党对国民党顽固派的罪行立即进行了公开揭露和反击。11月18日，刘少奇、彭雪枫向党中央报告了确山惨案的情况，并向国民党第一战区司令长官卫立煌提出抗议。12 月 25 日，朱德、彭德怀通电全国，强烈要求国民党“惩办肇事祸首，取缔反共邪说”。1940 年 2 月 1 日，毛泽东在延安民众讨汪大会上严正指出：“对于那些敢于闹平江惨案、确山惨案的人……我们是决不能容忍的，是必定要还击的。”[1]

在与国民党顽固派进行斗争的同时，中共河南党组织积极加强党的教育，整顿和巩固党的队伍。1939 年 10 月，中共河南省委接到党中央关于巩固党的指示，随即对所属党的组织进行了全面整顿，进一步严密和巩固了党组织，增强了党的战斗力。1940 年 5 月，中共河南党组织根据中共中央国统区党组织实行“隐蔽精干，长期埋伏，积蓄力量，以待时机”和审查干部指示，认真开展了“隐蔽精干、审查干部”工作，对有被捕危险的干部，进行撤离、调换和隐蔽。

河南省委认真总结过去工作的经验教训，在党内开展两个方面的斗争：一方面反对不了解当前政治环境，不善于等待时机的“急性病”，及由此发生的一切冒险倾向；另一方面，则反对在目前恶劣环境下，可能发生的消极动摇、悲观失望，以及由此而产生的退却、逃跑现象。要求党员巩固与一切爱国进步人士及各界群众的联系，争取共产党员与进步分子获得直接间接掩护，长期埋伏，以待时机。在工作方法上，要求善于隐蔽自己的企图，要实干、不叫喊、不打硬、不攻坚、找空隙、寻弱点、避实击虚、争人不争地。总之，要求党员在不违背党的原则的前提下，根据当时当地的具体情况，灵活运用斗争策略。

由于中共河南省委和各地的党组织在反顽斗争中采取了正确的斗争策略和方针，河南国统区的党组织避免了更大损失，为迎接以

① 毛泽东：《毛泽东选集》(第二卷)，人民出版社 1991 年版，第 716 页。

后更加艰苦的斗争保存了干部和实力，积蓄了力量。

各抗日根据地的反顽斗争

1939 年 11 月，国民党五届六中全会进一步确定“以军事反共为主，政治反共为辅”的方针，并发布进攻八路军、新四军的命令。国民党顽固派反共活动更加猖獗，由制造小规模军事磨擦发展到大规模武装进攻，掀起了第一次反共高潮。

1939 年 12 月，阎锡山在山西首先发动反共事变，打响第一次反共高潮的第一枪。1940 年 1 月 4 日，晋豫边区驻土岭党政军机关，突遭国民党顽军偷袭，中共沁阳中心县委书记刘刚等 80 余名抗日干部被捕，伤亡 20 余人。事件发生后，朱德致电国民党第一战区司令长官卫立煌，揭露顽军罪行，要求立即释放被捕人员。同时，唐天际派人到第四十七军交涉，进行营救。卫立煌接电后，下令释放了被捕人员。

左权

1940 年 1 月 19 日，蒋介石命令八路军离开太南、太岳和晋豫边区，撤至白晋路以东、邯长路以北地区，并调集大量兵力，向晋冀豫抗日根据地发动疯狂进攻，企图压迫八路军退出上述地区。对国民党顽固派的荒谬命令，朱德、彭德怀当即提出抗议，表示八路军决不离开太南、太岳区，坚决反对进攻抗日决死队。2 月初，太南地区各部队组成八路军第二纵队，左权兼司令员，黄克诚任政委，进一步加强了对太南、豫北地区八路军各部作战的统一指挥。

1 月下旬，国民党第三十九集团军石友三部在冀南地区大肆捕杀抗日军民，并暗中勾结日军，交换情报，积极准备抢占冀南抗日根据地，反动气焰极其嚣张。身在延安的毛泽东及时洞察了石友三的阴谋，于2月3日致电八路军总部和第一二九师，指出：对石友三部争取团结抗日的方针已不适用，应在其向我出击时坚决彻底消灭之。根据这一指示，八路军于2月9日至19日，向石友三部进行反击，给予其沉重打击。石部在日伪军的掩护下逃过漳河，退到清丰东南一带。

在阎锡山制造十二月事变的同时，国民党把第九十七军朱怀冰部由太南调到冀西。2月初，蒋介石命令鹿钟麟、朱怀冰等部，与退到漳河以南的石友三部及山东的沈鸿烈等相呼应，向太行、冀南大举进犯。为粉碎顽军的大规模进攻，八路军第一二九师决心同时进行卫东战役和磁（县）武（安）涉（县）林（县）战役。

卫东战役。1940年3月4日凌晨1时，八路军17个团发起总攻，很快就攻克了濮县、观县等地区，至11日胜利结束，毙俘顽军3600余人，直南地区被八路军全部控制。

磁武涉林战役。3月5日凌晨2时，邓小平亲自赴前线指挥，第一二九师主力兵分三路包抄进攻朱怀冰部老巢。朱部措手不及，溃不成军，慌忙逃窜，又在林县被截击，几乎全军覆没，残部退入修武境内。这次战役取得胜利，标志着第一二九师和晋冀鲁豫地区反击国民党第一次反共高潮取得决定性胜利。

为争取蒋介石继续抗战，八路军以民族利益为重，根据党中央和毛泽东的命令，停止对朱怀冰等残部的追击，并派朱德总司令到洛阳与卫立煌进行谈判，争取双方休战，共同抗日。经过中国共产党的不懈努力，3月，双方就停战、防区达成协议。4月下旬，朱德总司令奉命离开八路军总部回延安，中途赴洛阳与卫立煌会谈团结抗战问题。在经过济源太行山时，联想到全国抗战局势，有感而发，即兴赋诗一首《出太行》:“群峰壁立太行头，天险黄河一望收。两岸烽烟红似火，此行当可慰同仇。”[①] 朱德到洛阳后，经过谈判，同国民党军订约，以漳河为界划分了作战线。根据协议，八路军新一旅和晋豫区党委奉命撤离晋豫边，退到太南地区，又称太南撤军。至此，国民党在晋冀鲁豫地区发动的反共高潮被彻底打退。

在八路军第一二九师停止反磨擦作战后，“磨擦专家”们并不死心，4月1日，石友三、丁树本北犯，企图重占直南豫北地区，八路军发起反击，迫使其分别逃至豫西和退回曹县、单县、定陶一带。5月15日，八路军乘胜追击，向石部全面进攻，攻克东明县城及顽军据点十余处。至此，反击石友三、丁树本顽军作战结束，歼灭顽军15万余人，控制了北起朝城，南至东明，西起卫河，东至运河广大地区，冀鲁豫和鲁西两个抗日根据地连成一片。

国民党顽固派在华北地区发动的反共高潮被粉碎后，其反共磨擦的重点由华北转向华中。处于华北与华中交界处、八路军与新四军连接处的豫皖苏抗日根据地成为首当其冲的目标。

1940年2月15日，国民党反共军商丘自卫团夜袭中共永城四区曹集乡公所、夏邑县三区杨楼办公处，残杀23人。豫皖苏军民给予坚决的揭露和控诉。2月25日，万人反磨擦动员大会在新兴集举行，要求制止国民党顽固派投降、分裂、倒退的行动，夺取抗战的最后胜利。

6月上旬，蒋介石企图将新四军全部挤出华中地区，命令黄河

① 中央文献研究室编:《朱德年谱》，中央文献出版社2016年版，第960页。诗前题写:“一九四〇年五月，经洛阳去重庆谈判，中途返延安。是时抗战紧急，内战又起，国人皆忧。”

以南地区的八路军、新四军统统撤到黄河以北；而后凭借黄河天险，将八路军、新四军的归路堵塞，置其于死地。

针对顽固派的企图，中共中央采取了针锋相对的措施，除从舆论上彻底揭露顽固派的阴谋外，在军事上令八路军第二纵队主力迅速南下，协同新四军扩大华中敌后根据地。6 月下旬至 7 月初，第二纵队和苏鲁豫支队先后抵达豫皖苏边区，使反磨擦斗争形势迅速好转。

6 月底，国民党鲁苏战区副司令韩德勤策动向苏北根据地南部进犯。根据中央指示及苏皖斗争形势，中原局书记刘少奇提出“向东发展、向西防御”，集中力量发展苏北的战略方针，打击顽固分子韩德勤，解决苏北问题，然后再解决皖东、皖北问题。8 月，为实现这一方针，经党中央同意，以三四四旅（欠第六八七团）与新四军六支队（欠第四总队）合编为八路军第四纵队，彭雪枫任司令员，留豫皖苏地区执行向西防御任务；以新二旅、第六八七团、苏鲁豫支队、陇海南进支队、第四总队合编为八路军第五纵队，黄克诚任司令员兼政委，共计 2 万余人，执行东进任务。

9 月底，国民党 11 个师集结皖西一带；汤恩伯 9 个师由鄂开豫，在南阳集中，准备进攻彭雪枫、张云逸部。10 月，蒋介石又调李仙洲之九十二军归汤恩伯指挥，担负阜阳、淮上等地的“清剿”任务。面对顽军的步步紧逼，中央军委和中原局命令彭雪枫部下最大决心，坚持豫皖苏边区现有阵地。豫皖苏边区的党政军民，坚决地执行这一命令，与敌顽展开了拼死斗争。年底，顽骑二军进至永城、夏邑、亳县地区，组织反动武装，暗杀抗日人员等，八路军第四纵队一部给予有力回击。

正当第四纵队主力与日伪顽浴血奋战之际，发生了令人痛惜的耿吴刘叛变事件。1940 年 12 月 12 日，留守在豫皖苏根据地中心区的保安司令耿蕴斋、第六旅副旅长兼第十八团团长吴信容、第十七团团长兼夏邑县长刘子仁，发动武装叛变。12 日晨，刘子仁、吴信容大肆抓捕党员干部，并阴谋杀害前去做说服工作的区党委书记吴芝圃等人。13 日晨，关押在邵山村的干部奋起突围，除少数人牺牲外，绝大多数冲了出去。事件发生后，彭雪枫连续急电党中央，报告事件发生的经过，提出应急措施，并急令第五旅十四团和第六旅十六团主力从淮上和涡北开到萧（县）永（城）边，对叛军进行威慑和镇压。刘子仁、吴信容迫于强大压力于 14 日夜释放了未突围出来的干部。此次叛变，第四纵队损失近 2000 人和相应的武器装备。不久，叛军投向国民党第三十一集团军汤恩伯部，配合日伪顽军从背后夹击第四纵队，整个边区的形势日趋恶化，进入困难时期。

在豫鄂边区，国民党顽固派的反共磨擦活动也步步升级。蒋介石曾数次电令新四军军部和国民党第五战区司令长官部，要求将在豫鄂边区的新四军撤走，否则就以武力解决。在蒋介石的策动下，豫鄂边区各地区的反动顽固分子蠢蠢欲动，竞相反共，制造流血事件。

1939 年 12 月，国民党第五战区第四游击纵队鲍刚部，以开展冬季攻势为名，乘机渗入四望山根据地。第一游击纵队曹文彬部两个支队也开进四望山区，在应山浆溪店一带疯狂进行反共磨擦活动，先后两次袭击并杀害抗日群众近 80 人。为避免直接冲突，信应地委和信应总队，根据上级指示主动撤离，四望山区遂被顽第四游击纵队鲍刚部占领。

1940 年 1 月至 4 月，李先念率新四军豫鄂挺进纵队主力 3 次反击盘踞大、小悟山制造磨擦的程汝怀部，有力地配合了平汉路东新四军第四、第五支队的斗争，而且使大、小悟山同陂安南根据地连成一片，为进一步开辟鄂东地区奠定了基础。

第四章
河南敌后抗日根据地的坚持与巩固

经过三年多的艰苦奋斗，中国人民的全民族抗战取得了重大胜利。河南各敌后抗日民主根据地迅速发展壮大。但是，随着国际国内形势的变化，1941 年至 1943 年，河南敌后抗战进入空前困难的时期。这一时期的河南多灾多难，三面环敌，半壁沦陷。政治环境上，侵华日军疯狂发动“扫荡”，国民党顽固派进攻豫皖苏等根据地，意图把八路军、新四军逼退到黄河以北。自然环境上，连遭旱灾、蝗灾、水灾，粮食产量锐减，病饿而死及逃亡者众。经济环境上，由于日伪顽的封锁和摧残，工商业、手工业遭到毁灭性打击，根据地财政收入减少，经济极为困难。为克服严重困难，各根据地军民在中国共产党领导下开展了轰轰烈烈的生产救灾运动，在粉碎日伪顽军事进攻的同时，大力开展各项建设，为夺取抗战胜利奠定了坚实基础。

一、日伪顽的进攻和封锁

侵华日军的战略调整

1941 年 12 月 8 日，日军偷袭珍珠港，英、美对日宣战，太平洋战争爆发。12 月 9 日，国民政府正式对日宣战，同时也对德、意宣战。鉴于中国战场的重要地位，美、英提议成立中国战区，由蒋介石出任最高统帅。1942 年元旦，由中、美、英、苏 4 国领衔，26 国在华盛顿签署《联合国家宣言》，标志着国际反法西斯统一战线的正式形成。中国率先签署《联合国家宣言》，为国际反法西斯统一战线的建立做出重大贡献。中国长期以来单独抗击日本侵略的局面终于结束。

而日本政府和军方的野心还在不断膨胀，谋划建立“大东亚共荣圈”，把太平洋战争包括中日战争在内，统称为“大东亚战争”。为尽快结束在中国战场的战争，解决南进后顾之忧，日军调整其侵华战略，在正面战场加快进攻，同时把中国共产党和敌后抗日根据地作为主要进攻对象，企图通过反复的“扫荡”“清乡”加以消灭。

华北一直是中国敌后抗战最活跃的地区，也是日军重点“肃正”的地区。1941 年年初，日军华北方面军制订的“肃正”计划规定，“肃正的重点，仍然在于剿共”，并认为“剿共一事，仅靠武力进行讨伐，不能取得成效，必须以积极顽强的努力，统一发挥军、政、民各方面力量，摧毁破坏敌之组织力量并以争取群众为重点”。

日本侵略者将华北分为“治安区”（日伪占领区）、“准治安区”（抗日游击区）、“未治安区”（抗日根据地），在不同类型的地区采取不同的“强化”重点。

在日伪占领区，普遍加强汉奸伪组织的力量，强化基层的保甲制度，扩大警察特务组织，大肆掠夺、控制和禁运经济物资，加紧对中国人民的征敛搜刮，广泛进行思想文化上的麻醉欺骗等。伪河南省公署还成立了“治安强化运动指导委员会”，伪省长陈敬斋任委员长，每次推行“治安强化运动”都制定出具体的实施方案和宣传大纲。实行“十户连坐法”（一户抗日，十户皆杀），中共地下党组织遭到破坏，许多共产党员和抗日爱国志士被逮捕，河南敌占区一片白色恐怖。

在敌我边沿的游击区，日伪主要采取“蚕食”手段，大量修筑公路网、碉堡群、封锁沟墙，并用武力强迫民众“归村并户”，企图切断游击区和根据地的联系。

对抗日根据地，日军实行军事“扫荡”为主、经济封锁为辅的策略，与伪军配合，分时期、分地区反复“清剿”，名为“清乡运动”，目的是摧毁八路军、新四军等抗日力量，使抗日根据地人畜不留、庐舍为墟。

日军对敌后抗日根据地的频繁“扫荡”

日军对各敌后抗日根据地“扫荡”“清乡”，所用兵力之多，次数之频繁，手段之残暴，在中国近代史上都是罕见的。从 1941 年到 1942 年，日军在华北连续五次推行“治安强化运动”，要求“肃清共产党，并破坏其组织”，对冀鲁豫、太行、太岳等抗日根据地的“扫荡”达 500 多次。

仅 1942 年 1 月至 10 月，日伪军对冀鲁豫中心区千人以上的“扫荡”就有 67 次之多，其中多次“扫荡”兵力在万人之上。有时对一个地区的“扫荡”时间达三四个月之久。日军在“扫荡”中采取“铁壁合围”、捕捉奇袭、纵横“扫荡”、梳篦式“清剿”等战术，实行杀光、烧光、抢光的“三光”政策，大肆烧杀抢掠，给抗日根据地人民带来巨大灾难。

1941 年麦收前，日军 2 万余人对冀鲁豫抗日根据地的沙区进行了一次毁灭性的大“扫荡”——“四一二”大“扫荡”。内黄、濮阳、滑县、清丰、南乐一带受害村庄 141 个，被烧毁房屋 5 万余间，有 80 个村庄全部变为焦土，被屠杀民众达 4000 余人；作为沙区人民经济支柱之一的枣树被砍 5 万余株。1942 年 9 月，日军对冀鲁豫抗日根据地濮（县）范（县）观（城）中心区进行大规模的“扫荡”。日军在范县一县就杀害 1200 多人，强奸妇女 300 多人，掠走壮丁近千人。日军所到之处，房屋几乎被烧光，粮食、鸡、鸭、牲畜被抢劫一空。1943 年，日军对太行抗日根据地的辉县、淇县部分区乡“扫荡”，大肆烧杀，抢掠粮食、牲口、农具、衣物。仅在淇县30个村，抢粮868石（13万余公斤），牲口251头。

日军还对抗日根据地采取分割封锁的“蚕食”政策。在周围大量修筑公路网、碉堡，沿铁路、公路、河流，到处挖封锁沟，修封锁墙。在太行和冀鲁豫两个抗日根据地之间的平汉铁路两侧，构筑第二道、第三道封锁线，铁路以西的封锁线延伸30多公里。从1941年至1942年上半年，冀鲁豫抗日根据地周围的封锁沟增加到3375公里，公路增加1万公里，敌伪据点增加到2100个。全区被分割为6块，处于深沟高墙、公路纵横、据点林立的封锁之中。冀鲁豫抗日根据地面积，1941年比1940年缩小1/3，1942年6月比1941年又缩小1/5。太行抗日根据地的面积,1942年比1940年减少22800平方公里。

日军在沦陷区的殖民统治

太平洋战争爆发后，日本国内粮食产量不足、运输极为困难的境况更为明显，为满足军需配给，侵华日军加剧了对沦陷区的物资掠夺。日军利用道清、平汉、陇海等铁路干线和公路、水运组成纵横交错的交通网，将掠夺来的煤炭、金属、粮食、棉花、木材、油料等物资运往各地，支持侵略战争。

为便于掠夺华北地区资源，日军成立“华北开发公司”和“华北综合调查研究所”,主要采取以下手段进行压榨：一是在沦陷区各县、乡、村遍设合作社，将人民个人财产归于合作社，物资贸易由合作社管理；二是设立农业仓库，强迫人民将所获粮食除各家人口两个月生活必需量外，悉数送交仓库；三是强制收买物资；四是实行粮食及日用品配给制；五是控制物价及经济封锁；六是大量增加苛捐杂税，有很多税匪夷所思，如电灯税、婚帖税、猪狗牌照税等，良民证更是需要每月一换，每次都需交钱；七是以中日合资的名义大量投资；八是发行伪钞、敌票及压低法币。

除了物资，青壮年劳力也是日军掠夺的目标，一是胁迫青壮年加入伪军，二是抓去服苦役。1941 年 7 月，日军在博爱县强抓壮丁 6000 余名，经道清铁路转平汉路北运，因害怕壮丁暴动或逃逸，数日不开车门，因时疫和气闷生病和死亡者数千人。安阳沦陷后，日军于 1942 年 7 月下征兵令，迫使 18 岁以上 25 岁以下青年入伍。因大批青年不愿加入日伪军，冒险突过封锁墙逃出，日军采取恶毒的征兵办法，规定家有青年不报或少报者，就惩办家长，并没收全部家产。

河南有着数千年的文明史，文物古迹甚多，日军对此觊觎已久。仅 1942 年，河南省立博物馆所藏魏志、隋志、大隋舍利塔铭、刘根造像碑拓片等珍贵拓片 278 张以慰问日军的名义被索要走。1940 年至 1941 年，日本东京帝国大学考古学研究室在原田淑人的带领下，对殷墟进行了发掘；1942 年至 1943 年，进驻安阳的日本军队对殷墟进行大规模的盗掘，大批珍贵的商代文物被劫往日本。

日军不仅在物质上加剧掠夺，还在思想上进一步愚民洗脑，诱使河南人民“防共”“反共”“亲日”。1942 年 8 月日军制定的伪《华北政务委员会第五次治安强化运动实施纲要》，明确提出目标是要“剿灭共匪，肃正思想”。伪《河南省公署第五次治安强化运动实施办法》提出“灭共必须与防共同时进行”，“欲使思想肃正，必须由教育、宣传、文化事业各方面入手”等方针。豫东各县被迫取消私塾，成立“联保小学”，日军军官不时赴小学视察，并向儿童分发糖果，做出一副亲善假象。在学校增加反共课本，焚毁共产主义和一切能激发民族情感的书籍，利用爱家、敬老、扶幼、节孝等中国传统美德行愚民之实，对青少年、农民、妇女采用不同的愚民策略，鼓吹“中日亲善”“共存共荣”“建立东亚新秩序”。

国民党顽固派加紧反共活动

在日军加快其侵华步伐、推行其殖民统治之时，国民党顽固派反而认为正面战场抗日形势有所缓和，遂变本加厉地执行其“消极抗日、积极反共”的方针。1941 年 1 月，国民党顽固派完全背离抗日民族统一战线，制造了震惊中外的“皖南事变”，新四军军部及所属皖南部队 9000 余人，在遵照国民党军事当局的命令向北转移途中遭到国民党 8 万余人的伏击和围攻，除 2000 余人突围外，一部被打散,大部壮烈牺牲或被俘。新四军军长叶挺在同国民党军谈判时被扣，副军长项英在突围过程中遇害。事变发生后，蒋介石竟诬称新四军叛变，宣布取消其番号。皖南事变是国民党顽固派掀起的第二次反共高潮的最高峰。中国共产党在这场斗争中采取军事上严守自卫、政治上坚决反击的方针。中共中央军委宣布重建新四军军部，任命陈毅为代军长,刘少奇为政治委员。并将活动于陇海路以南的八路军、新四军部队统一整编为七个师和一个独立旅，其中，在河南区域活动的主要是新四军第四师和第五师。第四师由八路军第四纵队编成，彭雪枫任师长兼政治委员，张震任参谋长，萧望东任政治部主任；第五师由新四军豫鄂挺进纵队编成，李先念任师长兼政治委员，刘少卿任参谋长，任质斌任政治部主任。

皖南事变后，国民党顽固派在华中成立“剿共总指挥部”，以李宗仁为总指挥。下分鄂中、淮南、淮北、襄西四个“清剿区”：第一“清剿区”为鄂中区，以王仲廉为总司令；第二“清剿区”为淮南区，以李品仙为总司令；第三“清剿区”为淮北区，以汤恩伯为总司令；第四“清剿区”为襄西区，以冯治安为总司令。对华中的豫皖苏、豫鄂边等抗日根据地，实行分区“清剿”。负责“清剿”淮北区的汤恩伯又把豫皖苏边区划为3个“清剿区”。豫东的开封、中牟、尉氏、杞县、太康、西华和睢县、淮阳、商丘、夏邑、永城等21个县被划为第一、第二两个“清剿区”。1940年11月，汤恩伯集结大批部队，从1941年2月中旬开始，对豫皖苏抗日根据地发动大规模军事进攻。与此同时，豫鄂边抗日根据地的信(阳)应(山)地区，亦遭到顽军的攻击。

1942年4月，国民党第五战区把豫鄂边区划为信罗、随北、鄂东等5个“清剿区”，并乘武汉地区日军一度减少之机，先后出动12个师约10万之众兵力，在信(阳)罗(山)、鄂东等地区，再次发动反共的所谓“全面清剿”。

部分国民党军政要员毫无民族气节，如国民党第三十九集团军副司令孙良诚(后任伪第二方面军总司令)、第二十四集团军司令庞炳勋(后任伪暂编第二十四集团军总司令)、新编第五军军长孙殿英(后任伪第五军军长、伪第二十四集团军副总司令)等相继率部投敌。这些国民党军队投降日军后，被编为伪军，敌后抗日根据地周围的伪军骤然增多。1942年，太行抗日根据地周围的伪军大约1.5万人，比1940年增加1万多人。这些伪军同日军配合，包围和进攻敌后抗日根据地，形成日军、伪军、顽军三方夹击八路军、新四军等抗日武装力量和抗日根据地的严峻局面。

二、粉碎日伪顽的军事进攻

豫北抗日根据地军民的反“扫荡”斗争

豫北地区太行、太岳、冀鲁豫等抗日根据地的军民在中共党组织领导下，实行主力军、地方军、民兵相结合的军事体制，采取内线作战与外线作战相结合的灵活机动的战略战术，广泛开展游击作战，实行坚壁清野，疲惫、消耗、打击，陷敌于人民战争的汪洋大海之中。

1941年上半年，冀鲁豫边区对敌斗争形势趋于紧张，特别是沙区遭到日伪军毁灭性的大“扫荡”后，处境十分困难。1941年6月9日，中央军委向八路军发出反“蚕食”斗争的指示。冀鲁豫区党委召开全区高级干部会议，决定以主力部队为骨干，积极与地方武装、人民武装相结合，广泛开展反“蚕食”、反封锁斗争，力争军事斗争的主动权。

1941年7月下旬，冀鲁豫南进支队第二十一团在群众的配合下，在濮阳、清丰、南乐一线对敌展开破袭战，连续破坏南乐、清丰间的公路、封锁沟，并在清丰北唐庄、乜城村两次成功伏击敌人，后又袭入南乐城南的南清店据点，创造了小部队开展游击战的范例，受到纵队和军区的表扬。

经过7月中旬至10月上旬为期3个月的边沿区反“蚕食”、反封锁斗争，迟滞了日伪军的“蚕食”、封锁和切割，一度缓和了严峻的局势。但因日伪军使用重兵实施“蚕食”、封锁，加之顽军的频繁磨擦，以及反动会道门的暴乱，局势很快又恶化起来。

1942年9月下旬，日军调集重兵，对冀鲁豫根据地濮范观中心区进行大规模“铁壁合围”式的“扫荡”。9月27日，日军第三十二、五十九师团及骑兵第四旅团和伪军各一部共1万余人，另有坦克10辆，兵分八路突然合围濮范观中心区。军区司令员杨得志获悉后，紧急指挥领导机关、主力部队从西南方向跳出敌人合围圈脱离险境。但外出执行任务返回途中二军分区军政委员会书记曾思玉率领的两个连武装，被合围于范县甘草堌堆一带。曾思玉率部与敌人激战，掩护部分被围的机关、学校、地方干部和群众突出重围。在这次反“扫荡”中，共毙伤日伪军100余人，缴枪百余支。

1943 年秋冬之交，日军经过周密计划，决定对冀鲁豫边区进行秋季大“扫荡”。这次“扫荡”从 9 月 21 日开始，11 月 13 日结束，规模之大，时间之长，在边区是空前的。然而，由于边区八路军主力部队与地方武装、人民武装采用外线出击与腹地斗争相结合的方式，积极主动反“扫荡”，取得的胜利也是空前的。经过大小战斗 300 多次，攻克敌伪据点、碉堡 74 个，连克东平、延津 2 个县城，袭击东明、濮阳等 4 个县城，毙伤日伪军 1374 人，俘虏日伪军 2746 人。

太行区多次发动对平汉路的破袭战，仅在 1941 年冬季的破袭战中，就摧毁封锁沟、封锁墙 109 公里，破坏公路、铁路 70 余公里，攻克碉堡 52 座。1942 年秋，太行区在开展第三次政治攻势、粉碎敌人第五次“治安强化运动”的斗争中，发动 9000 余人对封锁沟墙进行大破袭，破坏了营井段铁路和封锁沟，毙敌伪军百余人，收割电线千余斤。

1941 年 5 月，日军发动中条山战役，国民党 30 万大军败退到黄河以南，黄河主要渡口均被日军占领。北方局根据这一新的形势，决定重新创建晋豫边抗日根据地。8 月 1 日，第十八集团军总部命令第三八六旅十七团、十八团和决死一纵队五十九团组成南进支队。中共晋冀豫区党委提出“南进支队与晋豫人民共存亡”的口号。1942 年 1 月 30 日，南进支队兵分两路跨过曲晋公路，进入晋豫边区，多次击退日伪军的阻挠和进攻，很快肃清当地的土匪武装及散兵游勇。南进支队所属部队，以营连为单位分散开展活动，打击敌顽，发动群众，发展地方武装，建立抗日政权。1942 年 4 月，建立豫晋边联防区和豫晋边联合办事处。10 月 20 日，中共中央决定晋豫区党委与太岳区党委合并，原晋豫区党委下属的 3 个地委组成太岳四地委，豫晋边联防区和豫晋边联合办事处分别改为太岳第四军分区和第四专署，晋豫边区成为太岳根据地的一个组成部分。

豫东敌后军民的反“清剿”斗争

耿吴刘叛变事件发生后，豫皖苏抗日根据地敌强我弱的态势更加严峻。隶属豫皖苏抗日根据地的豫东地区，面临着既要粉碎日军的疯狂“扫荡”，又要打退国民党顽固派军事“清剿”的双重任务。为粉碎日伪顽的夹击，坚持和巩固敌后抗日根据地，豫东敌后广大军民进行了英勇顽强的斗争。

1940 年 11 月初，负责“清剿”淮北区的汤恩伯开始调动军队，亲率 9 个师 14 万人，气势汹汹地拥向豫皖苏边区，矛头直指彭雪枫部。然而，此时形势突然发生变化，侵华日军为了逼蒋投降，于 1941 年 1 月 25 日集中 5 个师团 7 万多名日军，分三路向豫南进攻，发动豫南战役。这就打乱了汤恩伯计划于 2 月 1 日进攻豫皖苏根据地的部署，“剿共”计划不得不暂时搁浅。面对日军的进攻，汤恩伯惊慌失措，节节溃败，豫南大片领土很快落入敌手。豫皖苏边区主力彭雪枫率领的新四军第四师，也调整战略部署，由准备反顽转向跟踪追击日军。

1941 年 2 月 2 日、3 日，毛泽东、朱德、王稼祥连续发出指示“不失时机集中力量向河南发展”，“我军当前的行动方针是敌至何处，我新四军即应至何处。目前敌快要占漯河，你们应即向平汉路逐步推进”。4 日，新四军第四师分两路追击日军，先后收复蒙城、涡阳两座县城。部队进至新黄河东岸一带，准备相机开辟敌后抗日根据地。7 日，日军突然结束豫南战役，并将部队迅速撤回原防。

随着豫南战役的结束，对日军进攻一再避让败退的顽军立即将枪口对准追击日军的新四军第四师。2 月 10 日，汤恩伯以 7 个师 4 万余人的兵力分三路向豫皖苏抗日根据地扑来。由于战局的突然变化，新四军第四师以及所辖地方武装尾击日军的部队正处在分散展开的状态，来不及集结部队和调整部署，面对7倍于己的顽军，顿时陷入不利的境地。豫皖苏根据地军民在腹背受敌的境地下奋起反击，开始了为期3个月的艰苦卓绝的反顽斗争。

新四军第四师在张村铺、江口集等地对进攻顽军进行顽强抗击。顽军攻占江口集、王市集、蒙城、涡阳半壁店、罗集等地。在激战中，新四军十旅二十九团等部遭受重大损失，被迫放弃涡河以南地区。3月31日，顽军又分路北渡涡河，一路由涡阳向吴桥寺，一路由小涧集向曹寺集，一路由界沟集向褚家集，分别大举进攻新四军第四师。胡沟日伪军400余人也向赵集一带进犯，乘机对根据地进行"扫荡"，还策动土匪、反动会道门势力暴动滋扰，唆使叛军屠杀抗日军民。

新四军主力部队一面进行反"扫荡"作战，一面抗击顽军进攻，部队无日不在战斗中，疲惫不堪。4月6日，在永城西南的万楼战斗中，新四军第四师三十四团一营（两个连130人左右）被叛军刘子仁、顽军骑兵第三师共千余人包围。该营顽强坚守，与顽军白刃拼搏，苦战一昼夜，打退顽军多次进攻，给顽军以重大杀伤，最后弹尽粮绝，除少数人员突围外，大部分牺牲。4月19日，各路顽军深入北淝河沿岸龙山集、檀城一带。在中国共产党的支持下，国民党第九十二军四二五团团长陈锐霆（共产党员）率全团官兵在褚家集战场起义，并发表《为精诚团结，自动停止内战宣言》。同日，奉命接应和掩护陈锐霆起义部队的新四军第四师十旅二十八团、三十二团及特务营，趁势对蒙城以东大小郭家的顽军牛肃久部进行突然袭击，俘虏副团长以下320余人，击毙50余人，获得不小的胜利。

豫皖苏军民在3个月的反顽斗争中，英勇顽强，先后进行大小50余次战斗，取得檀城、马家楼、门西张、椿庄、大小郭家等战斗的胜利。豫皖苏军民的反顽斗争，对阻止顽军东进北上在战略上起到了重要作用。但由于顽军和新四军双方力量对比过于悬殊，加之其他方面的种种不利因素，第四师主力伤亡严重，全师减员 4000 余人，豫皖苏抗日根据地津浦路西部分暂难坚持，决定向东撤退，进行战略转移，并开辟新的抗日根据地。1941 年 5 月，彭雪枫奉中原局和新四军军部指示，率第四师主力 1 万余人和大批党政机关干部先后撤离豫皖苏根据地，向津浦路东皖东北地区转移，这一地区的抗日力量得到快速增强。

同时，根据地西部的睢（县）杞（县）太（康）地区，随着豫皖苏区党委和新四军第四师的撤离，进入艰苦的坚持时期。这块具有重要战略地位的游击根据地经常遭到日伪顽的夹击，甚至一度形成新四军与日伪顽犬牙交错的局面，斗争极为残酷。1941 年 4 月 22 日，中共睢杞太地委书记韩达生在杞县梁寨战斗中被顽军第八十一师所俘，后被杀害。1943 年 1 月 27 日，日伪千余人“扫荡”水东地区，刚接任水东地委书记兼水东独立团团长的唐克威率部在杞县常营同日军作战，壮烈牺牲。在异常困难的条件下，全区军民坚决贯彻执行中共中央的指示，发扬不怕苦不怕死的革命精神，充分利用黄泛区的有利地形，坚持开展游击战，机动灵活地同日伪顽周旋，乘机打击敌人和来犯顽军。

1941 年 7 月，重建的水东独立团三营营长孙其昌带领七连 10 余名战士，化装奇袭睢县西陵寺伪乡公所，全歼守敌 40 余人，缴获步枪 30 余支。10 月后，水东独立团开辟睢县北新区，逐步打通与华北冀鲁豫根据地的联系；同时在杞县南、太康县北黄泛区建立起以聚台岗为中心的水东根据地。1942 年 9 月、10 月间，水东独立团多次打退国民党十二专署武装的进攻，从而恢复了杞南、杞北、杞通（许）中心区。1943 年 1 月，水东地区正式划归冀鲁豫根据地。

豫南敌后军民粉碎日伪顽的夹击

华中是国民党顽固派反共的重点地区，国民党当局任命李宗仁为华中“剿共”总司令。李宗仁把豫鄂边区划为鄂中（包括豫南）、襄西、鄂东（包括罗礼经地区）3个“清剿区”，调集8.8万兵力，计划在1941年2月底全歼新四军，摧毁豫鄂边抗日根据地。豫鄂边区党委和新四军第五师根据中共中央、中央军委关于新四军战略任务的指示，确定了坚持豫南、鄂中基本区，巩固襄西，发展鄂东、鄂皖边的方针，并在豫南一带建立豫南指挥部，黄霖任指挥长。

1941年1月14日，当进攻鄂中地区的顽军一踏进信（阳）应（山）地区，新四军豫鄂挺进纵队（皖南事变后改编为新四军第五师，4月10日起使用新番号）第三、第七两个团在青石桥即同顽军展开激烈战斗，胜利突出重围。国民党顽固派的行动给日军带来可乘之机，1月25日，日军发动豫南战役，国民党第五战区参战部队在司令长官李宗仁指挥下展开防御作战。新四军豫鄂挺进纵队和信应地方武装也立即向敌后进军，袭击日军后方，开展游击战争。2月5日，李先念、任质斌又亲率纵队主力向豫南敌占区进军。在中国抗日军队和新四军的打击下，加之日军准备不足，兵力有限，日军被迫在攻占舞阳后，于2月1日结束作战。2月7日前后，陆续撤回信阳，豫南会战结束。

豫南会战刚结束，国民党部队立即卷土重来，再次向敌后抗日根据地发起进攻。为粉碎顽军新的进攻，乘其尚未部署就绪之机，豫鄂挺进纵队集中主力第一、第二、第三、第九团，于17日夜首先向大、小悟山发起攻击，完全恢复大、小悟山地区的根据地。

新四军第五师根据中共中央的指示，抓住太平洋战争爆发之初，日军在豫鄂边区兵力不足，据点守备兵力减弱的有力战机，先后于1941年12月7日、12月23日和1942年2月2日3次向盘踞在汉阳地区侏儒山的伪定国军第一师汪步青部发动攻击，全歼伪定国军第一师，击溃伪定国军第二师和日伪军的数次增援，毙伤日军200余人，俘伪军950余人，控制了侏儒山及附近地区，扩大了豫鄂边区抗日根据地。

1942年3月，蒋介石命令第五战区在短期内迅速消灭新四军第五师。4月，第五战区军事当局全面实施其“清剿”计划。在这次大规模“清剿”中，第五战区军事当局把边区分为信罗、随北、鄂东等5个“清剿区”，先后出动12个正规师、4个保安团、11个游击纵队、5个独立游击支队。为达到消灭新四军第五师、摧毁抗日根据地的目的，甚至同日军勾结，恳请日军协助。

在顽军大举进攻面前，中共豫鄂边区党委迅速动员全区军民立即行动起来，全力投入自卫战争。全区建立3个军分区和2个军事指挥部，以便在敌顽夹击下，能够独立、分散地开展游击战争。

新四军第五师十三旅三十八团迅速北上，配合信应支队反击向豫南根据地中心区进攻的崔仁甫部，牵制顽军南下。第三十八团同信应支队在大庙畈与顽军第五十五军二十九师1个团及崔仁甫部展开激战，将侵入大庙畈的顽军逐出。侵入信南地区的顽军第六十八军2个团，在信南地方武装的不断袭击和群众空舍清野的困扰下，也不得不撤出。

7月，顽军开始对豫鄂边区进行第二阶段的进攻。此时，日军与顽军配合，一面对抗日根据地中心区“扫荡”，一面在敌占区增设据点，强化统治。在日伪顽夹击的形势下，边区领导机关和主力第十三、第十五旅被迫退至平汉路以西、广水以东的狭长地带。为打退日伪顽的军事进攻，边区党委和新四军第五师决定紧紧依靠群众，以游击战牵制日伪顽军；信南独立团分散兵力，以小部队发动小规模战斗，阻击顽军继续南进。8 月 31 日，信南独立团与第十三旅、第十五旅四十五团及其他地方武装协同作战，向进攻大、小悟山地区的顽军蒋少瑗部发起反击，歼其旅部及两个团，俘旅长蒋少瑗及以下官兵 2000 余人，迫使进攻罗山、礼山、经扶、光山等地的顽军撤出根据地。至 1942 年 12 月，终于打退顽军持续 8 个月的“清剿”。

1943 年夏，在国民党顽固派掀起的第三次反共高潮中，国民党第二集团军再次向豫南地区进行“清剿”。驻信阳的日伪军也趁机多次以数千人的兵力反复“扫荡”信南根据地。信南地方武装展开灵活机动的游击战，并出其不意地攻克柳林日军据点。至此，信南根据地军民在有力打击顽军进攻的同时，粉碎日军多次“扫荡”，守住了豫鄂边抗日根据地的北大门。

三、1941 年至 1943 年的严重困难

河南遭受严重的自然灾害

河南是以农业为主的省份。1938 年花园口决堤使黄河改道，河水泛滥成灾，大量农田变成沙地与盐碱地，防洪及灌溉系统被破坏，自然生态环境恶化，环境恶化又引发自然灾害频仍，严重影响了全省农业经济的发展。从 1941 年秋开始，河南各地爆发旱灾，农作物严重歉收。1942 年全省遭遇 50 年未有之大旱，自春至秋干旱无雨，使井涸塘竭、河渠断流、大地龟裂、禾稼焦枯，人民粮食告竭，遂成特大饥荒。河南 111 个县，几乎无县不灾，缺粮的饥民达 1000 万人以上。1942 年《新华日报》载，全省“全年收成不及一二，民众饿死者 150 万人以上，逃亡在外者 300 万人以上”。南阳《前锋报》记者写道：“自然的暴君，从去年起，开始摇撼了河南农民的生命线。旱灾烧死了他们的麦子，蝗虫吃光了他们的高粱，冰雹打死了他们

的荞麦，到秋天，最后的希望又随着一棵棵的垂毙的秋苗枯焦。他们被赶上了死亡的路途。”[①]

全省粮食收成不及丰年一二，豫西、豫中秋收无望，豫北大旱、赤地千里。太行抗日根据地第五专区的林北、安阳等县，大部分地区收成仅二成，亩产仅为20—30斤。1942年冀鲁豫抗日根据地因旱灾秋夏普遍歉收，全区重灾村1050个，轻灾村580个。沙区受灾尤为严重，秋苗枯死，特产大枣因干旱不成熟就落地了。灾民为了生存，吃草籽，啃树皮，连干柳叶、花生秧、麻籽叶、草根都成为争相抢夺的食物。除少数地主、富农外，家家户户卖家具、卖枣树、卖房宅、卖土地，有的甚至卖儿卖女，典当妻子，自卖其身，沙区卖掉的妇女、小孩达1万人。还有老人自焚，甚至出现人吃人的现象。

1943年，灾情继续发展，南自武胜关，北至太行山脉，西起荆紫关，东至淮河流域，全被旱魔笼罩，大小麦颗粒无收，早秋作物全被旱死。秋后又发生了涝灾、蝗灾。蝗虫迅速蔓延，受灾地区很快扩大到豫北、豫中、豫西42县。孟县受蝗灾面积达4872亩，蝗虫密度每平方米多者达150只至200只。林县有77.1万亩农作物受到蝗灾，蝗虫所过之处禾苗荡然无存。这一年，河南省除受蝗虫灾害外，又受到水灾。夏季大雨，

难民想尽一切办法攀上火车逃难（白修德/摄）

① 载于1943年4月6日《前锋报》，该报道系《前锋报》特派驻洛阳记者李蕤（笔名流萤）撰写。

山洪暴发，洛河、伊河、汝河、沙河、颍河、洪河、漳河、卫河等泛滥成灾。秋季又连降大雨，太行、太岳边区庄稼大部分被冲毁。

连续发生的旱灾、涝灾、蝗灾，其受灾面积之大，灾情之重历史罕见。灾象丛生，农产锐减，众多难民逃往外乡，妻离子散，据不完全统计，全省因旱灾饿死者达 220 万人，逃难至其他省份 300 余万人。①1400 余万人沦为赤贫，占全省总人口 3000 万人②的四成还多。各抗日根据地军民损失惨重，仅冀鲁豫区灾民就达 120 万人，太行区灾民 35 万人。

国民党当局的不作为使人祸和天灾叠加，又加剧了河南人民的苦难。田赋征实是国民党政府在抗战期间实行的一项战时经济政策，即各省田赋一律征收实物而不是货币，产粮区征收粮食，产棉区征收土布或棉花。抗战以来，河南作为农业大省实际上承担着全国最多的征粮征实，所出壮丁人数在全国也位居第一。③河南地处中原抗战主战场，常年驻军数十万，最多时达 70 余万，这些军队需要大量军粮，征购粮食常常低于市价甚至拖欠，相当于全省每月背负 151 亿元支出，数量惊人。1942 年旱灾发生后，河南省政府向重庆国民政府报灾、请赈，请求减免征粮征实数额，但蒋介石认为是故意夸

---

① 河南省社会处编:《河南灾情实况》，1946 年 7 月，中国第二历史档案馆藏，档案号 21-2-287。据国民党政府统计，河南因黄河泛滥淹死 32 万人，1942 年、1943 年因大旱饿死 220 万人，死亡和逃难人数合计 567 万人。这里所说的 300 余万人是约数。

② 河南省政府统计处编:《河南省统计年鉴》，1946 年，河南省图书馆藏，Z101。据国民党政府统计，河南人口总数 1940 年是 3066.62 万，1941 年是 2930.88 万，1942 年是 2797.98 万，1943 年是 2595.02 万。这里所说的 3000 万为约数。

③ 河南省社会处编:《河南灾情实况》。原文为“河南人民于灾劫之余，仍能踊跃输将，竞服兵役，其所出壮丁及所纳粮赋数量之多，在全国各省均居第一位。抗战胜利，贡献独大，此乃豫省之殊荣，亦为中原灾苦之主因”。

大灾情，要求河南 1942 年仍需缴纳田赋粮食 380 万石（约合 3.8 亿公斤），后减为 200 万大包（约 2.8 亿公斤）。这对灾荒中的河南人民来说是沉重的负担。地方官吏为了完成征粮任务，挨家挨户催逼搜刮。为全额缴纳粮食，国统区中无奈的农民，不得不卖掉一切可卖的东西来购粮缴粮，最终河南超额完成征收任务，而失去存粮的农民，只能饿死或被迫逃荒。1943 年 2 月，《大公报》对于河南人民所遭受的饥荒和痛苦，登载了一篇真实的报道，却被国民党政府勒令停刊 3 天。迫于国际和国内的舆论压力，国民党当局最终决定启动救灾工作，办理平粜，救济灾民，但对灾民来说只是杯水车薪。迟来的赈济，反而饱了部分军政官员的私囊。暂编第九军军长霍守义强索已过年度的军粮 10 余万公斤盗卖资敌，获赃款肥私；河南省政府派赴陕西购粮的官员，利用所带现款，大做走私生意，仅省平粜委员会副主任刘汉珍一人，即利用赴陕购粮之机，贪污平粜款 1 亿元。

旱灾导致粮价飞涨。太行抗日根据地的粮食贵如珍宝，1942 年粮食和土地的比价是 1 斗玉米 1 亩地，1943 年则成 1 斗玉米 2 亩地。豫北灾民纷纷向苏皖及晋东南逃亡，尤其是往晋东南的最多，部分逃往太岳根据地山区开荒度灾。在豫中的汜水县，“抗战前小麦每市斗 6 角，小米 6 角余。1942 年麦收前，小麦每市斗涨至 22 元，小米 23 元余。1943 年春，小麦每市斗涨到 300 元，小米 300 元有余”①。其他生活必需品的物价也在飞涨，如洛阳市盐价最高时上涨了 80 倍。

沦陷区的灾民更是悲惨。日军为掠夺到更多财物，不顾连年严重的自然灾害，强迫百姓捐献，大肆掠夺粮食、物资、田地。如日

---

① 王子宫:《一九四二年大旱灾之汜水》,载《河南文史资料》第 19 辑,1986 年 9 月,第 160 页。

军在博爱磨头地区开辟所谓“稻田区”，圈地1万多亩，1万多名农民失去了土地。在严重灾荒中，大批难民惨死和逃亡。据对沁阳、博爱、武陟3县6个村的调查资料显示，户数平均较战前减少了约33%，最多的减少了65%。博爱山区原有6万人口，灾后只剩下7000人。连续两年，河南沦陷区、国统区大批灾民逃亡到太行、太岳和陕甘宁边区，抗日民主政府都作了妥善安置。

抗日根据地的经济困难

天灾人祸给河南各抗日根据地带来了严重的经济困难。1941年到1943年是各抗日根据地财政危机最大的三年，经济封锁、日军进攻、自然灾害等都是造成经济困难的原因。

日军频繁对抗日根据地进行“扫荡”“清乡”“蚕食”，残酷实行“三光”政策，长期进行经济封锁，使根据地的生产力遭到极大的破坏。日军禁止兵器弹药类、医疗药品、石油、棉布、火柴、盐、糖、麦、各种机械等一切可能对根据地有用的物资从沦陷区流入根据地；禁止向根据地邮寄包裹；仅允许毒品、化妆品、果子酒、人造丝等物品流通。开封一些贩私盐的穷苦妇女，被日军抓获后，装入麻袋残忍刺死，甚至还有被日军放狗咬死的。

国民党顽固派不仅在军事上加紧进攻抗日根据地，而且在经济上、财政上施加种种压力。国民党政府完全停发八路军的薪饷、弹药和被服等物资，并且对抗日根据地进行经济封锁，扬言“不让一粒粮、一尺布进入边区”。日军和国民党顽固派的经济封锁和严重的自然灾害，使抗日根据地的财政经济和部队的给养供应发生了极大困难，广大军民面临缺粮断炊的威胁。

在这种情况下，财粮征收逐渐减少，如田赋征收项，冀鲁豫抗日根据地1941年可征地为8196537.47亩，1942年减为6114351.78亩，下半年财政非常困难，全区党政军民缺少5个月粮食。部队不仅不能从群众处得到给养，反而需要去救济灾民，再加上敌人封锁破坏、抢夺剥削、连年灾荒，导致根据地基本区日益缩小。部分受灾群众出去逃荒，还有的群众怕被伪军抓壮丁，也纷纷逃走，根据地在人口上损失惨重。自然灾害使得本就经济困难的抗日根据地雪上加霜。1942年秋冬之际，抗日根据地的严重局势达到顶峰。

四、抗日民主根据地的建设

建立健全各级“三三制”政权

为动员、团结全党和全体军民克服困难，巩固敌后抗日根据地，坚持抗战，争取胜利，中共中央制定一系列正确的方针和政策，号召全党全军咬紧牙关，度过黎明前的黑暗。各边区党政军领导机关根据中央指示，逐步制定出适合实际情况的方针政策，在建设中全面推进各项改革，将各抗日根据地建设成军民一体、牢不可破的坚强堡垒。

政权建设是敌后抗日根据地建设的首要问题和根本问题。中国共产党提出，根据地政权是共产党领导的抗日民族统一战线性质的政权，是一切赞成抗日又赞成民主的人们的政权，是几个革命阶级联合起来对于汉奸和反动派的民主专政。1940年3月6日，中共中央要求各抗日根据地的政权建设，必须贯彻“三三制”原则，即在政权组成中，共产党员、进步分子和中间分子各占1/3。这样做，可以容纳各方面的代表，团结一切赞成抗日又赞成民主的各阶级、阶层。

从1941年起，河南各抗日根据地贯彻执行中共中央指示，相继开展热烈的普选运动，民主选举“三三制”的各级民意和政权机关组成人员，颁布各自的施政纲领，使政权建设走入规范化、制度化的阶段。

1941 年 4 月，豫鄂边区在京山召开第二次军政代表大会，民主选举鄂豫边区行政公署组成人员，许子威当选为行署主席。大会通过《豫鄂边区选举条例》《豫鄂边区各级代表大会组织条例》等。这次会议之后，迅速形成人民参政热潮。1942 年 3 月，在各地普遍民选的基础上，豫鄂边区召开首届人民代表大会，选举边区人民代表大会（即参议会）代表团，陈少敏当选为大会主席（议长）；改选行政公署委员，许子威继任行署主席。大会通过《豫鄂边区施政纲领》。会议严格执行“三三制”原则，争取如国民党中央委员潘怡如、大学教授柳野青等许多党外著名人士参加政府和民意机关工作。

太行、太岳、冀鲁豫边区也将建设、巩固“三三制”政权摆到边区中心工作的重要位置上来。1941 年 7 月 7 日，晋冀鲁豫临时参议会第一次会议胜利召开，正式选举成立晋冀鲁豫边区政府，下辖太行、太岳、冀鲁豫区，太行为直辖区。会议审议通过《晋冀鲁豫边区政府施政纲领》和各种重要条例、法令，选出临参会驻会委员 14 名。八路军参议员申伯纯当选为议长，国民党参议员宋维周、邢肇棠当选为副议长；选举杨秀峰为边区政府主席，薄一波、戎伍胜为副主席，浦化人为高等法院院长。

民主选举后，各根据地相继召开参议会，制定执政纲领，并颁布各种法规和条例。除各级参议会、各级政府的组织条例和选举法外，还有减租减息条例、改善工人生活条例、婚姻条例、保障人权和财权条例、惩治贪污条例，等等。这些法规和条例的制定，使抗日根据地的法制建设初具规模。

在民主建政过程中，村级基层政权的建设也得到加强。1941 年 6 月，太行、太岳、冀鲁豫边区大规模的村选运动相继开展。太行林北县的村选运动从 7 月开始，在一年多的时间内，对全县的 72 个行政村分批进行改造。晋冀鲁豫边区村选运动成为宣传和实施民主政治的运动，许多村庄投票人数达到村民总数的 80% 以上，有的达到 95% 以上。村民为新当选的村长披红戴花，举行各种庆祝会，庆祝民主政治的胜利。

抗日根据地的政权建设和推行的民主政治改革，极大地激发了根据地军民团结抗战的热情，使根据地出现空前自由民主、生动活泼的新局面，为克服困难和坚持抗战注入了新的动力。

开展生产救灾和经济建设

面对各根据地财政经济困难和粮食短缺问题，中共中央和毛泽东研究和确定了解决各根据地财政经济问题的方针和具体办法。1941 年 6 月，中共中央决定成立中央财政经济委员会，林伯渠为主席。1942 年后，河南各根据地按照中共中央有关指示，响应毛泽东提出的“自己动手，丰衣足食”的号召，发扬自力更生、艰苦奋斗的精神，广泛开展群众性的生产救灾斗争。各根据地在领导生产救灾中，把救灾度荒与发展生产密切结合起来，发动群众，广泛采集各种代食品；发放救灾粮款，举办公赈；以工代赈，组织生产自救；开展互助互济，发展生产救灾互助组织；繁荣工商事业，开展内外贸易；兴修农田水利，增加农业投资以及在党政军机关开展勤俭节约和大生产运动，形成军民团结奋斗、共渡难关的热烈场面。

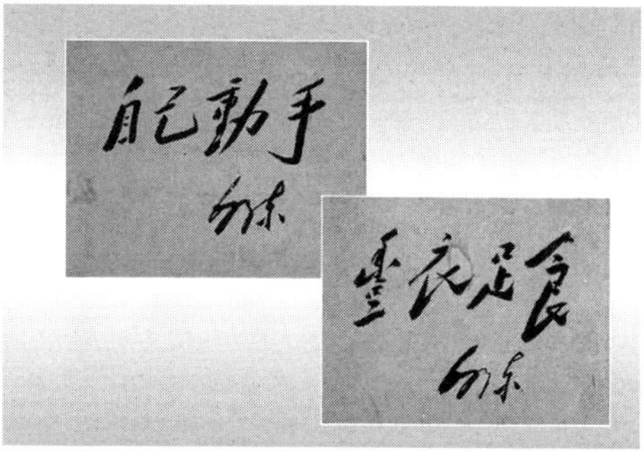

毛泽东为电影《南泥湾》题词“自己动手”“丰衣足食”

豫鄂边区政府在 1941

年和1942年两次发行建设公债600万元，为发展农业生产和救灾筹措资金。全区各地普遍组织了变工队，或以工换工，或以人力换畜力，合理调剂，互帮互助。信应各地在同灾害的斗争中，积极兴修水利。中共信罗边工委动员群众和部队,历时3个月,投工4.5万多个，建成从信阳彭家湾到辛店的1公里多长的渡槽引水工程和天鹅堪坝，可灌溉农田近2000亩。

为加强经济建设，豫鄂边区先后建立健全财政经济委员会和财政、粮食、物资、工商、税务、合作社、银行等工作部门，并抽调一批优秀的党政军人员充实到财政经济工作部门中去。从1942年到1943年，边区政府和财经领导部门相继公布《关税税则》《出入口特许证暂行办法》等条例法令，逐步建立统筹统支、预决算制度和各项开支标准，使财经管理体制逐步健全，财经制度逐步统一，财经来源逐步稳定可靠。

1942年10月到1943年6月，太行区抗日政府拨出235万元和10万公斤小米，组织灾民开渠修坝，兴修水利，还拨出310万元贷款和40余万公斤粮食，支持灾区生产，安置灾民生活。此外，根据边区粮价东贵西贱的特点，组织军民从西线敌占区购回粮食1570多万公斤，以低价卖给灾民，并实行以工代赈，优先安排灾民运粮。在生产自救中，组织群众参加运输、纺织等副业生产。1943年9月，太行豫北新区的第七、八专署建立后，各专、县、区都成立了剿蝗指挥部，教育群众破除迷信，大力开展剿蝗刨卵运动，林县城关区每天就有上万人参加。太行区还因地制宜建立公营铁工厂、面粉厂、纺织厂、毛纺厂、毛巾厂、染织厂、纸厂、烟厂、皮革厂、煤矿等，公营厂矿由原来的15个增加到100个，生产规模不断扩大。在公营工业发展的同时，群众性的手工业生产也迅速恢复发展起来。

太行区林北县的任村，地处晋、冀、豫三省交界。太行、冀鲁豫边区利用这一有利条件，从1940年下半年开始，先后在任村办起了“德盛昌”“太记”“宏丰”“德兴”等货栈及“同仁”“新华”等商业店铺。在公营商业的带动下，各地客商搭伙结伴，开设店铺，任村集贸市场十分活跃，成为重要的商品集散地。

冀鲁豫区行署提出“生产自救”和“互助渡荒”口号。组织成立纺织合作社，妇女纺棉织布，再将棉纱和织布销售出去，沙区90%以上的妇女参与了纺棉织布，共纺棉200多万斤，织布50多万匹，换回粮食1000多万斤。沙区的盐碱地多，政府发动群众打井，熬碱晒盐，将制成的皮硝、火碱、盐运往外地。运粮、挖井、晒盐者每日发放粮食，也能解决吃饭问题。通过以工代赈，既增加了生产，又救济了灾民。政府还组织灾民成立互助组、合作社，按业务分有运销、信用、生产合作社，按群众组织系统分有农、青、妇合作社。合作社本着自愿结合、等价交换原则，灵活调剂劳动力，从事生产。为抓好1943年春耕，恢复农业生产，边区政府及时发放生产贷款1亿元，沙区、重灾区村庄，每户平均2400元，让灾民购买生产工具、牲口、种子等生产资料。1943年有80%的麦种是边区政府贷出去的。边区所有牲口，包括军马，也全部用于帮助灾民复耕。

至1943年上半年，根据生产救灾和对敌斗争的需要，冀鲁豫区先后建立15个公营商店和一批交易所，有计划地组织商品输出输入，调节根据地内集贸市场，并在天津、济南、徐州、开封等城市建立外线贸易工作站，从敌占区购回大量医药、纸张、枪支弹药等根据地需要的紧缺物资。

在发动群众发展生产、广开财源的同时，冀鲁豫区大力整顿财经工作。1942年9月15日，冀鲁豫行署发布《冀鲁豫边区统一市场货币暂行实施办法》，规定鲁西银行钞票（简称“鲁钞”）为根据地本位币，建立了统一的货币市场。1942 年 11 月，颁发《关于开展本区经营工作的决定》，决定建立公营商业，并鼓励合作经营，以这一联盟经济的力量，对敌进行贸易斗争，打破日伪顽的经济封锁。1943 年 1 月，冀鲁豫边区政府接连颁发经过修订的《统一市场货币暂行实施办法》和《财粮统收统支办法》《各级政府机关财粮供给制度暂行办法》，继续规范财经工作。

鲁西银行本票贰百圆

军队和地方党政干部的大生产运动，也是各抗日根据地大生产运动中的一个创造。坚持战斗在各抗日根据地的八路军、新四军指战员，一手拿枪，一手拿镐，“劳动与武力相结合”，“战斗与生产相结合”。一面武装保卫群众，生产度荒；一面节衣缩食，开荒生产，同地方干部一道积极投入生产救灾工作中去。邓小平、刘伯承、李先念等领导同志带头参加生产劳动，经常利用休息时间开荒种地、纺线，深受群众称赞。1943 年，大生产运动在各根据地普遍开展起来，许多部队当年已做到蔬菜、肉类和 3 个月粮食自给。

抗日根据地的大生产运动和经济建设，由于坚决贯彻中共中央制定的财政经济工作总方针和各项具体政策，取得很大成就。农业生产和工商业都得到迅速发展，克服了严重灾荒，人民生活得到明显改善，为抗日根据地度过严重困难时期，巩固民主政权建设，支持敌后长期战争，争取抗日战争的胜利，奠定了物质基础。正如毛泽东后来所指出的：大生产运动在保证物资生活方面，起了决定性作用，如果不是适时地抓住这个环节，我们就无法抓住整个革命链条，我们的斗争也就不能前进。

精兵简政

为减轻人民的负担，党外人士李鼎铭等于1941年11月首先提出精兵简政的意见。中共中央立即接受，于12月发出精兵简政的指示，规定各根据地脱离生产的人员只能占总人口的3%，其中军队系统人员占2%，党政民系统人员占1%。1942年、1943年，河南各抗日根据地认真贯彻执行中共中央关于精兵简政的指示，大力开展简政整编工作，转变作风，提高效率，节省民力，密切政群关系。

冀鲁豫边区连续进行了三次精兵简政。第一次精简，主要针对部队，把整编重点放在团以下单位，撤销营级建制。通过精简整编，团机关更加精干，连队人员得到充实。第二次精简，撤销边区党政军委员会，全区各项工作统一于区党委领导之下；取消八路军第二纵队番号，各种武装力量统一由军区领导，杨得志任军区司令员；压缩各级党政民机关编制，各抗日救国组织合并为抗日救国联合会（简称“抗联”）。第三次精简，撤销各部队中的军政委员会，由区党委、地委、县委书记兼任同级部队的政治委员，黄敬任区党委书记兼军区政治委员，杨得志任军区司令员，晁哲甫任行署主任。

1942年9月7日，毛泽东为延安《解放日报》撰写社论《一个极其重要的政策》，表扬了包括太行区、太岳区、冀鲁豫区在内的精兵简政工作。

豫鄂边区在简政工作中重新划分行政区域，严格规定各级政府编制，调整各级行政机构，实行中心乡制，抽调领导干部深入基层工作，从而克服头重脚轻、尾大不掉和上下脱节的现象。同时，从1942年8月开始，更加注意整顿政风。行署和各级政府先后多次召开政风检讨会，开展反不正之风的斗争。在斗争中行署坚决撤换一些不称职的领导干部、严厉惩办贪污舞弊的公务人员，使政风大振，民心大快。

豫皖苏边区提出节约运动。军区与师部合并，节约出大批干部，以加强部队下层工作。在财务支出上，实现了全部经费由师统筹统支，粮食统一供给，并建立预决算、审计制、报告制、检查制等制度。每月节省粮食6000斤。减少纸烟、灯盏等物品供应，回收旧军帽洗染后作为新军帽，又节约经费几万元。停办部分报刊，集中经费办好《拂晓报》等主要报纸。

通过精简，各抗日根据地实现了党的一元化领导，党、政、军、民机关更为精干，办事效率得到提高，还节约了大量财政经费。

实行合理负担与减租减息

1941年进入严重困难时期后，河南各抗日根据地大力推行合理负担与减租减息的经济政策，对调动广大农民群众抗日和生产的积极性，解放生产力，团结一切抗日力量战胜困难，巩固和发展根据地起到了重要作用。

中国共产党的合理负担政策，是针对以往农村普遍存在负担不合理的状况而提出的。原来实行的不分好地坏地一律按地亩摊派的办法，加上有的地主、恶霸利用权势隐瞒土地，致使不少地区的田赋捐税负担主要落在中农和贫农身上。这种不合理现象严重侵犯农民群众的经济利益，也加重了他们的生活困难。为解决这一问题，各抗日根据地按照合理负担政策，先后颁布统一累进税制。1940年4月，冀太联办公布合理负担条令，规定农副产品一律不列入任何负担，负担标准最高不得超过年收入的30%。此后，各抗日根据地逐步实行统一累进税制。豫鄂边区政府相继公布田赋《分级累进征收办法》《税收征收办法》。

1942年，冀鲁豫行署在总结合理负担经验的基础上，颁布《合理负担暂行办法草案》和《实施细则草案》。《合理负担暂行办法草案》“总则”中申明：“本办法以富力大的多负担，富力小的少负担，极贫苦的不负担；负担最高额以不超过每人全年总收入30%，负担人口以县为单位，应达到80%左右为原则。”并据此原则，对计算负担的办法、累进率作了详尽规定。1943年4月25日，晋冀鲁豫边区政府颁布《统一累进税暂行税则》，规定凡本区人民都有纳税的义务，其纳税以“有钱出钱，钱多多出，钱少少出”为基本原则，既照顾到贫苦群众的生活，也照顾到其他各阶层的利益。为适应战时需要，统一累进税定为现款和粮食两种。《统一累进税暂行税则》还规定了纳税范围、税率、起征点和免征范围，划分了六等农业税、四等工商业税和各自的累进率、税率。太行、太岳、冀鲁豫各区都认真贯彻执行边区政府的合理负担政策，组织由贫农、中农、开明士绅参加的评议小组，丈量土地，评议产量，按土地质量、收入多少分派负担数额。纠正了一些地方出现的负担面过窄、少数富户负担过重的问题，使合理负担政策得以正确贯彻，受到各阶层人民的欢迎。

《统一累进税暂行税则》

早在1937年8月25日，中共中央在《抗日救国十大纲领》中，即明确提出要把减租减息作为党在抗战时期解决农民土地问题的基本政策。它兼顾农民和地主两方面的利益，有利于团结大多数地主抗日，把发展统一战线和解决农民问题很好地结合起来。但是，由于河南各抗日根据地政治、军事形势不稳定，抗日根据地与沦陷区、国统区犬牙交错，许多地区存在敌我双重政权。因此，直到1941年年底，各抗日根据地多数地区未实行减租减息，而且已实行的，也大多是明减暗不减，因而未能充分调动广大群众的积极性，对抗日根据地的巩固极为不利。

1942年1月28日，中共中央发布《关于抗日根据地土地政策的决定》，2月4日又发出《关于如何执行土地政策决定的指示》。这两个文件对减租减息政策及执行办法作了明确规定：减租“租额以减低原租额之25%为原则”，减息“应以一分半为计息标准”。文件还指出：实行减租减息，必须放手发动和组织群众，依靠贫农，团结中农，实行“三三制”的民主政治。在群众发动起来以后，要注意纠正“左”的偏向，同时注意保护干部和群众的积极性。在中共中央上述政策的指导下，各抗日根据地的减租减息运动有计划、有领导地普遍开展起来，逐步形成大规模的群众运动。

1942年春夏，各抗日根据地先后对减租减息工作做了具体部署。4月，晋冀豫区党委作出《关于如何执行土地政策的指示》，6月前后，大规模的减租减息群众运动在太行各地很快开展起来。7月初，冀鲁豫区党委召开民运工作会议，就减租减息群众运动的组织领导和工作步骤问题进行讨论。9月中旬，刘少奇对冀鲁豫边区开展减租减息运动、充分发动群众问题作出重要指示。冀鲁豫区党委决定从各单位抽调500多名干部，组成减租减息工作团，首先在濮县、范县两县开展以合理负担、减租减息、反贪污、查黑地、改造村政权为中心内容的群众斗争。在点上取得经验后，1943年相继在面上逐步铺开。除坚决贯彻执行党的二五减租、一分半减息政策外，各地还根据不同情况，对租佃关系中的一些实际问题作出具体规定，如佃户给地主家做杂活必须付给一定报酬；因自然灾害减产时，视实际减产成数相应减租或免租；对雇工实行“五一”增资（即增加原工资的 20%）；雇工有病东家应负责治疗等。由于群众发动充分，又是由点到面逐步铺开，全边区的减租减息工作取得重大进展。

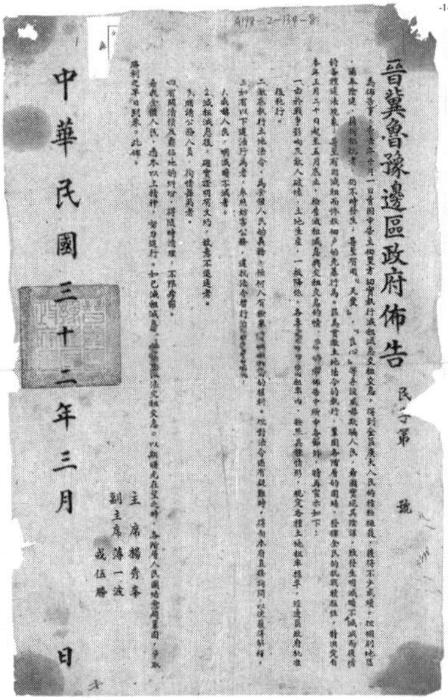
晋冀鲁豫边區政府佈告
民字第　號
主席　楊秀峯
副主席　薄一波
戎伍勝
中華民國三十二年三月　日

1943 年，晋冀鲁豫边区政府关于减租减息的布告

1942 年 8 月，信南中心县委为贯彻豫鄂边区政府制定的《1942 年度减租减息办法》，召开了农民代表大会，围绕边区政府的施政纲领和减租减息问题，进行充分讨论和热烈争论，最后统一执行“四六分”“二五减”的政策。之后，为推动减租减息工作的开展，县、乡还成立评租委员会和“双减”检查团，检查各地减租减息政策执行情况。

1944 年至 1945 年，各边区的减租减息随着抗日根据地的巩固、扩大，更加广泛深入地开展。1945 年 3 月，邓小平率领北方局 10 余名干部，到达冀鲁豫中央分局机关驻地清丰县单拐村。邓小平不顾连日长途跋涉的疲劳，与分局领导同志一起研究在抗日根据地普遍发动群众、进行减租减息工作的问题。6 月 6 日，他在冀鲁豫分局召开的群众工作会议上作重要报告，强调在减租减息运动中仍应以发动群众为中心，吸取过去的经验教训，正确执行党的各项政策，恰当地解决一些悬案，切实团结中农，大量吸收他们参加农会，巩固群众的既得利益。邓小平的报告推动了冀鲁豫边区减租减息群众运动的开展。

通过减租减息，抗日根据地中各阶级的土地占有关系和经济地位发生了很大的变化。地主的户数和占有土地的比例有所减少；贫雇农的户数有所减少，每户平均占有土地的比例有所增加，经济地位显著上升，其中一部分上升为中农；中农的户数和所占有土地的比例有显著增长。减租减息政策的贯彻执行，适当地调节了抗日根据地内的生产关系和阶级关系，团结了各个阶级、阶层，这对于抗日民族统一战线的巩固和抗日民主根据地的发展，有着极为重要的作用。

文化教育事业不断发展

抗战时期的敌后根据地，尽管战事频繁残酷，环境动荡不安，财政经济异常困难，但在中国共产党和抗日民主政府的领导下，适应抗战和军民文化生活需要的文化、教育事业仍不断发展。在团结教育人民、克服困难、支援战争、夺取胜利中，发挥了重要作用。

报刊是重要的舆论阵地。河南各抗日根据地在十分困难的条件下，创办各种报纸、刊物。不仅边区党、政、军领导机关，而且各地区甚至少数县都有自己的报纸、刊物。太行、太岳、冀鲁豫边区先后创办的主要报刊有《新华日报》（太行版）、《新华日报》（太岳版）、《晋冀豫日报》、《太岳日报》、《卫河日报》、《冀鲁豫日报》、《战友报》，还有地区性报纸如《胜利报》《太南导报》等。豫皖苏边区的《拂晓报》是影响很大的报纸之一，它同拂晓剧团、骑兵团一起被誉为彭雪枫的“三件宝”。《拂晓报》曾发行到国外，并作为中国敌后的报纸，在法国举行的“万国新闻报纸博览会”展出。豫鄂边区共创办 30 多种报刊，其中边区党政军领导机关的《七七报》《新民主》《挺进报》影响都非常大。各抗日根据地通过这些报刊，把中共中央的方针政策、抗日根据地的创建发展、抗日军民的浴血奋战、党政干部的勤政廉洁、群众抗日和生产的热潮、日伪汉奸残暴丑恶的行径，及时、准确地呈现在人们面前，大大激发了广大军民的抗日热情和生产积极性。

各边区的文学艺术、戏剧曲艺活动也开展得十分活跃。1941 年，太行、太岳、冀鲁豫边区各种文化组织和学术团体创办的文学刊物有38种之多。如《抗战生活》《华北文艺》《青年与儿童》《敌伪研究》等，都拥有相当多的读者。豫皖苏边区的著名木刻家刘砚、李坚发起组织豫皖苏边木刻研究会，并出版《拂晓木刻》半月刊。1940 年由原河南省委领导的开封孩子剧团与豫皖苏边区的拂晓剧团合并后，成为根据地文化战线上的一支劲旅。他们深入前线、农村，既开展群众工作，又为广大工农兵演出丰富多彩的抗日剧目，根据地的文艺工作和文化生活呈现出蓬勃发展的局面。

敌后抗日根据地创建后，首先建立与发展起各级党校、各类干部学校，培养各级党政军干部。1940 年 3 月，豫皖苏边区在随营学校的基础上，创办抗日军政大学第四分校，5 月又成立区党委党校。其间，晋冀鲁豫边区创办抗大第六分校、抗战建国学院和鲁迅艺术学院分院，豫鄂边区创办抗大第十分校及洪山公学、建国公学等，为各边区培养了一批又一批军政干部，成为抗日根据地武装斗争和各方面建设的骨干力量。

河南各抗日根据地还大力开展教育事业。由于日军的入侵，大批学校被毁或被占用，教职员工纷纷离校，许多地方的国民教育陷于停顿。1940 年 3 月，中共中央发出《关于开展抗日民主地区的国民教育的指示》，强调："开展抗日民主地区的国民教育，是当前深入动员群众参加与坚持抗战，培养革命知识分子与干部的重要环节。各级党的领导机关及其宣传教育部，必须认真地把这一工作当作他们的中心任务之一。”

1940 年 7 月，遵照中共中央指示，豫皖苏边区为推动国民教育全面发展，召开了第一次教育行政工作会议，讨论通过边区联防委员会教育处制定的《教育实施方案》。方案对边区学校教育的指导原则，初级教育、中等教育、特等教育中的学制、课程设置、教材编写等问题都作了具体规定，强调社会教育的原则是“利用最接近民众组织的形式推广社会教育，内容与形式力求其现实化、民族化”。这一方案的实施，大大推动了边区中小学教育的全面发展。

冀鲁豫边区为推动国民教育发展，通过办教师训练班和中心小学的办法，解决师资不足的问题；根据需要和可能，建立各式各样的学校。从 1942 年冬开始，各边区在发展中小学校的同时，利用农闲时节积极推行冬学运动。冬学分全日制、半日制和夜校三种形式，吸收各阶层、各年龄段的广大群众参加。冬学以政治教育为主，把读书识字作为中心工作，把政治教育、文化教育和生产运动密切结合起来，让广大人民群众既学习文化知识，又了解抗日道理。在频繁作战、经费与生活异常困难的情况下，各抗日根据地不拘一格，兴办文化教育事业，根据地呈现出一派兴旺发达的景象，并且积累了经验。

1943 年秋，经过全体军民的艰苦工作和顽强斗争，以及国际国内局势的有利变化，严重困难的局面开始转变，各抗日根据地进入恢复和再发展时期。抗日根据地为克服严重困难开展的各项建设，大大增强了党同抗日根据地人民的血肉联系，使群众更加信任党，信任人民军队，这对中国共产党在极端艰苦的环境下坚持敌后抗日斗争直到胜利有着至关重要的作用。同时抗日根据地在建设中积累了许多经验，对以后建设新中国也有着深远的影响。

五、沦陷区的抗日斗争

开展对日伪军的工作

日本帝国主义对中国发动的侵略战争是非正义的，随着战争的延长，部分日本士兵的厌战情绪越来越浓。中共中央根据抗战形势的发展作出相关指示，强调加强对日军的政治攻势对争取抗战胜利具有重大意义。毛泽东指出："我们的胜利不但是依靠我军的作战，而且依靠敌军的瓦解。"1943 年年初，中共中央太行分局书记邓小平在分局高级干部会议上指出："在敌占区和敌伪内部积蓄力量，以待时机，配合反攻或反正。"为开展敌伪军工作，河南各敌后抗日根据地党组织陆续派出精干人员，在敌占区城市建立敌工委员会和敌工部等机构，开辟了在敌人心脏内的特殊战场。

沦陷区的中共党组织积极发展和建立健全党组织。1942 年 12 月，冀鲁豫五地委、军分区派人在民权县内黄集建立陇海路汴商敌工站，李冠卿任站长，1943 年春迁到开封改为开封情报站。1943 年 8 月，经八路军总部情报处批准，第十八集团军前方总部开封情报站成立，郭有义任站长。敌工站和情报站的主要任务是：宣传共产党的方针政策，团结与争取群众，搜集敌伪情报，瓦解日伪军。

十八集团军前方总部开封情报站旧址

党对日军的瓦解主要采取政治宣传的方式，使日本士兵从根本上认识到中日战争的性质，促使他们实行“革命的败北主义”。除了在反“扫荡”中，广泛书写标语，大量散发宣传品外，还组织部队、民兵进行战场喊话。同时，对久驻一地的日军守备部队进行经常性的政治攻势。参照延安日本士兵代表大会所通过的《日本士兵要求书》，针对日军内部虐待新兵、无视士兵人权，日本兵思念家乡、企盼团聚的心理，进行攻心战。经过这些工作，日本士兵的厌战反战情绪普遍增长。在同八路军交战中，投诚或被俘的日本人和日军中的朝鲜人,组织了“日人反战同盟”和“朝鲜独立同盟”。他们出版《同胞新闻》，散发《日本士兵要求书》，揭露日本军队内的法西斯统治，号召日本士兵反对侵略战争。

各抗日根据地在广泛发动群众对敌斗争的基础上，开展群众性的争取、瓦解伪军及伪组织的工作。一方面，加强对伪军、伪组织人员的政治宣传，并在群众中广泛宣传当伪军、汉奸可耻，以阻止伪军、伪组织的发展。对作恶多端的伪军、伪组织人员，开展“检举死心汉奸”运动，对铁杆汉奸坚决打击与孤立。同时，各地发动群众加强对伪军、伪组织人员家属的工作，召集他们座谈或个别谈话，号召他们签订抗日协约书，通过他们争取、瓦解伪军及伪组织人员。另一方面，在伪军内部隐蔽积蓄力量。一批共产党员打入日军领导机关和伪军、伪组织，在内部争取伪军政人员反正，发展秘密党员；掌握日伪军动向，为根据地军政领导机关提供准确情报；利用合法身份铲除汉奸，营救被俘的抗日人员。1943 年春，汴商敌工站通过关系，派共产党员担任民权县人和区伪区长，接着，又掌握伪区队和各个部门，将该区管辖的 6 个联保会主任调换成共产党员和党的同情者。这样，被敌人破坏的陇海路汴商南北交通线又恢复起来。同年春夏之交，敌工站通过关系派共产党员打入兰封县伪警备队，对伪警备队长张绍儒进行教育争取工作。随后，鲁西南军分区派代表与张绍儒进行谈判，达成与八路军、新四军建立正常往来关系，双方互不发生武装冲突，及时为八路军、新四军提供日伪军活动情报等协议。

开封情报站李冠卿等积极开展了争取河南省伪省长陈静斋的工作。陈静斋 1944 年出席日军为发起河南战役而召开的高级军事会议。会后，他将日军为集中兵力西进要抽调收缩 33 个据点的重要情报提供给八路军，为扩大冀鲁豫抗日根据地起了有益作用。水东地委敌军工作委员会（简称“敌工委员会”）开展争取驻睢杞太一带伪军张岚峰部团长王继贤的工作。经过向王继贤宣传党的政策，王继贤愿意弃暗投明，为抗日出力。双方达成协议：王部不与新四军作战；不抓共产党新四军的地方工作人员；不从根据地抢粮抢物残害百姓。王部遵守协议，不仅不与新四军搞磨擦，还为新四军送情报，帮助购买武器和药品。经过一年多的工作，水东地委敌工委员会还将伪杞县保甲自卫团完全掌握，并以伪军名义在杞县西南部的小湖岗、沙沃、王固集建立据点，这些据点实际为共产党控制。新四军第四师收复豫皖苏地区后，在半年多时间就争取了 3400 多名伪军反正。在政治攻势和内线配合下，有 15 股伪军反正起义。

许多敌军工作干部巧妙伪装打入日伪军内部，搜集日伪情报。冀鲁豫军区边区办事处派王惠林打入伪东亚同盟自治军第三旅程道合部，充任情报参谋，专门搜集敌伪情报，使八路军对日伪军的行动与兵力变化了如指掌，在作战中能够变被动为主动，不断取得胜利。1944 年春，开封情报站站长郭有义等人通过各种关系，获得日军准备发动河南战役的情报，中共中央据此对河南形势的变化作出及时、正确的判断。冀鲁豫五地委开封特别支部书记姜达生打入敌人内部，以伪华北“剿共”委员会荐任视察员的身份，获取永城日伪军的城防情报，并将这一情报转交给新四军第四师，对于第四师部队收复永城县城起到重要作用。1945 年 5 月，太行五地委城工部搜集到安阳日伪军的兵力、工事、部队布防等重要情报，对太行军区部队发起安阳战役起到很大作用。

地下交通线的建立

豫北、豫东地区是华北与华中敌后战场的接合部，是连接延安、华北、山东、华中的要道。为打通延安与各抗日根据地的联系，八路军总部和河南各抗日根据地建立多条地下交通线。冀鲁豫区党委根据北方局关于加强交通工作、党政军交通工作要分设、特别要加强秘密交通工作的指示，先后建立濮范观中心交通总站和 4 条通往北方局、八路军总部的秘密交通线。此外，还建立通往山东分局的 2 条地下交通线。其中最主要的一条交通线是：八路军总部豫北办事处和冀鲁豫军区沙区办事处建立的从濮县起，途经清丰县、内黄县、安阳县、林县，中间通过卫河、平汉路封锁线，直达太行区林县任村的交通线。

1940 年 5 月，冀鲁豫军区第一军分区在安阳东部建立地下交通站，负责转送党政军过往人员。不久在内黄县设立华北抗日民军办事处，负责交通联系工作。1941 年 6 月，八路军总部在太行抗日根据地林县任村设立八路军总部豫北办事处，同华北抗日民军办事处建立联系。1942 年年初，八路军副总司令彭德怀指示冀鲁豫军区要同八路军总部豫北办事处密切配合，对安阳以东、卫河以西的伪军、土匪开展争取工作，把太行到冀鲁豫、冀南抗日根据地的地下交通线建立起来，保证畅通无阻。5 月，冀鲁豫军区在内黄井店设立沙

八路军豫北办事处旧址

区工作团，不久改称沙区办事处，统管这一带的交通站和华北抗日民军办事处。办事处的主要任务是建立地下交通线，保障太行与冀鲁豫、冀南以及山东、华北抗日根据地的联系。经过对这一地区伪军进行多方面的工作，1942 年夏建立起经内黄、安阳，过卫河、平汉路封锁线，到林县任村的交通线。这条交通线建立后，在一年时间内，即护送党政军过往人员近千人。由于过往人员日益频繁，压力愈来愈大。为防止交通线暴露而遭敌人破坏，冀鲁豫军区又于 1943 年 8 月开辟经内黄、汤阴县，过平汉路封锁线，到淇县泉寨村或林县任村的交通线。1943 年 8 月后，往返于这条交通线的党政军人员有 1 万余人，其中，刘少奇、邓小平、陈毅等也都曾走过这条地下交通线，往返于各抗日根据地之间。太行根据地的土特产花椒、黄麻、核桃、党参等山货，通过这条交通线，运到安阳转销北平、天津、郑州、开封等大中城市，换回造币纸、印刷机、电池、伪币、黄金、银圆和枪支弹药等。太行根据地生产的军火和印刷的冀钞，也源源不断地运往冀南、冀鲁豫抗日根据地。太行山八路军总部、北方局和太行分局，对于冀南、冀鲁豫、山东抗日根据地的指示、文件，在太行根据地出版的《新华日报》等报刊，也多由这条地下交通线转送各地。

1943 年，冀鲁豫开封工委和淮北区党委敌工部共同努力，在开封、民权内黄集、柳河车站、兰封县城建立数个交通联络站，并在陇海铁路开封、民权内黄车站的铁路警察中发展交通员。沿陇海铁路建立一条连接冀鲁豫与淮北、苏北根据地的交通线。这条交通线先后护送500多名干部和100多名朝鲜反战人士过往，从而保证了华北、山东、华中根据地与延安的交通联系。

沦陷区人民的抗日斗争

日本侵略者的暴行，激起了沦陷区人民的强烈反抗。沦陷区的党组织在极端困难的条件下，领导人民进行反日斗争，成为党领导的全民族抗日战争的重要组成部分。

1938年3月21日，中共中央明确指示：党在被敌人占领的中心城市的主要任务是长期积蓄力量，保存力量，隐蔽力量，准备将来的决战。根据中共中央制定的方针，沦陷区的党组织迅速完成了工作重心和战略策略的转变，结合实际情况，领导人民群众机动灵活地开展对敌斗争。

1940年以后，中国共产党领导的抗日力量经过斗争，已经控制华北敌后的大部分地区和华中、华南的部分地区，抗日根据地得到巩固和发展,为开展沦陷区的城市工作提供了可靠的基地。9月18日，中共中央在《关于开展敌后大城市工作的通知》中指出：抗日战争没有长期艰苦城市工作的配合，最后的胜利是不可能的。全党同志应把开展敌后大城市的工作，视为党的最重要的任务。

河南各敌后抗日根据地党组织坚决贯彻、执行中共中央关于城市工作的指示，认真分析、研究所属地区的城市敌伪状况，配备干部，建立城市工作部门。1943年10月，太行区党委建立城市工作部，安阳城市工作部（简称安阳城工部）和新乡城市工作委员会（简称新乡城工委）也相继建立。12月，冀鲁豫边区领导的开封情报站改组为中共开封工作委员会，李冠卿任书记。

开展宣传教育是沦陷区工作中一项重要的对敌斗争方式。沦陷区的中共党组织因势利导，进行广泛抗日宣传，采取多种方式启发群众的民族意识，增强群众战胜日本侵略者的信心。新乡城工委副书记米光华扮成到辉县显阳寺进香的信徒，巧妙地向数千名前去烧香拜佛的敌占区群众讲解抗日民主政府的政策、抗日根据地的新气象和日军必败的政治形势，解答群众提出的问题，引起很大的反响。安阳中学党支部利用读书会的形式，宣传党的抗日主张、政策方针，建立秘密抗日团体“师生抗日救国联合会”，在青年教师和学生中培养了一批坚定的抗日分子。

安阳城关党支部联系了数百名铁路职工，按照城工部的指示，工人不但磨洋工，还提出“火车运什么，我们就该有什么”的口号，带领工人夺回被日伪掠夺的大米、白面、食盐、煤炭等。该支部还指挥彰德中学学生，利用敌人假意禁烟的口号，一举捣毁日伪鸦片烟馆10余处，有力打击了日伪毒化中国人民的罪恶行径。安阳土旺村中共党支部组织农民群众反对日伪军派粮派款和拉夫抓兵，揭露伪保长的贪污舞弊行为，迫使区公所不得不将伪保长撤职。

省会开封的工人为反抗日本侵略者的残酷压迫，举行了人力车工人、推水工人和面粉厂工人的罢工斗争。开封有2000多名人力车工人，伪政权新成立的劳工所规定人力车工人每月必须缴纳车捐、车牌税。一位工人因无钱买捐票，出车拉人时被汉奸发现，将其拉到伪劳工所吊在树上毒打。早就对日伪压迫、剥削不满的人力车工人一致行动，举行全市大罢工，怒砸劳工所，用砖头把劳工所的门窗、桌椅都砸毁，并痛打伪职人员，还在龙虎街劳工所打死两个日本兵。日伪警察为镇压罢工，逮捕七八百名工人。全市人力车工人和被捕人员家属串联请愿。伪省长怕事情越闹越大，与日军商议后，被迫释放了大部分被捕人员。这次人力车工人的斗争胜利一定程度上打击了日伪的嚣张气焰。1942 年 4 月，开封全市数千名推水工人无法接受日伪警察局新定的 5 项苛刻敲诈条件，举行全市大罢工。他们提出：没有水业工会的通知，不取消 5 项条件，决不给日本人推水。日伪警察逮捕水业工会负责人，妄图用镇压手段强迫工人复工。但此举更加激起工人的愤怒，工人们坚持罢工两天。日伪当局迫于吃水困难，只好答应工人的条件，释放水业工会负责人，罢工取得完全胜利。不久，日军接管的开封益丰面粉厂工人也举行大罢工，日方被迫答应工人提出的条件，面粉厂工人的罢工取得胜利。

中国共产党通过在沦陷区组织的反日斗争，巩固扩大了抗日民族统一战线，并向敌后抗日根据地输送了大批干部和物资，有力配合了敌后抗日游击战争的开展和正面战场的抗日斗争，为夺取抗战的最后胜利，发挥了不可替代的独特作用。

六、国统区紧急撤干与根据地整风运动

国统区紧急撤干

皖南事变后，国民党顽固派在其统治区内的反共活动更加猖獗，采取各种阴险手段进行大逮捕、大破坏，妄图彻底摧毁中共河南党组织。在国民党顽固派的反共逆流中，共产党内个别不坚定分子叛变投靠国民党，充当特务，也对国统区河南党组织造成很大威胁。

1941 年 2 月，鉴于河南国统区的严峻情况，中共中央作出了紧急撤退河南干部的决定。此项工作在中共中央组织部部长陈云的亲自领导下，由在中央党校学习的河南省委秘书长危拱之、省委统战部部长王志杰具体负责。为做好撤退工作，陈云主持会议，研究了具体措施：（1）豫西、豫西南、豫中区委以上党员干部全部撤退；

（2）建立秘密撤退交通线，不再经“西办”“洛办”；（3）撤退之后，党组织停止活动，留下的党员长期隐蔽，等待时机；（4）做上层统战工作已暴露有被捕可能的党员也撤退；（5）豫西的党员干部撤到延安，其他地区可撤到豫皖苏或豫鄂边抗日根据地；（6）派政治交通员立即返豫，分别向省委、地委负责人口头传达有关中央撤退指示。

灵陕地委负责人苗树棠、河南省委交通员杜征远回到河南，分别向省委书记张维桢等省委领导和各地、县委的负责人传达了中共中央关于撤退干部的指示。1942年2月，陈云主持召开河南省委会议，作出《关于今后河南工作方针的决定》，指出在国统区党的工作方针是“少而精”“小而高”“深而广”“勤业、勤学、交朋友”，并明确规定，组织撤退后留在当地的党员停止组织活动和组织关系，言行要符合隐蔽的要求。1942年3月，省委机关以“边区工作团”的名义迁至陕西马栏镇，在开展整风运动的同时，继续进行撤退工作。至1942年12月底，大部分需要撤退的党员干部都安全撤离。除省委组织部部长张旺午和汝南地委的人员撤到豫鄂边区外，其余大部分人分两批撤退到了延安。

河南党的撤干是成功的，不仅保存了一批革命力量，也使得留在地方的党员干部更加隐蔽，便于埋伏。1944年、1945年皮徐支队和王戴部队先后到达豫西，不少地下党员参加了武装斗争和地方工作。

国民党伏牛山区工作团的反共活动

在省委组织撤退干部期间，蒋介石在西安密令第一战区副司令长官汤恩伯迅速“清剿”伏牛山区的共产党员。1942年1月，八路军驻洛办事处处长袁晓轩叛变，致使八路军驻洛办事处撤销。1942年7月，国民党在洛阳成立河南省党政军伏牛山区工作团（简称“伏工团”），不久移驻卢氏。这是一个特务组织，由50多名特务骨干组成，下设3个行动组。第一行动组负责破坏卢氏、洛宁、嵩县等县中共地下党组织；第二行动组驻南召，负责破坏方城、鲁山、南召等县中共地下党组织；第三行动组驻南阳，负责破坏邓县、镇平、南阳、内乡、淅川等县中共地下党组织。

1942年10月6日，伏工团与国民党第八十五军一一〇师等密谋制造了南召惨案，残杀南召地下党员和抗日进步人士20余人，逮捕300余人。11月又逮捕镇平地下党员和进步青年150余人，刑讯后送洛阳、西安等地劳动集中营，不少人被折磨致死。伏工团还在淅川、邓县、唐河、方城等县进行大逮捕，提出“宁可叫屈死一千，不让漏掉一人”的口号，白色恐怖一时笼罩着豫西南地区。据不完全统计，豫西南地下党有100多个党支部被破坏，400多名地下党员被捕。面对这样严峻的形势，伏牛山区的共产党员没有屈服，一部分转移到敌后抗日根据地，一部分留在原地开展更秘密的抗日救亡运动。

整风运动的开展

自1942年春季开始，中共中央在全党开展了一次普遍的、生动的、理论联系实际的、运用批评和自我批评方法的马克思主义教育运动，即整风运动。河南参加延安整风运动的主要有两部分同志：一部分是河南省委参加七大的代表，如王志杰、危拱之等；另一部分是撤退到延安的区级以上党员干部。

延安整风运动转入审干阶段后，一度发生了混淆敌我矛盾和搞逼、供、信的现象。特别是1943年7月后，康生以所谓“抢救失足者”为名，把河南、甘肃、四川等10多个地区坚持在国统区斗争的党组织污蔑为“红旗党”，把这些地区的广大党员干部打成“内奸”“特务”。在“红旗党”冤案中，河南党的同志受到严重打击和迫害。8月

15 日，中共中央作出《关于审查干部的决定》，针对“抢救运动”中出现的问题，提出审查干部必须坚持“首长负责制”等 9 条方针，严肃批判和否定了搞逼、供、信的做法。此后，中央领导有关部门开始对错案进行甄别平反，并对受到冤屈的人员赔礼道歉。河南党的绝大多数同志都作了无问题的结论，得到平反。

河南各敌后抗日根据地的整风运动比延安整风运动开展得晚，但较为顺利。各抗日根据地的整风过程、组织形式和学习方法，小的环节上虽有差异，但大的方面基本相同。1942 年夏，各边区党委为把整风学习迅速开展起来，先后成立整风领导机构，开会议、作决定、发指示、进行动员和部署，并将中央规定的学习文件或编印成册，或在各自的报刊上转载，以适应整风学习热潮的要求。其间，广大党员干部利用战斗间隙或短时间集中学习文件，领会精神实质，

新四军第四师领导人在大会上作关于开展整风运动的报告

思想工作作风有明显改进。

1943 年 4 月 3 日，中共中央作出《关于继续开展整风运动的决定》，晋冀豫、冀鲁豫、豫鄂边各边区整风运动进入系统深入发展的新阶段。1943 年 11 月 12 日，李先念在豫鄂边区和新四军第五师直属机关干部大会上号召全党动员起来搞好整风。1944 年 2 月，冀鲁豫整风总学委主持召开由数千人参加的深入整风动员大会。5 月，冀鲁豫分局党校抽调地方县以上、部队连以上 2000 余名干部进行集中整风。河南各抗日根据地严格贯彻执行中央审查干部的 9 条方针，注意借鉴先行地区的经验教训，把整风与审干正确结合起来，达到了既纯洁组织又不伤害同志的目的。

整风运动实现了以毛泽东同志为核心的中共中央领导下全党的新的团结和统一，为领导人民夺取抗战最后胜利乃至新民主主义革命在全国的胜利奠定了重要的思想、政治和组织基础。

第五章
夺取抗日战争的最后胜利

1943年，世界反法西斯战争和中国抗日战争的形势都发生了根本性的变化，同盟国军队在各战场陆续转入战略反攻和战略进攻，中国战场也于1943年秋季起逐步转入战略反攻。中国共产党领导人民军队在敌后战场发起此起彼伏、连续不断的攻势作战，豫北敌后军民率先出击，收复大片国土，巩固和扩大了敌后抗日根据地。日军发起河南战役后，国民党军队全面溃败，退守豫西南一隅，豫中、豫西大片国土沦陷，日军在新沦陷区掀起残暴统治。为解民倒悬，八路军、新四军遵照中共中央大力发展河南的战略部署，挺进中原，向日伪军发起强大的攻势，开辟了豫西抗日根据地。1945年，根据中央指示，河南各抗日根据地军民向日伪军发起全面反攻，最终取得抗日战争的伟大胜利。

一、豫北军民的局部反攻

局部反攻前的国际国内形势变化

1943年是世界反法西斯战争发生根本性转折的一年。苏联和英美等同盟国军队在苏德战场、北非战场和太平洋战场，相继取得了斯大林格勒战役、阿拉曼战役、瓜达尔卡纳尔岛战役等一系列胜利，夺取了战争的主动权，国际法西斯力量急剧衰落，从而使这场世界大战发生了有利于同盟国的根本性转折。同盟国军队在各个战场陆续转入战略反攻和战略进攻。1943年10月30日，中、苏、美、英四国签订关于普遍安全的宣言。11 月 22 日至 26 日，中、美、英三国在埃及首都开罗举行首脑会议，共同签署了《开罗宣言》，强调战争的目的是制止及惩罚日本的侵略，剥夺日本自 1914 年第一次世界大战开始后在太平洋所夺得或占领的一切岛屿，日本窃取的中国领土——东北四省、台湾、澎湖列岛等归还中国，声明中、美、英三国“将坚忍进行其重大而长期之战争，以获得日本之无条件投降”。

在世界反法西斯战争取得有利形势下，中国抗战的敌后战场也出现重要转折，广大抗日军民把斗争的焦点逐渐引向敌占区，在斗争中逐渐由被动转为主动。从 1943 年秋季起，日军在华北敌后战场逐渐失去主动权，而力量正处于上升阶段的八路军在一些地区开始占有相对优势，并先后发起卫南战役、林南战役、八公桥战斗等，揭开了中国战场战略反攻的序幕。

经过 1943 年的全面斗争，八路军、新四军和其他抗日武装给敌人以巨大打击，抗日根据地得到迅速恢复和扩大。八路军、新四军等人民军队已拥有 46 万多人，民兵人数超过 100 万，取得更有力地粉碎日伪“扫荡”、普遍发动反攻性战役的主动权。1944 年，侵华日军抽调大量兵力实施打通大陆交通线的作战，并抽调一部分兵力支援太平洋战场，中国敌后战场的日军兵力大为减少，豫北地区的守备力量明显减弱。虽然日军仍经常以攻代守，对抗日根据地进行分区“扫荡”，但也被迫收缩防线，实施重点防备，这给敌后战场的局部反攻提供了有利条件。

针对新的形势，中共中央确定 1944 年的斗争方针是：继续团结国民党共同抗日，集中力量打击日伪军，巩固与扩大抗日根据地。从 1944 年起，华北、华中、华南敌后抗日军民对日伪军普遍展开局部反攻。豫北抗日军民根据中央指示，连续发起攻势作战，进一步摧毁日伪军对抗日根据地的分割、封锁，缩小敌占区，扩大抗日根据地，收复大片国土，抗日根据地日益巩固扩大。

卫南战役

1943 年 7 月 10 日，伪第二十四集团军杜淑部近万人，由原来盘踞的平汉路汤阴至新乡一线，向冀鲁豫抗日根据地卫河以南地区大举进犯，占领滑县、长垣间的焦虎集等几十个村庄，并企图进犯鲁西南地区，配合国民党顽军第二十八集团军李仙洲部，对冀鲁豫抗日根据地进行两面夹击。为粉碎日伪军在太（行山）南扩张的企图，打击入侵的敌人，保卫和扩大抗日根据地，在八路军总部的统一部署下，冀鲁豫军区随即组织发起卫（河）南战役。

7 月 30 日，伪军杜淑部 2000 余人向新编第四路军驻地官桥营一带进攻。冀鲁豫军区以新编第四路军坚守阵地，吸引敌人，以第十六团、第二十一团由两翼向敌后迂回包围，突然出击，将其击溃，毙俘敌 1000 余人。31 日夜，八路军乘胜袭击伪军第四十六师师部驻地焦虎集，全歼守敌。8 月 2 日，八路军突袭敌独立第一旅驻地瓦岗集，全歼伪独立第一旅，毙伤俘敌 1600 余人。残余伪军退至大范庄、袁庄，企图固守。19 日，八路军奔袭袁庄，位于大范庄的伪军急忙增援，妄图对八路军进行内外夹击。八路军采取围点打援的战法，集中主力击溃援敌，全歼伪军残部，毙伤俘敌 2200 余人。当晚，八路军又乘胜向大范庄发起总攻，残余伪军纷纷向卫河以西逃窜。在战斗过程中，伪孙殿英部来援，被八路军击溃。整个战役胜利结束。卫南战役共歼灭伪杜淑部 5600 余人，缴获各类枪械 2000 余支，解放村寨 30 余处，沉重打击了日伪“蚕食”冀鲁豫抗日根据地的企图，完全收复了被日伪侵占的卫南地区，为开展局部反攻奠定了良好基础。

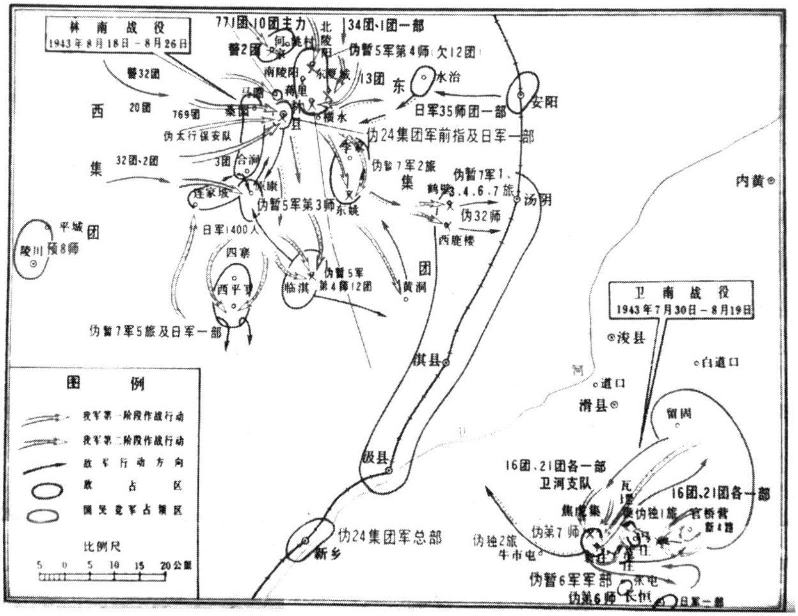

卫南战役、林南战役作战要图（1943 年 7 月 30 日—8 月 26 日）

林南战役

1943 年 7 月 10 日，伪刘月亭部 2 万余人与日军相互配合，侵占林县县城及周围地区。为巩固新开辟的地区，扩大太行抗日根据地，晋冀豫区党委于 7 月 27 日发出指示，强调要把豫北创造成巩固的抗日民主根据地。为贯彻执行这一指示，八路军第一二九师发起林南战役，消灭据守在林县南部地区的敌军。

第一二九师师长刘伯承、政委邓小平针对敌人兵力众多、据点分散的特点，决定以 15 个团的兵力分为东、西两个集团，以钳形之势，迅速向敌人纵深攻击，首先进击林县县城及其周围据点的伪军主力，集中优势兵力，打击位于林县县城的敌指挥中枢，然后再分割、包围，各个歼灭。8 月 17 日，八路军东、西集团的先遣分队向敌前沿据点逼近，当日下午突然后撤，造成撤退假象，麻痹敌人。午夜，主力部队远程奔袭林县县城及周边敌人据点，将敌人团团包围，至第二天近午时分，伪军残部全部龟缩于城内钟楼附近。其间，林县县城内很多群众开启门户，踏着硝烟未尽的大街小巷给八路军送来茶水，帮助八路军照顾伤员。在酷热盛夏的 8 月，战士们连续战斗了 10 多个小时，早就渴得舌焦唇裂，干粮难咽，这时捧着群众送来的茶水，不禁备受鼓舞。中午 12 点左右，县城内外的敌据点全部被八路军占领。在西集团行动的同时，东集团一面准备阻击安阳出援的敌人，一面拔除驻守在周边的敌据点。经过两天激战，林县县城及其周围除南关日军据点外,均被八路军收复。八路军乘胜南下追击，开展第二阶段作战，收复东姚集等大片地区，并击退安阳、辉县出援日军千余人。至此，林南战役胜利结束。

林南战役共歼灭日伪军 7000 余人，攻克敌据点 80 余处，巩固了太行抗日根据地，新开辟林县以南、辉县以北地区，创建了太行第七专区。与此同时，第一二九师第七团在沁阳、博爱一带开辟了太行第八专区，为八路军继续向南发展打开了局面。9 月 1 日，《新华日报》（太行版）在《评八路军豫北大捷》一文中指出：林南战役是太行山上三年来继百团大战之后最大的一役。这个战役的胜利，不仅在军事上打击了敌人的“蚕食”企图，粉碎了碉堡万能的妄说和欺骗，而且在政治上摧毁了敌寇“以华制华”、培植伪军的政策。卫南、林南等战役，是八路军主动发起的较大规模的进攻作战，是华北敌后抗日军民经积蓄力量、发展壮大后准备反攻的必然结果。这说明，八路军已经在一定程度上夺取了战场主动权，具备了攻势作战的能力，局部反攻条件开始成熟。

奇袭八公桥

1943 年 11 月，伪孙良诚部乘八路军转战外线之际，疯狂“蚕食”冀鲁豫抗日根据地中心区濮阳、濮县一带，并将总部移驻濮阳城东南的八公桥村。为恢复和巩固根据地，冀鲁豫军区决定发起反伪军“蚕食”的作战，采取“牛刀子钻心战术”，袭取伪孙良诚总部驻地八公桥。

11 月 16 日黄昏，冀鲁豫军区主攻部队秘密向八公桥进发。午夜时分，突击队从东北角顺利突袭进入伪总部八大处驻地，全歼敌军。与此同时，第八团、基干团突袭进入围寨，与敌人展开巷战。至 17 日黄昏，八公桥战斗胜利结束，活捉除孙良诚以外的所有伪军头目。在攻克八公桥后，主攻部队乘胜攻克徐镇等地，并歼灭敌人援军两个营。冀鲁豫军区其他部队也先后横扫长垣、封丘，拔除大小据点 100 多个，歼敌 3000 余人。在八路军的沉重打击下，伪军被迫放弃濮县一带的据点，向濮阳县城方向逃窜。

八公桥战斗的胜利，使冀鲁豫边区濮（县）、范（县）、观（城）中心地区与第三、第四、第五专署连成了一片，巩固和扩大了抗日根据地，增强了根据地军民对敌斗争的信心。此次战斗也成为冀鲁豫抗日根据地打破敌伪“蚕食”分割，逐步走向大发展的转折点。

豫北八路军1944年攻势作战

1944 年 1 月 14 日，八路军太行军区七分区部队向林县日伪军发起进攻，攻克林县的南陵阳、潘庄等据点。2 月，太行军区部队在地方党组织和民兵的配合下，发动春季攻势。太行军区七分区部队挺进辉县，逼退临淇等据点的日伪军，收复林（县）辉（县）交界地区。4 月初，太行军区五分区、七分区主力和民兵，包围盘踞林县的伪新五军，切断林（县）水（冶）沿线伪军的补给线，使林县县城内及周围据点伪军弹尽粮绝。4 月 11 日，七分区部队攻克林县县城，乘胜攻克林（县）水（冶）沿线所有日伪据点，收复林（县）东、安（阳）西地区。6 月 3 日起，七分区部队先后攻克辉县薄壁镇等重要据点，收复辉（县）南地区，打通了道清路沿线修武、武陟地区的通道，为进一步开辟道清路以南地区打下了基础。

4 月 22 日，毛泽东指示，应乘日军南犯后方空虚时，开展豫北地方工作，以便将来可能时开辟豫西抗日根据地。6 月至 8 月，太岳军区遵照中央指示，在豫北济源和山西垣曲地区发起豫北战役。6 月 11 日至 7 月 12 日，太岳军区部队攻克圪沟等重要敌伪据点，解放了济源西北大部分地区，豫北战役第一期攻势结束。7 月 16 日至 8 月 16 日，太岳军区部队发动第二期攻势，先后攻克济源多个敌伪据点。8 月 29 日至 9 月 2 日，太岳军区部队发起第三期攻势，攻克陈岭日军据点。至此，豫北战役胜利结束。经过 3 次大规模的攻势作战，太岳抗日根据地军民先后拔除敌伪据点 28 处，毙伤俘日伪军 800 余人，争取 1300 多名伪军反正，收复国土 2600 平方公里，解放同胞 10 万余人，完全控制了济（源）垣（曲）公路两侧及黄河北岸地区，为八路军南渡黄河开辟豫西抗日根据地创造了有利条件。

冀鲁豫军区部队也发起春季攻势，纷纷向日伪军出击，拔除大批据点，使冀鲁豫抗日根据地不断扩大。1944 年 1 月，冀鲁豫第九军分区南乐县大队一夜之间拔除三里店等 3 个日伪据点，俘敌 200 余人。此后,南乐县大队在民兵的配合下,先后拔除敌伪炮楼 30 余座。5 月 6 日，冀鲁豫第四军分区部队攻克内黄县城，并乘胜扫除卫河以东的东庄等日伪据点。随后又攻克卫河西岸的楚旺镇，毙伤伪军 1300 余人。5 月 29 日，冀鲁豫军区第七团奔袭清丰县城，毙伤俘日伪军 1500 余名，解放清丰县全境，使冀鲁豫沙区和濮范观中心区连成一片，南乐和濮阳的日伪军顿时处于孤立状态。至5月底，冀鲁豫抗日军民发起的春季攻势作战胜利结束。共毙伤俘日伪军近万人，攻克据点碉堡200余处，收复曹城、内黄、清丰3座县城，恢复了昆张大部分地区和卫河以东全部地区，为八路军进一步向河南敌后发展打下坚实基础。

1944年上半年，日军打通大陆交通线作战后，将参战的部分兵力调回华北,并对晋冀鲁豫地区进行了以攻为守的14次局部“扫荡”。晋冀鲁豫各军区部队在春夏季攻势取得胜利的基础上，一边进行反“扫荡”，一边乘敌人后方空虚之机，继续进行冬季攻势作战。9月中旬，日伪军2000余人“扫荡”太行壶关南部地区。民兵以地雷战、冷枪战杀伤日伪军170余人。9月11日，日军6000余人“扫荡”太行林县、辉县地区。八路军在公路两侧设伏，歼敌700余人，敌人慌忙撤退。

经过一年的攻势作战，太行、太岳和冀鲁豫军区部队共歼灭日伪军7.6万人，收复县城11座，解放国土6万余平方公里、人口500多万，扩大了抗日根据地，使战局发生了有利于自己的变化。与此同时，晋冀鲁豫地区各部队利用作战间隙，进行了军事、政治大整训，进一步加强了部队的组织性、纪律性，提高了战术、技术水平。这些都为大反攻准备了良好条件。

二、国民党军在河南战役中的溃败

河南战役

1944年1月，日军大本营为保持日本本土与东南亚占领区的联系，消除同盟国空军对其本土安全的威胁，并给中国正面战场军队以歼灭性打击，摧毁中国政府继续抗战的意志，决定发起豫湘桂战役。

日军投入50万兵力，企图占领并确保平汉铁路南部沿线要地及湘桂、粤汉铁路，摧毁铁路沿线地区的同盟国空军主要基地，贯通从中国直到越南的大陆交通线。河南战役是豫湘桂战役的重要组成部分。

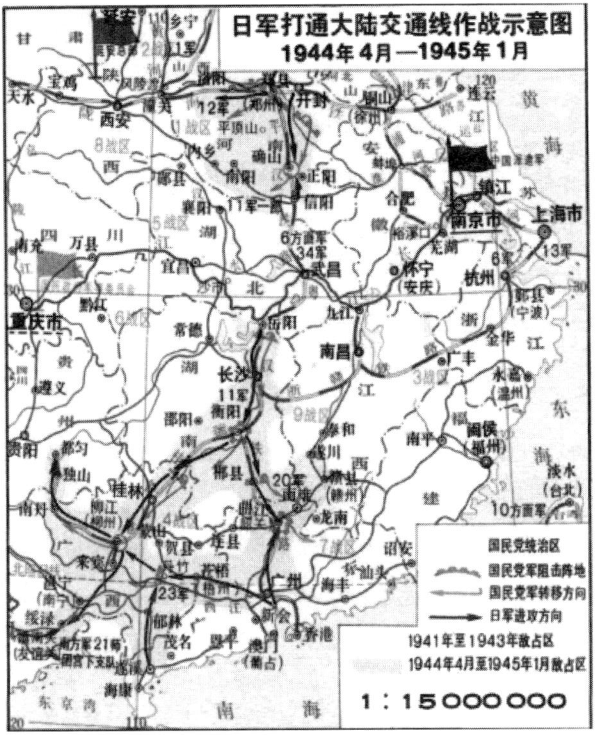

日军打通大陆交通线作战示意图

1944年4月18日，日军在其华北方面军总司令冈村宁次的指挥下，向河南正面战场发起进攻，河南战役爆发。18日凌晨，日军第三十七师团等部自中牟一带渡过新黄河，向国民党军阵地发起突然进攻，国民党军很快溃败。19日，日军攻占郑州，主力进抵新郑。国民党军队为阻敌南犯，将汤恩伯部主力布防于登封、禹县一带，准备进行抵抗。4月24日，沿平汉铁路南犯的日军占领长葛。5月1日，日军占领许昌，守卫许昌的国民党军新编第二十九师师长吕公良、副师长黄永淮率部英勇作战，壮烈殉国。此后日军兵分两路，主力向西迂回，另一部沿平汉线南下，接连攻陷临颍等地，5月9日与自信阳北犯的日军会合于确山。至此,日军第一次打通了平汉铁路全线，为其下一步进行湘桂战役提供了极为重要的交通运输线。

日军攻陷许昌后，向西进犯，先后攻陷禹县等地，迂回至第一战区副司令长官汤恩伯部主力侧背。与此同时，自密县南犯的日军第一一〇师团攻至登封，对汤恩伯部主力形成合围之势。5月5日，日军发起总攻，汤恩伯部全线崩溃。登封等县相继沦陷。随后，日军直犯洛阳，于11日完成对洛阳的三面包围。驻守洛阳的第一战区司令长官蒋鼎文见势不妙，扔下部队仓皇逃往洛宁，所属数十万大军不战而逃。奉命固守洛阳城的只有第十五军和第十四军九十四师。5月11日,日军向洛阳城发起进攻,遭守军顽强抵抗,日军进攻受挫。在包围洛阳的同时，日军分别沿洛河河谷和伊河河谷追击蒋鼎文部主力，相继攻陷陕县等地。国民党第三十六集团军总司令李家钰在陕县作战时以身殉国（李家钰是国民党军在抗日战争中壮烈牺牲的两位集团军总司令之一，另一位是第三十三集团军总司令张自忠）。国民党军在豫西山区被日军追击，溃不成军。5月20日，日军追击部队掉头增援围攻洛阳的日军。22日，日军数万人向洛阳发起总攻，洛阳守军血战至25日清晨，终因伤亡惨重、孤立无援而被迫突围，洛阳失守。5月中旬，国民党军队向西溃退时，第八战区派精锐第三十四集团军等部到灵宝方面增援，战区副司令长官胡宗南也正向潼关前进。6月11日，日军攻占灵宝、阌乡后因兵力不足，于6月中旬放弃攻势，退回山西境内。至此，河南战役以国民党军队的全面溃败而宣告结束。

河南战役中，国民党军队损失兵力20余万，豫中、豫西30余座县城和4万多平方公里国土沦为敌占区。国民党军队在河南战役中的大溃败，主要是国民党当局长期实行消极抗日、积极反共政策造成的必然结果。正如当时在中国的美国空军援华志愿队司令陈纳德评论：“河南败绩”是国民党“政治上、经济上和军事上连锁反应的初次爆发”。

日军在新沦陷区的残暴统治

河南战役后，日本帝国主义在新沦陷区实行血腥的殖民统治，肆意屠杀、迫害、奴役、摧残沦陷区人民，各种残暴手段无所不用其极。

日本侵略者在新沦陷区到处烧杀奸淫，血腥屠戮中国民众。密县五里店乡在日军占领后的数天之内即有1600多间房屋被烧，2000多头耕牛被宰杀。大卫镇南大坡寨的100多间民房和50余个土洞被日军纵火烧毁。日军进入郾城县黑龙潭老应村后，3天共烧毁2400多亩麦田、1300多间民房。日军在叶县烧毁民房8000余间；在宝丰观音堂烧毁房屋80余间；在卢氏烧毁房屋400多间；陕县名胜古迹张村宫和太阳观被日军付之一炬，烧毁房屋9994间、窑洞2563孔。据不完全统计，日军在宜阳屠杀民众1580人，强奸妇女257人，烧毁房屋2052间，抢走粮食5917万斤。

日军在新沦陷区采取各种残酷手段屠杀中国民众。日军在广武马窑村实行剥人皮、摘人心、煮人肉、机枪扫、石磨压、灌辣椒水、活埋、对孕妇剖腹等极其残忍的手段，共杀害群众413人，毒打307人，奸淫妇女数百人。据对临颍县1002个村庄的数据统计，从1944年5月1日至1945年8月，就有2153人被日军杀害，12333人被日军逼死，2139名妇女被奸污，被奸致死80人，被活埋16人。日军制造穆栅关血案，将逃难到宜阳县穆栅关的商人、学生等包围，进行烧杀抢掠，肆意奸淫妇女，残杀100余人。之后日军又制造了洛阳王山寨惨案，杀害村民400余人，100多名村民被抓走后下落不明。

日军除疯狂烧杀外，还伸出野蛮掠夺之手。日军铁蹄所至，粮食、牲畜、车辆、家具、衣物、金银首饰、珠宝玉器、古玩字画、图书资料等被抢掠一空。在巩县黑石关村，日军砍伐树木2000余棵，抢夺、损坏群众门板2400余扇，烧毁家具3000余件，抬走、打坏水缸300余个，抢走粮食5万余斤，毁坏麦田100余亩。日军霸占了龙门煤矿，大肆掠夺洛阳煤炭、金、银、铜、铁等物资，还盗走了龙门石窟宾阳洞内的4个菩萨头和宾阳南洞的二力士像。渑池县先后遭日军5次“扫荡”，仅山后五区就被日军先后砍伐树木3.0298万棵，毁坏农具5154件，挖战壕毁地2216亩，抢走粮食3.2585万公斤。

日军公然违反国际法准则，肆意杀害、虐待战俘，令战俘从事危险性和屈辱性的劳动。襄城沦陷后，日军将被俘的国民党官兵全部杀害。宝丰沦陷后，国民党战俘200余人在观音堂一带惨遭日军杀害。在宜阳，日军将350余名国民党军战俘全部杀害。在陕县，日军将国民党军俘虏当成练习刺杀的活靶子，300多人被刺死，陕县温塘村国民党军俘虏20余人被日军活活烧死。1944年5月下旬，日军把关在洛阳西工集中营的2万多名国民党军战俘押去扒陇海铁路，并对战俘肆意拷打、残杀，至1945年1月，惨死在日军魔爪下的被俘官兵达1万余人。

日本侵略者在占领区实施强掳和奴役中国劳工的“强制劳动”罪恶政策。除了强掳占领区劳动力以外，日军还将大量被俘的中国军人作为战俘劳工运往日本本土，这些劳工遭受了残酷的奴役和迫害。日军将关在郑州的1万余名战俘运往北平俘虏集中营，之后又从北平俘虏集中营押走1万余名战俘到日本福冈县，强迫他们到地下煤矿挖煤，这些战俘大半被折磨致死。洛阳西工集中营的战俘和当地平民近千人被掳至日本花冈充任劳工，半年即死亡200余人。为了尊严和生存，劳工大队长、河南襄城人耿谆率领劳工暴动起义，起义失败后，百余名劳工被日本军警折磨致死，死亡总数达400余人。

党领导下的人民群众的反抗斗争

河南战役爆发后，中共中央即派遣党员干部赴新沦陷区领导人民开展抗日斗争，并指示“河南地方党员在目前情况下应该起来参加与领导河南人民抗战，应该组织地方抗日游击队及人民武装，建立根据地保卫家乡”。在中国共产党的号召和领导下，河南纷纷组织起人民抗日自卫武装，开展反抗日本侵略者的斗争。

长期隐蔽的中共基层党组织，积极响应党中央号召，组织抗日武装，开展游击战争。1944年8月，登封县委宣传部部长郭渊博和白栗坪区委书记李纯如，联络中共党员，趁机打入地方实力派的自卫队，逐步掌握部分农民武装力量，组织抗日活动。君召乡区委书记甄德宽自筹资金购买枪支，组织抗日游击队。9月28日，这支游击队在颍阳镇伏击歼灭日军30余人，迫使伪军大队500余人狼狈逃窜。长葛在党组织的领导下建立了一支拥有30多人枪的抗日游击队。长葛县委委员陈伯瑾、辛金生、辛瑞芝等分别在铁路西组织了200多人的抗日游击队。洛阳县关林区委负责人翟一鄂和丰李村（今属宜阳）支部书记李甲演组织百余人的抗日武装，袭击洛阳西工桥，击毙日伪哨兵，破坏敌人交通线。

一些长期隐蔽的中共党员，积极组织抗日武装，领导群众开展游击战争。1944年5月，在外地隐蔽的共产党员张思贤返回伊川，在吕店乡竹园村建立游击队，举起武装抗日的旗帜。6月初，宜阳成立宜阳县抗日工作委员会，积极发动群众筹集枪支，同各地党员加强联系，并设法与上级组织接上关系。7月，新安县成立临时县委和抗日武装大队，并派人到黄河北与八路军联系。8月，中共党员尤继贤回到家乡陕县组织抗日武装，成立陕县国民兵团，控制陕县与洛宁县交界的通道，并配合八路军挺进豫西做了大量准备工作。

一些共产党员通过开展统战工作，与具有爱国思想的进步人士共同组成抗日组织。彭店寨地方武装首领王仲伟在洛阳县地下党员张克森等人的统战工作影响下，同意接受中共领导，进行抗日斗争。王仲伟将伪乡长诱至村内打死，打击了汉奸的嚣张气焰。1944年6月23日，日军围攻彭店寨，王仲伟率部抵抗，歼敌60余人。日军围攻段弯时，王仲伟又率部出击毙伤日军。伊川沦陷后，受冀鲁豫区委派遣回豫西开辟抗日根据地的张剑石，疏通伊川县白元乡寨子街自卫团团长郭绍绪。郭绍绪以归附日军为名，在自卫团驻地设宴歼敌，击毙日军13人。在共产党员张耀汉的发动下，迁驻卢氏的洛阳师范学校组织了共有200余人枪的洛师抗日游击队，积极同日军展开斗争。

在党的抗日民族统一战线政策影响下，一些民众自发组织起来，武装抗击日本侵略者。1944年4月下旬，禹县进步青年任国瑞组织起30余人枪的自卫队。5月，陕县大营的席振武组织民众60余人。6月，灵宝贺村等村的抗日武装联合起来，组成130余人枪的敢死队，抗击岘山据点的日军。陕县爱国人士颜芝兰、王道正在陕县张村组织起民众抗日司令部，统一指挥各保的武装力量，抗击日本侵略者。洛宁的李桂吾在庙山一带组织抗日自卫队。贺澍三利用与洛卢人民自卫军司令王希仲的关系，在河底一带成立第五支队进行抗日活动。沦陷区的抗日自卫武装英勇抗击日寇，打击日军嚣张气焰，保护当地人民群众，为八路军、新四军开辟新的豫西抗日根据地奠定了较好基础。

三、敌后抗日根据地的发展

中共中央作出“绾毂中原”的战略决策

河南战役前后，中共中央密切注视河南局势的变化，从河南战役爆发到八路军、新四军挺进河南新沦陷区，中央多次研究部署河南的工作，先后数十次向各地发出重要指示，不失时机地作出向河南敌后发展的战略决策。

1944 年 4 月下旬至 5 月下旬，河南战役期间，中央对河南工作的基本方针是：积极侦察情况，八路军、新四军逐渐向河南新沦陷区靠近，发动和领导人民开展抗日斗争，为将来开辟河南做好准备工作。5 月 8 日，八路军总部命令太行、太岳军区部队进入豫北地区。中央还要求北方局、华中局、冀鲁豫分局及太行、太岳、淮北、豫鄂边区党委派遣干部党员赴河南新沦陷区发动群众、组织武装，领导人民开展抗日斗争。但是，为了维护抗日民族统一战线，继续团结国民党共同抗日，中央指示八路军、新四军暂时不进军河南，党在河南新沦陷区组织领导的人民抗日武装，暂时也不要以八路军、新四军的名义出现，以避免引起和国民党方面的磨擦。冀鲁豫分局针对当前的形势，于 5 月 5 日给中央的电报中提出：目前，陇海路南、津浦路西是我们发展的良好机会，有华北、华中根据地作依托，进退极为自如，尽可能扩大与深入，只要我们是有阵地地推进，敌后无处不可发展。并请中央及早作出向河南发展的方针。中央在 5 月 18 日的复电中再次强调：“为维护国共团结抗日大局，我军此时不应大举向新黄河以西发展。”

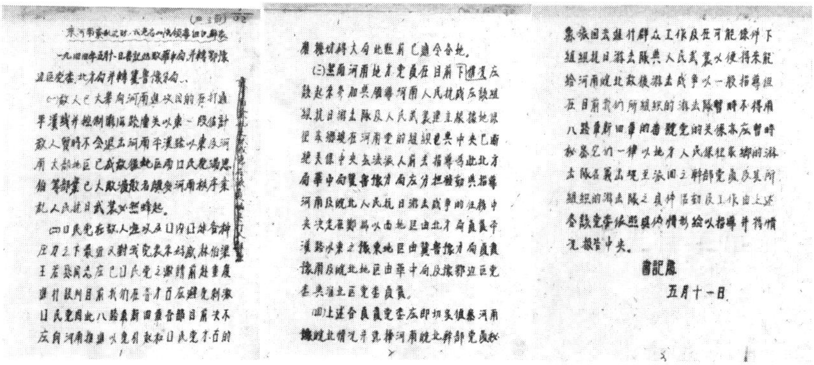

1944 年 5 月 11 日，中央书记处关于敌人进攻河南情况下的工作方针的指示

1944年6月至7月下旬，由于国民党军队在河南战役中一败涂地、失地千里，中共中央经过反复研究，决定八路军、新四军直接出兵河南敌后，大力向河南发展，创建新的抗日根据地。6月23日，刘少奇、陈毅致电新四军指出：河南战役现暂告一段落，目前日军全盘战局重心在于粤汉铁路及其沿线。这样，使新四军五师的战略地位和作用益形增高，五师今后发展方向，应该确定向河南发展，完成绾毂中原的战略任务。完成这一任务，使华中、华北、陕北呵成一气，便解决了我党我军颠扑不破的战略地位。要求新四军第四师派一部兵力越过津浦路，西进至涡（阳）蒙（城）阜（阳）颍（上）一带相机处理。新四军第四师、第五师根据这一指示，即着手准备向河南敌后进军。

7月25日，中央对进军河南做了全面部署。指出：由太岳军区派两个团南下开辟豫西地区；冀鲁豫军区派部南下加强和扩大水东地区；新四军第五师抽调7个连沿平汉铁路两侧北上；新四军第四师抽调5个团兵力西进，恢复豫皖苏地区，并相机控制新黄河以东地区。同时，中央在延安也积极抽调干部、武装，向河南敌后挺进。八路军、新四军遵照中共中央部署，相继挺进河南敌后，开始创建新的抗日根据地的艰苦斗争。

加强水东地区

1944年5月18日，中央在给冀鲁豫分局的指示中，要求冀鲁豫分局和军区向水东地区增派兵力和干部，极力向四方发展，逐步扩大水东根据地。冀鲁豫分局、军区根据中央指示，抽调300余名干部战士组成南下大队。7月，南下大队进入水东地区，与水东独立团合编，成立新的独立团，余克勤任团长，袁振任政委。在水东地委的领导下，独立团与县、区地方武装密切配合，向日伪军发起一系列攻势作战。7月2日，在民权县杨城村全歼伪保安团第一大队400余人，随后，又在张帝臣等战斗中，歼灭伪太康保安团500余人，粉碎了商丘等地日伪军1000余人对水东抗日根据地的联合“扫荡”。9月，独立团为策应新四军第四师主力西进，挺进宁（陵）柘（城）商（丘）地区，打击日伪势力，开辟新四军第四师西进通道。同年秋，水东抗日联防办事处改为水东专员公署，下辖7个县抗日民主政府。

1945年1月，冀鲁豫军区根据中央军委关于“水东地区应以睢县、杞县、太康、通许为基点，肃清淮阳、西华地区之日、伪军和土、顽、杂，控制新黄河渡口，渡河开辟河西，向商水、上蔡地区及其以南发展”的指示，命令军区第八团南下，加强水东地区军事力量，相机挺进水西，打通与新四军第五师北上部队的联系。第八团在团长王定烈、政委李仕才的率领下，日夜兼程，突破日伪军层层封锁线，于1月28日抵达水东抗日根据地，与水东独立团胜利会师。第八团以到达水东地区的日期为部队代号，称“128部队”。第八团抵达水东后，与独立团协同作战，积极打击日伪。1945年1月，冀鲁豫分局决定，将水东地委改为冀鲁豫第十二地委，水东专署改为冀鲁豫第十二专署，并建立第十二军分区。原独立团改为第三十团。第十二地委和第十二专署下辖 7 个县委、县抗日民主政府。

开辟水西地区

冀鲁豫军区第八团控制了沿新黄河东岸地区后，积极准备渡河西进。1945 年 3 月 12 日，第八团攻克扶沟县吕潭镇。吕潭是著名抗日爱国将领吉鸿昌的故乡，为表达继承烈士遗志，坚持抗战到底的决心，第八团党委决定将部队代号改为“吉鸿昌部队”。5 月 12 日夜，第八团由扶沟白潭一带强渡黄河，神速插入西华、上蔡、商水 3 县接壤地区，攻克伪暂编第八师师部所在地宋寨，歼灭伪军一部。26 日，第八团全歼顽西华自卫团。战斗结束后，宣布成立郾（城）上（蔡）西（华）县委和抗日民主县政府，建立了水西第一块抗日根据地。

6 月初，国民党军及上蔡等县保安团共 1.4 万余人围攻水西抗日根据地。第八团采取速战速决的战术，先袭顽军前哨营，挫其锐气。之后，跳出顽军包围圈，以“挖心”战术，偷袭商水县保安大队驻地贾寨，全歼该大队 500 余人。然后集中主力奔袭上蔡五沟营，全歼伪军 800 余人，打通了与新四军第五师北上部队的联系，并乘胜进行逍遥镇等大小 40 余次战斗，彻底粉碎日伪顽军的夹攻，巩固和扩大了水西抗日根据地。

1945 年 6 月，冀鲁豫分局、军区决定成立豫东指挥部，王秉璋任总指挥，段君毅任政委。同时，还决定调冀鲁豫分局党校警卫团加强水西军事力量。6 月下旬，党校警卫团进入水东地区并向西进军。7 月 1 日，在第三十团配合下党校警卫团攻克通许东部的敌据点，一举歼灭伪军 1300 余人，扫除了西进障碍。7 月上旬，党校警卫团与第八团、第三十团协同作战，攻克扶沟县城，歼敌 600 余人。进入水西地区后，党校警卫团与第八团并肩作战，扫除了大批日伪据点，使水西抗日根据地日益扩大。至7月底，八路军挺进水西短短两个月时间，解放人口100多万，收复国土3000多平方公里。在水西地区建立了冀鲁豫第十三地委、第十三专署和第十三军分区，下辖鄢（城）上（蔡）西（华）、鄢（陵）扶（沟）和西华3个县委、县抗日民主政府。

恢复豫皖苏地区

1944年7月，中共中央和华中局把西进恢复豫皖苏抗日根据地的重要任务交给淮北区党委和新四军第四师。8月20日，西进部队在新四军第四师师长彭雪枫的率领下，从宿县北部越过津浦路，进入萧县以南地区。8月21日，新四军第四师三十一团进至萧县永南、梧桐一线，国民党顽军公然向新四军进攻，第三十一团被迫还击，顽军退至小朱庄。8月23日，新四军部队向顽军发起猛烈攻击，攻克小朱庄据点，顽军向东突围又遭第四师骑兵团围击，新四军大获全胜，共毙俘顽军2700余人。接着新四军第四师又粉碎了日伪军

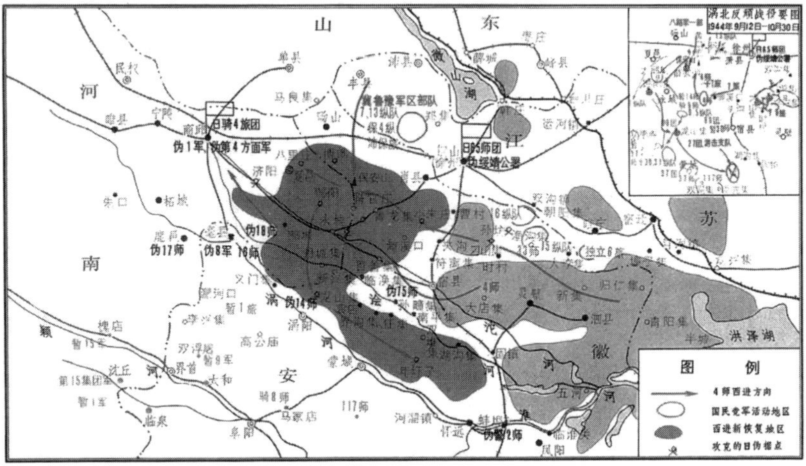

恢复豫皖苏边区要图（1944年8—12月）

2000余人的“扫荡”，连克黄庄等据点，迅速恢复萧县、永城、夏邑、宿县等地，在津浦路西地区建立了立足点。

国民党军对新四军第四师西进部队取得的节节胜利，惊恐不安，集中大量兵力，企图乘新四军立足未稳之机，加以驱逐，进而重新占领萧（县）永（城）夏（邑）地区。华中局和新四军军部针对顽军的进攻部署，决定先打津浦路东的顽军，再打由涡南北犯之敌。9月6日，新四军军部命令第七旅、第九旅成立路东临时指挥部，彭明治任司令员，韦国清任政委，统一指挥路东作战，路东和路西新四军部队统归彭雪枫指挥。在津浦路西，伪李光明部积极配合路东顽军进攻新四军西进部队。新四军第四师主力为打破伪顽合击的阴谋，决定歼灭伪李光明部。9月11日，彭雪枫率新四军围攻固守夏邑八里庄圩寨内的伪李光明部。伪军一触即溃，仓皇突围，又遭第四师骑兵团追击，被全部歼灭。此役，彭雪枫亲临前沿阵地指挥作战，不幸中弹牺牲，时年37岁。中共中央给予彭雪枫高度评价：“为民族，为群众，二十年奋斗出生入死，功垂祖国；打日本，打汉奸，千百万同胞自由平等，泽被长淮。”毛泽东、朱德等共献挽联悼念：“二十年艰难事业，即将彻底完成，忍看功绩辉煌，英名永在，一世忠贞，是共产党人好榜样；千万里破碎河山，正待从头收拾，孰料血花飞溅，为国牺牲，满腔悲愤，为中华民族悼英雄。”

9月13日，张爱萍接任新四军第四师师长。在津浦路东，自9月12日起，新四军约5个团的兵力在彭明治、韦国清的指挥下，经4天激战，毙伤俘顽军4000余人，粉碎其西犯图谋。在陇海铁路以北地区，八路军进击国民党顽军苏北挺进军，歼其一部，控制了丰县、沛县、铜山、砀山地区，基本打通与萧（县）永（城）地区的联系，有力地配合了路南新四军部队的反顽斗争。

国民党顽军受到八路军、新四军沉重打击后，勾结徐州、商丘的日伪军,向萧永地区围攻。新四军第四师以灵活的游击战予以反击，取得胜利。10 月中旬，顽军又集中兵力向萧永地区进攻，企图歼灭西进部队。华中局和新四军军部一面向各界揭露顽军勾结日伪破坏抗战的罪行，一面令第七旅西进，协同第四师西进部队进行一次大规模的自卫战役。14 日，南线顽军主力 2 万余人，由涡阳、蒙城北犯，西线顽军乘机由永城东犯，袭击新四军侧后。新四军第四师采取诱敌深入的办法，力求在运动中歼灭顽军。10 月 21 日，新四军在永城西部歼灭顽军 1 个团，直逼涡阳城下，继而又转向攻占龙山集，歼灭敌军近两个团，并乘胜肃清涡北残敌。至 25 日，反顽战役胜利结束，共歼灭顽军 3600 余人，彻底粉碎了顽军把新四军第四师主力赶回津浦路东的企图。

取得反顽战役胜利后，新四军又积极向西挺进，收复了永（城）商（丘）亳（县）地区。新四军第四师西进部队经过两个多月的艰苦斗争，粉碎日伪军多次“扫荡”与进攻，歼灭日伪顽军 1 万余人，拔除伪军据点 36 处，收复了东起津浦铁路，西止商亳公路，北起陇海铁路，南至涡河的 1 万多平方公里的国土，恢复了豫皖苏抗日根据地，为实现“绾毂中原”战略任务做出重要贡献。

开辟豫南新区

河南战役结束后，中共中央和华中局多次指示豫鄂边区党委和新四军第五师向河南敌后发展。由于形势和任务发生了新的变化，豫鄂边区党委于 1944 年 7 月 1 日召开区党委扩大会议，传达中共中央和华中局关于进军河南的指示，讨论研究进军河南敌后的问题。会议最后确定了以巩固原有地区为主、进军河南为辅的战略方针，并向中共中央和华中局作了报告。7 月 10 日，中共中央复电同意边区党委的意见，并指出应派部队沿平汉铁路两侧向北发展，以打通与华北八路军的联系。华中局同日也电示豫鄂边区党委和新四军第五师，不要错过向北发展的有利时机。据此，豫鄂边区党委决定组建豫南游击兵团，黄霖任兵团指挥长，负责向豫南敌后（淮河以北地区）挺进；成立中共豫南工作委员会，夏忠武任书记，在淮河以北地区开展党的工作。7月下旬，豫鄂边区党委书记、第五师师长兼政委李先念向挺进河南敌后的干部作动员报告和工作部署，指出发展河南敌后抗日游击战争的重要意义，要求指战员为实现"绾毂中原"的战略决策做出贡献。

1944年8月下旬，黄霖率新四军190余人出发北上，8月27日与信应独立二十五团、淮南支队会合于信阳肖王店附近的黎山头。29日，黄霖率兵团主力北渡淮河，全歼"正阳保安团"，俘敌600余人，收复胡冲店及周围地区。地方武装近千人投奔新四军，接受改编，成立了汝（南）正（阳）确（山）总队，豫南游击兵团得到迅速扩大，新四军迅速控制了正阳、汝南、确山的大部分地区。10月中旬，新四军第五师三十八团政委周庆鸣率部进入确山西部，与兵团会合。下旬，新四军第五师1个营也奉命增援游击兵团。10月20日，兵团歼灭盘踞在确山西南的顽军500余人。这一仗打开了平汉路西的抗日局面，开辟了以确山孤山冲为中心的抗日根据地，信阳、确山、桐柏、泌阳等县的地方武装纷纷接受新四军改编。

11月，豫鄂边区党委和新四军第五师决定将豫南工委改为河南工委，将豫南游击兵团改为河南挺进兵团，黄霖任司令员，任质斌兼任工委书记和兵团政委。第五师北上部队进军淮北两个月，即由1000余人发展到5000余人，此外还建立了数千人枪的地方抗日武装。在淮北新开辟地区相继建立汝（南）正（阳）确（山）、确（山）泌（阳）

桐（柏）、信（阳）确（山）、汝（南）（上）蔡遂（平）县委、县行政委员会（县抗日民主政府）和县抗日武装总队。1945 年 1 月，中共豫鄂边区党委在淮北新开辟地区成立豫南地委、豫南专署和豫南军分区，4 月，改称豫鄂边第四地委、第四专署和第四军分区。

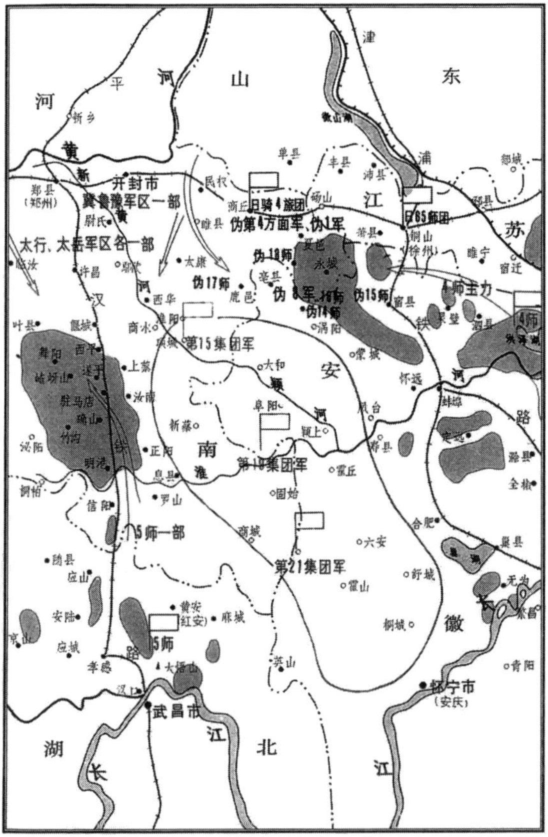

河南敌后发展示意图（1944 年 6 月—1945 年 4 月）

开辟豫中地区

为继续发展河南抗战大好形势，1944 年 11 月上旬，新四军第五师根据中央军委的部署，指示河南挺进兵团迅速向豫中挺进，发动群众，组建武装，开展游击战争，打通与豫西八路军的联系。据此，黄霖率挺进兵团主力向豫中前进，沿途他们巧妙伪装，灵活机动，作战数十次，终于摆脱日伪顽的层层阻拦，于 11 月中旬到达豫中嵖岈山地区。河南挺进兵团挺进豫中后，很快与当地“隐蔽埋伏”的地下党员取得联系，并得到了他们的大力支持。地下党员效信趁、陈继尧、王文卿等主动将自己所掌握的武装拉出来交给新四军第五师河南挺进兵团整编为抗日武装，在开辟豫中的斗争中发挥了重要作用。随后，兵团频频出击，经大小十多次战斗，初步打开豫中抗日局面。

1945 年年初，为加强豫中工作，豫鄂边区党委又派遣一批干部抵达豫中，成立了嵖岈山中心县委和嵖岈山军事指挥部。2 月，区党委和新四军第五师决定，挺进豫中的部队和地方抗日武装组成豫中游击兵团，黄霖任司令员，栗在山任政委。3 月，第五师十三旅旅长周志坚率第三十八团沿平汉路北上，与豫中游击兵团会合于嵖岈山地区。3 月 26 日，豫中游击兵团攻克舞阳伊集伪据点，击溃歼灭伪军 2 个团，俘 800 余人。4 月 13 日，兵团主力攻克西平合水镇伪据点，全歼伪第二师。至此，新四军收复遂平、西平、舞阳大部地区和叶县等县部分地区，开辟以嵖岈山为中心的豫中抗日根据地，成立了豫中工委，栗在山任书记。

为巩固和扩大豫中抗日根据地，打通与豫西八路军的联系，豫中游击兵团更加积极主动地向日伪军发动进攻。在郾城西南望天岗击毙伪绥靖军第十六师师长张星耀。同时，豫中党组织积极开展对国民党地方实力派的统战工作，争取他们与共产党合作抗日，收到显著效果。西平县保安团长莫茂斋主动将所部 1000 余人交给新四军改编，被编为豫中游击兵团西平独立团，莫茂斋担任西平抗日民主政府县长。

1945 年 6 月，豫鄂边四分区汝蔡遂总队与八路军冀鲁豫军区第八团会合于上蔡吴宋家寨。两支部队协同作战，扩大了汝蔡遂根据地。7 月初，新四军豫中游击兵团和叶舞支队护送新四军第五师参谋长刘少卿赴延安时，抵达禹县神垕与八路军河南军区部队会合，协助八路军打退了日军对禹县根据地的“扫荡”。之后，叶舞支队编入河南军区第三支队，挺进二团返回嵖岈山地区。这标志着新四军第五师打通了与豫西八路军和冀鲁豫八路军的联系。7 月底，八路军河南军区第三支队南下嵖岈山地区，与新四军豫中游击兵团会师。8 月上旬，两支部队合编，成立了豫中地委、豫中专署和豫中军分区，归河南区党委、河南军区和河南行政公署领导。

进军桐柏山区

1945 年 3 月下旬至 4 月上旬，日军为攻占豫西南战略要地，摧毁 1945 年年初刚启用的中美空军老河口空军基地，发动豫西鄂北会战（又称“豫南鄂北战役”“豫西鄂北战役”“豫西南鄂西北战役”等，日军称“老河口作战”）。会战中，豫西南地区的南阳以及湖北老河口等地相继沦陷。日军虽达成占领豫西鄂北控制老河口空军基地的目标，但遭受沉重打击，伤亡 1.5 万余人。国民党军迫于形势，也从 3 月底开始组织大规模反击，在西峡和淅川一线与日军进行了为期 4 个月的抗击，大小战斗数以百计，相关战斗持续至日本投降后才完全结束。

豫西南和鄂北地区沦陷后，豫鄂边区党委和新四军第五师决定进军桐柏山，收复白兆山、四望山，开辟信（阳）随（县）桐（柏）地区，相机控制豫西南和鄂北地区，配合新四军豫中游击兵团在豫中地区的斗争，把豫鄂边根据地与豫中南新区连成一片。4 月初，新四军部队从确山县南进桐柏山区。4 月 7 日，收复信阳西北地区。4 月 24 日，五师一部歼灭顽游击第一纵队大部，收复了信南四望山根据地。5 月 13 日，李先念率第五师主力 3000 余人收复白兆山根据地后，继续北上至四望山地区，与挺进一团、挺进三团等部会合。5 月 17 日，第五师在桐（柏）随（县）边的殷家店、三家湾一带歼灭顽军第七纵队第三支队，使桐柏山区的信阳、应山、随县、桐柏根据地连成一片。

6 月，豫鄂边区党委决定在桐柏山区成立豫鄂边第六地委、第六专署和第六军分区，下辖信阳等 5 个县委、县抗日民主政府。

从新四军第五师派部队北上到抗日战争取得胜利的一年间，第五师部队经过艰苦斗争，开辟了南自信阳，北到叶县，西起泌阳，东至正阳方圆 1 万多平方公里的敌后抗日根据地，解放人口 300 多万，建立了 3 个专署和 10 多个县级抗日民主政权。新四军第五师部队在豫中南地区先后与日伪顽军作战 100 余次，消灭日伪顽军 6000 余人。新四军第五师由 1000 余人发展到 6000 余人，成立了 3 个军分区，建立了 1 万余人的地方抗日武装，打通了新四军与八路军之间的联系。

四、豫西抗日根据地[①] 的开辟

河南战役后，日军占领洛阳等地，国民党退到洛宁、嵩县以西的伏牛山区，豫西处在日伪顽匪的多重蹂躏之下，人民生活极端痛苦。中共中央为了解放河南人民，收复失地，及时做出向河南敌后进军，开辟河南抗日根据地，控制中原战略要地的部署，发出一系列重要指示。1944 年 4 月 22 日，毛泽东指示八路军发起豫北战役，控制济（源）垣（曲）公路两侧及黄河北岸地区，为八路军进军豫西扫清了道路。5 月 11 日，中共中央发出向河南发展方针的指示，决定豫西地区由北方局负责领导。6 月 30 日，中共中央指示北方局派遣两个团，配备得力干部，逐渐深入豫西登封、临汝、密县、禹县、襄城、

① 豫西抗日根据地即河南抗日根据地。河南战役后，中央决定向河南敌后发展，开辟河南抗日根据地，因该根据地大部分处于河南西部，故又称豫西抗日根据地。

鲁山及新安北部山区，开展游击战争。7 月 25 日，中共中央又下达向河南敌后进军部署、发展河南敌后工作的指示，并要求入豫部队插入敌顽之间的空隙地区，在敌伪区及其边沿区组织发动群众，扩大抗日武装，建立民主政府，实行减租减息，开展统战工作，建立抗日根据地。这些指示，为开辟豫西抗日根据地的斗争指明了方向。

9 月初，太行区党委、军区根据中共中央指示，抽调部队和地方干部 1700 余人组成豫西抗日先遣支队（又称“皮徐支队”“豫西抗日独立支队”），皮定均任司令员，徐子荣任政委，并决定成立豫西地委，徐子荣兼书记。9 月 6 日，豫西抗日先遣支队在林县郭家园誓师南下。21 日晚，强渡黄河进入豫西地区。30 日，先遣支队奇袭日军正在登封修建的飞机场，首战告捷，解放民工 2 万余人。10 月 16 日，先遣支队又奔袭陇海铁路巩县黑石关铁桥，歼灭日军 1 个小队和伪军 100 余人，击毁日军汽船 13 艘，解放修桥民工 2000 余人。为了站稳脚跟，尽快开辟抗日根据地，先遣支队和地委在登封白栗坪召开会议，决定把郑州以南、洛阳以东地区划为箕山、嵩山两个战略区，采取小部队活动，打击日伪顽势力；加强政治宣传工作，制定颁发与豫西人民的约法五章。先遣支队进入豫西，像插入敌人心脏的一把尖刀，对敌人造成极大威胁。因此，日伪顽集中兵力向根据地疯狂“扫荡”“清剿”。11 月，先遣支队粉碎日伪军 2000 余人的“大扫荡”。12 月 24 日，消灭密县伪军 1000 余人。

先遣支队挺进豫西后，仅 3 个月的时间，就粉碎日伪军 5 次“扫荡”，作战 130 多次，击毙日伪军 521 人，俘敌 1077 人，缴获大量军械物资。先遣支队由 1000 余人发展到 7000 余人，解放国土 1 万平方公里，建立嵩山、箕山 2 个专署和偃师、伊川、临汝、巩县、登封、荥阳、广武、汜水 8 个县级抗日民主政府及伊洛、禹（县）密（县）

新（郑）2 个县级办事处，初步形成了以嵩山为中心的抗日根据地。

1944 年 10 月，中共中央为加强对开辟豫西抗日根据地的统一领导，决定成立河南区党委、河南军区和河南人民抗日军，戴季英任区党委书记兼军区和抗日军政委，王树声任军区和抗日军司令员，刘子久任区党委副书记兼军区、抗日军副政委。中共中央对开辟豫西抗日根据地工作极为重视，毛泽东分别接见了王树声、戴季英、刘子久，指出：这次南下的战略任务是要深入河南敌后，以嵩山为依托，在“三点两线”（“三点”指郑州、洛阳、许昌，“两线”指平汉、陇海铁路）之间深入发动群众，广泛开展游击战争，建立敌后抗日根据地，紧紧咬住敌人，牵制“三点两线”之间敌人西进，保卫大西北，沟通陕北、华北与华中抗日根据地之间的战略联系，发展抗日战争的大好形势，夺取抗日战争的胜利。11 月，河南军区领导人分两批开赴河南。出发前，中央机关举行了欢送大会，毛泽东、朱德、周恩来等中央领导同志都在会上作了重要讲话，号召南下干部、战士挺进河南敌后，要奋勇杀敌，依靠和团结群众，争取和团结一切可以团结的力量，做好统一战线工作，加强政权建设，逐步建立各级抗日人民政府，迅速打开豫西抗日斗争的新局面，建立巩固的抗日根据地。

同年 10 月，太岳区党委、军区根据中共中央部署，抽调部队、干部 1500 余人，组建八路军豫西抗日第二支队，刘聚奎任司令员兼政委。11 月，第二支队渡过黄河进入新安、渑池等地区开辟抗日根据地，恢复、建立党的组织和政权机关。12 月 24 日，刘子久、韩钧率部进入豫西，与刘聚奎部会合。并在新安县黑扒村主持召开主要干部会议，决定二支队在洛（阳）西地区开展游击战争，创建抗日根据地，韩钧任二支队司令员，刘聚奎任政委。1945 年 1 月 3 日，八路军南下支队5000余人，在王震的率领下途经豫西，配合二支队在渑池县千秋镇附近打垮反动民军乔明礼部，俘敌700余人，解放了渑池全境及新安、洛宁、宜阳、陕县一部分。八路军声威大震，不少伪军向八路军投降。二支队在豫西迅速打开了局面,开辟了以新安、渑池、洛宁为中心的抗日根据地。

1945年2月9日，王树声、戴季英率部进入豫西地区，先后与豫西抗日第二支队、先遣支队会师。随后在渑池、登封召开部队和地方干部会议，传达中共中央关于开辟豫西的工作方针，决定将八路军豫西抗日先遣支队改为河南人民抗日军第一支队兼河南军区第一军分区，皮定均任司令员，徐子荣任政委，活动于嵩箕地区。八路军豫西抗日第二支队改为河南人民抗日军第二支队兼河南军区第二军分区，韩钧任司令员，刘聚奎任政委，活动于洛（阳）西地区。随王树声、戴季英挺进豫西的中央警备第四团，改编为河南人民抗日军第三支队兼河南军区第三军分区，陈先瑞任司令员兼政委，活动于临汝等地。随王树声、戴季英南下的八路军第三八五旅七七〇团改编为河南人民抗日军第四支队兼第四军分区，张才千任司令员兼政委，活动于禹县等地。王树声、戴季英率部途经宜阳时，将伊洛工委改为伊洛特委，并建立伊洛独立支队、军分区和办事处，刘健挺任特委书记兼政委，张剑石任司令员。5月，河南军区决定将伊洛军分区改为第五军分区,独立支队编为第五支队,闵学胜任司令员，活动于宜阳等地。4月,北方局、集总(八路军总部)指示太岳区党委、军区抽调部队组成豫西抗日第六支队，在司令员刘昌毅、政委张力雄的带领下到达嵩山地区。5月，第六支队改编为河南人民抗日军第六支队兼河南军区第六军分区，活动于襄县等地。在第一至第六支队活动区域，相应成立了第一至第六地委和专署及20多个县委和县抗日民主政府。至此，豫西抗日根据地初步形成。

在河南区党委与河南军区统一领导、指挥下，各支队互相配合，协同作战，不断取得新的胜利。1945 年 4 月，第一支队攻克偃师县缑氏镇伪据点，歼灭伪军 1000 多人。5 月下旬，第四支队在禹西地区粉碎日伪军 2 万余人的“大扫荡”。5 月 26 日至 29 日，被河南军区收编的独立第七旅旅长上官子平等人相继叛变，派到独七旅的政委王舟平等 133 人被杀害，是为豫西事变。事变发生后，军区部队迅速完成平叛。6 月 12 日，第一支队攻克临汝县城。同月，第一、六支队主力奔袭登封大冶镇，毙伪军数百人，俘 500 余人。经过大小 100 多次战斗，巩固和扩大了抗日根据地。

在豫西抗日根据地，党领导广大人民群众开展“倒地运动”①，实行合理负担，在部队中进行“民主整军”，党的各项方针政策得到有效贯彻落实，受到各阶层人民的热烈拥护。至抗战胜利时，豫西抗日根据地面积扩展至 2 万多平方公里，拥有人口 800 余万。豫西抗日根据地是中共中央直接领导的全国 19 块解放区之一，也是唯一一块全部在河南境内的敌后抗日根据地。豫西抗日根据地崛起于中原，打击和牵制日伪军大量兵力，阻止了日寇西进，加强了陕北、华北

① 豫西抗日根据地开辟后，党和各级政府根据群众的合理要求，在豫西抗日根据地开展了“倒地运动”。在灾荒年间，广大农民因天灾人祸，家破人亡，无力偿还债务或交不起苛捐杂税，只得忍痛把赖以生存的土地以极低廉的价格出卖或抵押给富户。1945 年春夏，河南区党委先后颁布《土地转移法》和《河南灾期卖地倒还条例》，明确提出“穷要倒富，富不倒穷，穷富相等，协商处理”的原则，规定凡是在 1942 年 5 月至 1943 年年底，农民因灾荒所卖之地，可于 1945 年年底以前原价赎回。由于法币贬值，农民卖一只鸡，就可以赎回一亩地。这一法令深得群众拥护。在第一专署所属各县，农民在灾荒年卖出的土地房屋基本得以赎回。仅临汝县，农民就倒回土地 3000 余亩。“倒地运动”使大批农民重新获得土地。

和华中地区的联系，发展和壮大了中国共产党领导下的人民抗日力量，出色完成了党中央交给的战略任务，为争取抗战胜利做出重要贡献。

五、八路军豫北攻势作战

1945 年 5 月，德国法西斯战败投降，6 月，美军攻占冲绳岛，打开了日本本土的南部门户。在中国战场，中国共产党领导的敌后抗日军民经过 1944 年一年的局部反攻，迫使日军放弃了一些次要据点，逐渐向大中城市、交通要道和沿海一带集中，进一步收缩在华兵力。随着国际国内形势的变化，1944 年 12 月毛泽东指出，1945 年全国“唯一的任务是配合同盟国打倒日本侵略者”，抗日根据地军民的首要任务是“消灭敌伪，扩大解放区，缩小沦陷区”。同时，中共中央要求在 1945 年切实做好扩大解放区的工作。据此，太行、太岳区党委及冀鲁豫分局和军区决定继续开辟黄河北岸的豫北、晋南新区，发展豫东及豫西解放区，打通华北与华中的联系，积极围攻抗日根据地内敌人的孤立据点和县城，彻底粉碎日军的分割封锁，向平汉路东侧及鲁西地区的敌人开展重点进攻，把敌人压缩在最狭窄的地区和点线上，相继发动道清战役、第二次豫北战役、南乐战役和安阳战役等攻势作战，取得一系列重要胜利。

道清战役。1945 年 1 月，太行区党委、军区为开辟道（口）清（化）路南北地区，打通太行抗日根据地与豫西抗日根据地的联系，决定发起道清战役，歼灭盘踞在道清铁路及其两侧地区的日军第一一七师团和伪军第五方面军各一部。这是一次军民联合进行的军事、政治攻击战，主力部队和民兵向交通干线和主要城镇据点发动围攻，地方党组织和抗日政府组织群众在沿线广大农村开展政治宣传，打击和瓦解伪组织，有力地配合了军事行动。

战役第一阶段，八路军先以小型袭扰分队向道清铁路及沿线主要城镇、据点进行正面袭扰作战，以迷惑和牵制敌人。随后以太行第七军分区、第八军分区为主力于1月21日夜南下奔袭攻克小东、宁郭2个敌据点，接着进攻道清铁路以南、平汉铁路以西、沁阳以东地区的日伪军，至1月31日，连克敌据点16处。同时，伏击歼灭焦作出援的日军1个中队，巩固了新开辟的道清铁路以南地区。战役第二阶段，八路军首先攻克驻守五里源的伪第十四旅旅部，随后北上辉县攻克敌主要据点，歼灭伪军1000余人，解放了除县城以外的全部地区。在八路军的沉重打击下，道清铁路沿线日伪军进一步紧缩兵力，固守修武等城镇，形成了新乡、郑州、开封之间兵力空虚的局面。据此，八路军决定展开第三阶段作战，主力部队向东越过平汉铁路，两袭原武县城，攻克据点7处，歼灭日伪军600余人，部队逼近开封城郊，控制了除原武、阳武县城以外的大片地区。与此同时，太行第八军分区主力一部南渡沁河，向日伪军展开积极攻势，一度攻入温县城内。至4月1日，道清战役胜利结束，在两个多月的作战中，八路军将道清路两侧，沁河、卫河以北的两大地区的日伪军据点全部肃清，歼灭日伪军2500余人，收复国土2000平方公里，解放人口25万，建立了4个县抗日民主政府，巩固和扩大了道清路南北的解放区，使平汉、道清、新汴3条铁路均暴露在八路军的直接打击之下，打通了太行抗日根据地与豫西抗日根据地的联系。

第二次豫北战役。继道清战役之后，太岳军区司令员陈赓等指挥太岳军区部队，于1945年4月，以歼灭伪军、孤立日军、开辟豫北广大地区为作战目的，对道清铁路以西沁阳、孟县、济源之间地区伪军发起第二次豫北战役。4月1日，太岳部队奔袭45公里，攻克驻孟县的伪军指挥中心，毙伤俘伪军500余人。4月6日，太岳军区部队北转打击驻守济源的伪军，先后攻克沁阳西北、济源西北的多处据点。12日夜，太岳军区部队向驻守济源的伪军发起总攻，歼灭全部伪军。第二次豫北战役先后攻克伪据点40余处，歼灭伪军2800余人，争取1700余名伪军反正，收复国土1800多平方公里，解放人口80余万，建立了沁阳、孟县、济源等3县抗日民主政府，控制了黄河北岸除沁阳、孟县、济源3座县城以外的广大农村地区，打通了太岳抗日根据地与豫西抗日根据地的联系。

南乐战役。4月中旬，冀鲁豫军区部队为巩固发展卫河以东抗日根据地，开辟卫河以西地区，决定发起南乐战役。4月24日，冀鲁豫军区部队一部进抵南乐县城西北角，随即突入敌军外壕，在南乐县城西南角打开突破口，后续部队迅速攻进城内，歼灭大量敌军。4月25日拂晓，歼灭伪东亚同盟自治军第三旅大部。4月27日，南乐县城残敌被全部歼灭。其间，冀鲁豫军区其他部队歼灭元村外碉堡内的日伪军，攻克多个据点，攻入大名、南乐间的重镇龙王庙，并烧毁卫河木桥，切断日伪军的增援通道。南乐战役历时三昼夜，攻克据点32处，毙伤俘日伪军6400余人，缴获大量枪支弹药，解放了卫河以东的大片地区。5月15日，冀鲁豫军区部队还对位于浚县郭小寨的汉奸发起攻击，激战3日，攻占该据点，毙伤伪军1500余人，收复滑县以东和浚县大部分地区。

安阳战役。1945年5月29日，八路军总部发出指示，要求华北各大战略区对日军展开更积极的攻势。华北八路军遵照这一指示，相继开展了以夺取有利的反攻阵地为主要目标的夏季攻势。6月，太行区党委、军区发动安阳战役，以9个团的兵力，在3万多名民兵和自卫队队员的配合下，对平汉路以西、观台以南、鹤壁集以北地区的日伪军展开进攻。30 日，战役进入第一阶段，太行军区部队首先对曲沟集的伪军发起进攻，全歼伪“剿共”第一路军第三旅旅部及其第六团，俘敌 570 余人；接着又向水冶镇发起进攻，全歼伪第二旅主力。7 月 1 日，战役进入第二阶段，太行军区部队先后向南拔除九龙山等据点，扫除众乐以东伪军，经过两昼夜激战，将安阳以西、观台镇以南、鹤壁集以北地区内的日伪据点全部摧毁。7 月 4 日以后，战役进入第三阶段，太行军区部队继续向南进军，主力攻取鹤壁集，歼灭伪军 1 个团，接着又攻克北唐仲等据点。太行军区其他部队在近万名民兵、自卫队队员的配合下，展开观丰铁路破击作战，扫除了观（台）丰（乐）铁路沿线的敌军碉堡。至 7 月 7 日，安阳战役胜利结束，共毙伤俘日伪军 3300 余人，攻克据点 30 余处，收复国土 1500 平方公里，解放人口 35 万。这次战役不仅战果可观，而且提高了八路军实行运动战和攻坚战的能力；广大有组织的民兵、自卫队的参战，显示出人民战争的巨大威力。

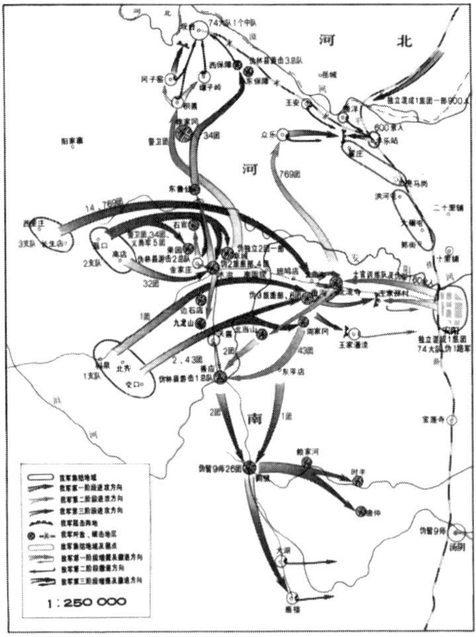

安阳战役要图

为配合安阳战役，冀鲁豫军区部队在平汉路以东地区发动成（安）临（漳）安（阳）战役，攻克据点 20 余处，消灭日伪军 1500 余人，进一步扩大了解放区；太行军区则袭入赞皇县城及焦作车站，攻克据点 10 余处。与此同时，冀鲁豫军区部队还向微山湖以西地区进击，攻克和收复丰县、单县、虞城 3 座县城，歼敌 1600 余人。

八路军在豫北的攻势作战，使日伪军占领区进一步缩小，抗日根据地迅速扩大，人民抗日武装力量空前发展，为迎接全面反攻创造了十分有利的条件。

六、敌后战场的全面反攻

1945 年 4 月 23 日至 6 月 11 日，中国共产党第七次全国代表大会在延安隆重召开。党的七大制定了党在新形势下的政治路线：“放手发动群众，壮大人民力量，在我党的领导下，打败日本侵略者，解放全国人民，建立一个新民主主义的中国。”党的七大确立毛泽东思想为党的指导思想，并写入党章，使全党有了政治上、思想上取得一致的牢固的理论基础。党的七大指出，今后全国的军事任务是：八路军、新四军与一切抗日友军团结起来，打败日本侵略者。党的七大是党在新民主主义革命时期召开的一次极其重要的全国代表大会，为建立新民主主义的新中国制定了正确的路线方针政策，使全党在思想上政治上组织上达到空前统一和团结。党的七大之后，全党同志在毛泽东思想的指引下，团结一致，为夺取抗日战争的最后胜利和新民主主义革命在全国的胜利英勇斗争。

7 月 26 日，中、美、英三国政府联合发表了敦促日本无条件投降的《波茨坦公告》（又称《波茨坦宣言》）。《波茨坦公告》指明了当时的形势，阐明了中、美、英三国关于日本投降的条件及对日本将采取的措施。8 月 6 日，美国向日本广岛投掷第一颗原子弹。8 日，苏联政府宣布加入《波茨坦公告》，正式对日宣战。9 日，苏联百万红军进入中国东北，向日本关东军发动大规模进攻。同日，美国第二颗原子弹在日本长崎爆炸。苏联出兵与美国原子弹的投掷，加速了日本帝国主义投降，中国抗战出现了空前有利的局面。

苏联对日宣战后，各解放区部队立即与之配合，对被包围日军展开了全面反攻。8 月 9 日，中共中央致电斯大林指出：“我们代表中国人民，对苏联政府的对日宣战，表示热烈欢迎。中国解放区的一万万人民及其军队，将以全力配合红军及其他同盟国军队消灭万恶的日本侵略者。”同日，毛泽东代表中共中央发表《对日寇的最后一战》，号召中国一切抗日力量举行全国规模的反攻，密切而有效地配合苏联及其他同盟国作战，要求“八路军、新四军及其他人民军队，应在一切可能条件下，对于一切不愿投降的侵略者及其走狗实行广泛的进攻”。10 日至 11 日，朱德总司令连续发布七道命令，命令共产党领导下的抗日武装积极举行反攻，迫使日伪军缴械投降。河南各解放区军民根据中共中央和八路军总部命令，向拒绝投降的日伪军展开全面反攻。

對日戰爭進入最後階段
毛澤東同志發表聲明
致電斯大林元帥將以全力
配合紅軍及盟軍作戰。

一九四五年，八月九日

1945 年 8 月 9 日，毛泽东发表《对日寇的最后一战》声明，号召中国人民的一切抗日力量举行全国规模的反攻（图为当时的报道）

太行根据地豫北地区。8 月 11 日，太行军区以 8 个主力团组成道清支队，在地方武装和民兵的配合下，向新乡、博爱等地的日军发起反攻。15日，道清支队分别包围博爱、温县县城，要求日伪军缴械投降。日伪军负隅顽抗，拒不投降。16日夜，道清支队攻入博爱县城，全歼日伪军800余人。接着于19日、24日攻克辉县、获嘉两城，切断道清铁路西段。8月底，相继攻克武陟、温县，歼灭日军两个分队和伪军千余人。9月8日，道清支队收复焦作，毙伤俘日伪军2700余人，取得反攻作战的重大胜利。

太岳根据地豫北地区。8月27日，太岳军区部队、豫西抗日第二支队攻克济源县城。28日，太岳军区部队、豫西抗日第二支队猛攻孟县县城，激战七昼夜，于9月4日凌晨解放县城，歼敌5000余人。10月初，太行、太岳军区部队及豫西抗日第二支队等部共5000余人，在围困沁阳县城一个月后，于11月8日发起总攻，收复沁阳县城，歼灭伪军6000余人，结束了太岳区军民对日伪军的最后一战。

冀鲁豫根据地豫北、豫东地区。8月上旬，刘伯承、邓小平电令冀鲁豫军区各部队迅速准备夺取城市及交通要道。冀鲁豫军区主力部队的任务为相机夺取开封、新乡、归德（今商丘）三城及沿线城市，解除该区日伪军武装，并准备打击北犯之蒋军。所有平汉、津浦、陇海、道清线部队均应积极破坏铁路。冀鲁豫军区所属部队组成南、北、中三路大军，向日伪军展开大反攻。中路军由3个纵队13个团组成。8月20日，中路军第一纵队攻克延津县城，全歼守城日伪军1500余人，21日攻克阳武县城。第二纵队于22日攻克封丘县城，歼灭日伪军2000余人，并拔除长（垣）汴（开封）公路沿线全部日伪据点。29日，中路军围攻滑县，攻占其外围据点道口镇，至30日晚，将伪军压缩到西南门内一小圩子里。为孤立滑县伪军，第二纵队分兵一部攻克浚县、长垣县城。9月15日，滑县县城解放。第二纵队乘胜直取汤阴，9月24日肃清汤阴四关守敌，28日突入城内，巷战至29日，全歼伪第五方面军新编第九师2200余人，解放汤阴县城。第一纵队为配合第二纵队作战，攻克淇县西岗寨据点，歼灭伪军1000余人。

豫东地区。冀鲁豫部队于8月底相继攻克通许、杞县县城。9月25日攻克太康县城，使水东根据地的城镇与广大乡村连成一片。此外，冀鲁豫军区部队在大反攻期间，还收复了民权等4县。

豫皖苏地区。8月11日，豫皖苏地区的新四军开始对日军发起大规模反攻，拔除大量日伪据点，解放区迅速扩大。8月25日，新四军第四师部队向驻守永城的伪军发起突击，经过四昼夜激战，在地方武装的配合下全歼守敌，毙敌1200余人，解放永城县城。8月20日，新四军部队又拔除了永城孙町集伪据点，歼敌700余人，迫使双沟伪军全部投降。

豫中南地区。8月11日，新四军第五师遵照中共中央“五师集中主力进占信阳、武汉之线”的指示，命令各分区（旅）立即动员全部力量，限令伪军反正、投降，并按指定地区驻扎，否则即予以消灭。8月中旬至9月上旬，豫鄂边第四军分区部队攻占确山竹沟等敌据点，俘敌100余人。第六军分区部队收复信应公路沿线的日伪据点。豫中军分区部队在舞阳歼灭日军一支运输队，俘获50余辆大车的物资。之后，又拔除叶县常庄据点，歼灭伪军300余人。8月31日，在新四军第五师的感召下，国民党豫南挺进军第十三纵队司令程耀德率部5000余人起义，壮大了人民抗日武装力量。

豫西地区。河南区党委和河南军区遵照中共中央关于占领平汉、陇海铁路，打通与豫鄂边区和水东区联系的指示，抽调主力在豫西地区组织陇海、平汉支队，在地方武装的配合下，分别向铁路沿线的日伪军展开进攻。自8月18日开始，相继收复密县、登封、宜阳、宝丰县城，攻克数十个敌据点，收复大片国土。

河南抗日军民取得的大反攻胜利，与全国其他抗日根据地军民大反攻的胜利会合在一起，迎来了抗日战争的最后胜利。

七、抗日战争的伟大胜利

中国战场的全面反攻、苏联参加对日作战和美国在日本投掷原子弹，逼迫日本统治集团不得不接受《波茨坦公告》。1945 年 8 月 15 日正午，日本裕仁天皇亲自宣读的“终战诏书”录音向日本全国播放，以此形式正式宣布日本无条件投降。

9 月 2 日，在日本东京湾的美国密苏里号军舰上，日本外相重光葵和日军参谋总长梅津美治郎分别代表日本天皇、日本政府和日本帝国大本营在投降书上签字,在华日军 128 万人向中国投降。至此，中国人民经过 14 年不屈不挠的浴血奋战，终于打败了穷凶极恶的日

1945 年 8 月 15 日，日本天皇裕仁广播“终战诏书”，宣布日本无条件投降

本军国主义侵略者，取得了中国人民抗日战争的伟大胜利，世界反法西斯战争也胜利结束。日本代表在投降书上签字的第二日即9月3日，成为中国人民抗日战争胜利纪念日。

日军在河南的投降主要是向国民党第一战区和第五战区部队进行的。9月20日、22日，河南的受降仪式分别在郾城和郑州举行，日军第十二军司令鹰森孝分别向第五战区司令长官刘峙，第一战区司令长官胡宗南投降。在郾城投降的日军约3.1万名，在郑州投降的日军约4.3万名。随后，在河南各地的日军陆续解除了武装。

日本对中国的侵略，使中华民族蒙受巨大损失。据不完全统计，在整个战争期间，中国军民伤亡3500多万人。按1937年的比值折算，中国直接经济损失1000多亿美元，间接经济损失5000多亿美元。日本侵略者给河南人民带来了巨大灾难，据不完全统计，仅全民族抗日战争期间，河南省现辖区直接、间接伤亡人口约366.9949万人，直接、间接财产损失共计81.95397658亿元（按1937年7月法币计算）。在日军的暴行下，很多村庄和家庭灭绝，大量灾民在流亡中伤残，同时由于战争原因，造成大量人口非正常死亡。按当时的河南省行政区划，1945年全省总户数比1936年减少了111.1282万户，减少近20%，总人数减少了664.0647万人。

中国人民抗日战争是近代以来中国反抗外敌入侵第一次取得完全胜利的民族解放战争，也是世界反法西斯战争胜利的重要组成部分，成为中华民族走向复兴的历史转折点，也对世界文明进步具有重大而深远的意义：第一，它打败了日本侵略者，有力捍卫了中国的国家主权和领土完整，彻底洗刷了近代以来抗击外来侵略屡战屡败的民族耻辱；第二，它促进了中华民族的觉醒，使中国人民在精神上、组织上的进步达到了前所未有的高度，为中国共产党带领中国人民实现彻底的民族独立和人民解放奠定了重要基础；第三，它促进了中华民族的大团结，弘扬了以爱国主义为核心的中华民族的伟大精神，铸就了伟大抗战精神，向世界展示了天下兴亡、匹夫有责的爱国情怀，视死如归、宁死不屈的民族气节，不畏强暴、血战到底的英雄气概，百折不挠、坚忍不拔的必胜信念；第四，它对世界各国人民夺取反法西斯战争的胜利、维护世界和平的伟大事业产生了巨大影响，显著提高了中国的国际地位和国际影响，使中国人民赢得了世界爱好和平人民的尊敬，中华民族赢得了崇高的民族声誉。

中国共产党人以自己的政治主张、坚定意志和模范行动，在抗战中发挥了中流砥柱作用。抗日战争的实践表明，中国共产党是领导中国人民争取民族独立和人民解放的坚强核心。河南人民在党的领导下，浴血奋战，和周边省份的抗日军民并肩战斗，共同创建了晋冀豫、晋豫边、冀鲁豫、豫皖苏、豫鄂边和豫西抗日根据地。中共河南党组织和人民革命力量得到了空前发展，党员由100余人发展到数万人，武装力量由数十人发展到10万余人，民兵发展到20万余人，先后为八路军、新四军输送了10余万名子弟兵，其中有2万多人在战争中为国捐躯。河南各抗日根据地军民先后抗击和牵制了20余万名日伪军，对日伪军作战1万余次，毙伤日伪军及争取伪军反正10万余人，攻克县城40多座，收复国土10余万平方公里，解放人口2000余万，建立了90余个县级抗日民主政府、18个行政专署，基本控制了河南广大农村地区，为夺取全国抗战胜利做出了重要贡献。

后　记

为纪念中国人民抗日战争胜利暨世界反法西斯战争胜利80周年，弘扬伟大抗战精神，中共河南省委党史和地方史志研究室于2024年初成立课题组，组织编写了《简明河南抗战史》一书。

《简明河南抗战史》的编写，坚持以习近平新时代中国特色社会主义思想为指导，严格遵循党的三个历史决议和党中央有关精神，坚持辩证唯物主义和历史唯物主义，坚持党性原则和科学精神相统一。本书作为《简明河南党史》的姊妹篇和重要补充，注重吸收、体现党史研究的最新成果，编写组在编写过程中着重参考了《中国共产党历史》（第一卷）、《中国共产党的一百年》、《中华民族抗日战争史1931—1945》、《中国抗日战争史》、《中国抗日战争史简明读本》、《中国共产党河南历史》（第一卷）等最新权威党史、军史著作，确保导向正确、史实准确、可信可读，力求集政治性、学术性、生动性、可读性于一体，尽力为全党全社会学习、了解河南抗战史提供权威读本，教育引导广大党员、干部、群众更好地铭记历史、缅怀先烈、珍爱和平、开创未来。

本书编写工作在中共河南省委党史和地方史志研究室室务会领导下进行，省委党史和地方史志研究室副主任、一级巡视员张守四同志担任课题组组长并主持编写工作。各章执笔人为：第一章，张守四；第二章，牛珂珂；第三章，王冠；第四章，张艳慧；第五章，刘阳。牛珂珂同志负责全书统稿。张守四同志审定全部书稿。河南人民出版社为本书的出版提供大力支持。

由于我们掌握的资料和水平有限，因此书中难免存在一些不妥之处，敬请广大读者朋友批评指正。

本书编写组

2024年7月9日